गांधी और सरलादेवी चौधरानी : बारह अध्याय

गांधी और सरलादेवी चौधरानी : बारह अध्याय

अलका सरावगी

वाणी प्रकाशन

सजिल्द प्रथम संस्करण : जनवरी 2023
सजिल्द द्वितीय संस्करण : जून 2023

वाणी प्रकाशन

4695, 21-ए, दरियागंज, नयी दिल्ली-110 002

फ़ोन : +91 11 23273167 फ़ैक्स : +91 11 23275710

शाखाएँ

अशोक राजपथ, पटना-800 004, बिहार
कॉफ़ी हाउस कैम्पस, महात्मा गांधी मार्ग, इलाहाबाद-211 001, उत्तर प्रदेश
महात्मा गांधी अन्तरराष्ट्रीय हिन्दी विश्वविद्यालय, वर्धा-442 001, महाराष्ट्र
36/ए, शेक्सपियर सरणी, रानी बिरला गर्ल्स कॉलेज के पास, कोलकाता-700 017, प. बंगाल

www.vaniprakashan.com
marketing@vaniprakashan.in
sales@vaniprakashan.in

Gandhi Aur Saraladevi Chaudhrani : Barah Adhyay
by Alka Saraogi

ISBN : 978-93-5518-878-6
Novel

मूल्य : ₹ 599

आर. टेक ऑफ़सेट प्रिंटर्स, दिल्ली-110 032 में मुद्रित

वाणी प्रकाशन का लोगो मक़बूल फ़िदा हुसेन की कूची से

1

'आपकी हँसी तो हिन्दुस्तान की सम्पदा है!'

24 अक्तूबर 1919

गांधी आज लाहौर आ रहे हैं। सरलादेवी चौधरानी के पति रामभज दत्त चौधरी के घर। एक गुजराती वकील, जिसे पिछले पाँच सालों से लोग 'महात्मा गांधी' के नाम से जानते हैं, एक अग्निधर्मा देशभक्त पंजाबी वकील रामभज दत्त चौधरी के घर मेहमान बनकर आयेगा, जिसकी बीवी बंगाली है। वह कोई साधारण बंगाली औरत नहीं है, नोबेल पुरस्कार विजेता रवीन्द्रनाथ टैगोर की बहन स्वर्णकुमारी देवी की बेटी है, सरलादेवी चौधरानी। लेकिन सरलादेवी का सिर्फ़ यही परिचय नहीं है।

बंगाल में घर-घर में लोग उसे जानते रहे हैं। कोई उसे बंगाल की 'जोन ऑफ़ आर्क' कहता था, कोई दुर्गा-काली का अवतार। अंग्रेज़ों ने बंगाली बाबू या क्लर्क की जो दब्बू, स्त्रीनुमा, नाज़ुक आदमी की छवि सबके दिमाग़ में बना दी थी, उसे बदलने के लिए सरलादेवी ने कलकत्ता के मोहल्ले-मोहल्ले में युवकों को व्यायाम, कुश्ती, तलवारबाज़ी और लट्ठबाज़ी सिखाने के क्लब खुलवा दिये थे।

गांधी ने उन्नीस साल पहले सरलादेवी को बीसवीं शताब्दी के पहले साल में 'इंडियन नेशनल कांग्रेस' के कलकत्ता अधिवेशन में स्टेज से अपना खुद का लिखा गीत 'नमो हिन्दुस्तान' गाते सुना और देखा था। पचास औरतों का नेतृत्व कर गाती हुई लाल पाड़ की सफ़ेद साड़ी पहने खुले हुए घने बालोंवाली सरला के कण्ठ में जैसे सरस्वती का वास है।

उसका गीत हर दिल में एक लहर पैदा कर रहा था। सबके रोएँ खड़े हो रहे थे।

नमो हिन्दुस्तान–
गाओ सकल कण्ठ सकल भाषा में
नमो हिन्दुस्तान!
अतीत गौरव वाहिनी मम वाणी
गाओ आज हिन्दुस्तान!
हर हर हर–जय हिन्दुस्तान!
सतश्री अकाल हिन्दुस्तान!
अल्लाह हो अकबर–हिन्दुस्तान!
नमो हिन्दुस्तान!

लाहौर के 2, मुजांग रोड पर प्रतिष्ठित वकील और उर्दू अख़बार 'हिन्दुस्तान' के सम्पादक रामभज दत्त चौधरी के मकान में आज गांधी के स्वागत की तैयारी का भार अकेली सरलादेवी के ज़िम्मे है। छह महीने पहले जलियाँवाला बाग़ में जुटी निहत्थी सभा पर गोलियाँ चलाकर सैकड़ों बेकसूर लोगों के क़त्लेआम से पंजाब के साथ पूरा देश उबल रहा है। रामभज दत्त को अगले दिन जेल में डाल दिया गया। अंग्रेज़ों के रॉलेट ऐक्ट के ख़िलाफ़ आग उगलनेवाले उनके अख़बार के दफ़्तर को ज़ब्त कर लिया गया।

चार साल पहले हरिद्वार में कुम्भ के मेले में रामभज दत्त ने गांधी से मुलाक़ात होने पर कहा था, "आप पंजाब को भी अपनी मेहमाँनवाज़ी का मौक़ा दो, गांधी जी।" जलियाँवाला काण्ड के छह महीने बाद गांधी को अब जाकर ब्रिटिश सरकार ने पंजाब में पैर रखने दिया है। गांधी ने लाहौर में सरलादेवी के घर पर ठहरने के प्रस्ताव को कुछ संकोच से स्वीकार किया था। गांधी को लगा था कि वे वियोगिनी हैं। पति जेल में हैं, किन्तु वे किसी के दुःख के साझीदार बन सकेंगे, यह सोचकर उन्होंने उनके घर पर रहने की हामी भरी।

24 अक्तूबर 1919 का दिन लाहौर के लिए गांधी का दिन है। रॉलेट ऐक्ट के ख़िलाफ़ सत्याग्रह का आह्वान करनेवाले गांधी का स्टेशन पर स्वागत के लिए इतनी भीड़ थी कि गांधी और उन्हें लेने आये पण्डित मदनमोहन मालवीय को प्लेटफ़ॉर्म से गाड़ी तक पहुँचने में चालीस मिनट लग गये। अपने घर गांधी का स्वागत करने सिल्क की साड़ी और मोतियों की माला गले में पहने सरलादेवी स्वयं दरवाज़े पर अपने बारह साल के पुत्र दीपक के साथ मौजूद थीं। अब वे सैंतालीस साल की हैं। व्यक्तित्व की गरिमा उन्नीस साल

पहले की तरह ही है। गांधी ने उनके उन्नीस साल पहले गाये हुए 'नमो हिन्दुस्तान' की अब तक बनी स्मृति का ज़िक्र किया, तो सरलादेवी की हँसी मोतियों के बिखरने की ध्वनि-सी चारों तरफ़ फैल गयी। गांधी ताज्जुब से भरे देखते और सुनते रह गये। इसके पहले गांधी ने किसी भारतीय औरत को ऐसी निर्झर जैसी स्वच्छन्द हँसी हँसते नहीं देखा था।

इस हँसी का स्रोत जानने को गांधी बेहद उत्सुक हैं। वे कह उठे, "आपकी हँसी तो हिन्दुस्तान की सम्पदा है। आप ऐसे ही हँसती रहें!" सरलादेवी की नज़रें झुक गयीं। कभी किसी ने उन्हें ऐसा नहीं कहा, बल्कि बचपन से शादी होने तक कितनी बार सरलादेवी को ऐसे हँसने के लिए या तो टोका गया या निगाहों से रोका गया।

गांधी का दक्षिण अफ़्रीका में रहते हुए बहुत-सी विदेशी स्त्रियों से मित्रता का सम्बन्ध रहा है। उनकी सेक्रेटरी सोनिया श्लेशिन और अपने मित्र हेनरी पोलक की पत्नी मीली के साथ काफ़ी समय उन्होंने बिताया है, पर हिन्दुस्तान में ऐसी सुसंस्कृत, पढ़ी-लिखी, देशसेवा से अनुप्राणित महिला से रू-ब-रू होना तो जैसे किसी चमत्कार का घटित होना है।

गांधी को कुछ पूछने-बताने में कोई संकोच नहीं है। वे एक सरल शिशु की तरह बताते हैं कि आज उनका पेट रेल में सुबह अच्छी तरह साफ़ हुआ। सरलादेवी कुछ असुविधा-सी महसूस करती हैं। उन्हें गांधी के बकरी के दूध पीने और सिर्फ़ फल के आहार पर जीने के बारे में मालूम है। सैंतीस साल की उम्र में यानी अभी से तेरह साल पहले लिये ब्रह्मचर्य के बारे में भी सुना है। घर आये इस ख़ास मेहमान की ज़रूरतों का ख़याल रखने के लिए सरलादेवी ने पूरी जानकारी हासिल की है। गांधी उनकी तरफ़ देख रहे हैं। क्या इसलिए कि वे भी अपना पेट साफ़ होने या न होने की ख़बर दें? यह सोचकर बेसाख़्ता सरलादेवी के कण्ठ से हँसी फूट पड़ती है। वे संकोच से अपने पल्लू से हँसी को थोड़ा ढक लेती हैं। गांधी मुस्कराते हुए देखते रहते हैं।

गांधी से मिलने दिन भर लोग आते हैं। मोतीलाल नेहरू से गांधी पहली बार लाहौर में मिले हैं। मदनमोहन मालवीय और स्वामी श्रद्धानन्द ने पंजाब के बड़े नेताओं की गिरफ़्तारी के बाद यहाँ की कमान सँभाल रखी है। सरलादेवी लगातार साथ रहती हैं। सिर्फ़ गांधी के खाने-पीने और आराम का ही ख़याल नहीं रखतीं, हर बातचीत में शामिल रहती हैं। गांधी कुछ हैरत से देखते हैं कि सरलादेवी को देश-दुनिया की तमाम बातों की विशद जानकारी है।

हिन्दुस्तान में इतनी यात्राएँ कर चुकी शायद ही कोई स्त्री हो! हर विषय पर सरलादेवी के सोचे-समझे विचार हैं।

चौदह साल पहले वे रामभज दत्त चौधरी से शादी कर बंगाल से पंजाब आ गयी थीं। पंजाब की राजनीतिक गतिविधियों से वे पूरी तरह वाक़िफ़ हैं। 'हिन्दुस्तान' अख़बार के सम्पादक के रूप में उनका नाम और योगदान रहा है। इतना ही नहीं, सरलादेवी ने नौ साल पहले 'भारत स्त्री महामण्डल' की स्थापना की, जिसकी शाखाएँ पूरे देश में हैं। महामण्डल का उद्देश्य 'मनुस्मृति' के पुरुषवादी नियमों से स्त्रियों को मुक्त करना है। गांधी यह सब जानकर हक्के-बक्के से हैं। यह स्त्री तो साक्षात् 'शक्ति' स्वरूपा है। भारत की हर स्त्री अगर ऐसी हो जाये, तो देश के उद्धार में क्या देर हो!

'सरला', गांधी सबके चले जाने पर शाम होते-होते कहते हैं, "तुम्हारी ज़िन्दगी का वृत्तान्त जानने की मुझे तलब हो रही है। तुम्हारे छुटपन के विषय में जानना चाहता हूँ...जो जीवन के मंसूबे तुमने बनाये, मुझे उन जनों के बारे में भी जानने की तलब है। जिन्होंने तुमको रस्ता दिखाया, सबके बारे में जानना चाहता हूँ।"

सरला गांधी के स्नेह-भरे शब्दों को सुन मुस्कराती हैं, "सुबह से बातें करते-करते आप थक गये होंगे। अब मेरी बातें सुनकर और नहीं थक जायेंगे? मेरी कहानियों का अन्त जल्दी नहीं होता। वे मेरी नस-नस में बहती हैं। आपको शायद पता न हो, मेरी माँ स्वर्णकुमारी देवी बांग्ला की पहली उपन्यास लेखिका हैं। उनके दो उपन्यासों के अंग्रेज़ी अनुवाद भी लंदन से छप चुके हैं। रवि मामा यानी रवीन्द्रनाथ टैगोर की तो ख़ैर बात ही क्या?" गांधी घनी काली मूँछों में मुस्कराते हैं, "यदि तुमको लगता है कि मैं थका हूँ, तो कहानी सुनते मेरी थकान पक्की ग़ायब समझो।" सरलादेवी कुछ देर सोच में डूबी रहती हैं। फिर मुस्कराकर कहती हैं, "ठीक है, मैं अपनी कहानी को सरला की कहानी की तरह सुनाती हूँ। यह कहानी अभी से चौबीस साल पहले यानी 1895 से शुरू होती है। तब सरला की उम्र तेईस साल की थी।"

•••

सरला ने पलकों को हल्के-से खोलकर पूर्व दिशा में बढ़ती हुई आभा को देखा। उसे एक पल के लिए यह समझ में नहीं आया कि वह कहाँ है—धरती के किस छोर पर उगा यह सूरज उसके किस स्वप्न को भंग कर उसे

क्या कहना चाह रहा है? तभी याद आया कि वह तो बंगाल से दूर मैसूर में है। यहाँ सूरज की चमक-धमक एकदम अचानक तेज़ी-से आकाश में फैल जाती है।

आकाश-भरा सूर्य-तारा
विश्व-भरा प्रान
ताहारि माँझखाने आमी
पेयेछि मोर स्थान-

क्या इस धरती-आकाश के नीचे उसे उसका स्थान सचमुच मिल गया है? आज फिर बंकिमचन्द्र चट्टोपाध्याय उसके सपने में आये। उन्होंने कहा, "तुम्हें मेरा गान फिर गाना होगा।"

"लेकिन मैंने तो आपके लिखे 'वन्देमातरम्' गीत का सुर पूरा कर दिया है। रवि मामा ने शुरू का मुखड़ा और एक अन्तरा गाकर सुनाया और कहा था। सरला, बाक़ी का संगीत तुम बना दो। क्या आपको वह सुर-लिपि पसन्द नहीं है?"

बंकिम जानते हैं कि मामा रवीन्द्रनाथ टैगोर के साथ भांजी सरला की जुगलबन्दी ख़ूब जमती है। सरला बंकिम का जवाब सुनने उनके मुँह की तरफ़ देखती रही। पर बंकिम जवाब में कुछ बोले नहीं। बस मुस्कराते रहे। बिलकुल वैसे ही जैसे वे पहली मुलाक़ात में मुस्कराते हुए दिखे थे।

उत्तर कलकत्ता के जोड़ासांको में नाना मोशाय महर्षि देवेन्द्रनाथ टैगोर के विशाल भवन ठाकुरबाड़ी पर उस दिन 'माघ-महोत्सव' की तैयारी का गाना-बजाना चल रहा था। हिन्दू धर्म को कुरीतियों और मूर्तिपूजा-कर्मकाण्ड से मुक्त करने के लिए नाना मोशाय ने राममोहन राय के साथ मिलकर 'ब्रह्मसमाज' बनाया था। उनके उत्सव अलग हैं और उन्हें मनाने के तरीक़े भी। न दुर्गापूजा की तरह ढाक-ढोल की आवाज़ों के साथ कोई प्रतिमा घर आती, न बाद में नये कपड़े पहन सबसे 'शुभ विजया' करने एक-दूसरे के घर आते-जाते। 'माघ-महोत्सव' बस वेद-मन्त्रों से उपासना और निराकार ईश्वर के संगीत का उत्सव होता।

सरला ब्रह्म संगीत के बोल में डूबी पूरी भक्ति से आँखें बन्द किये गा रही थी-'वही एक है, जो जल में थल में शून्य में सब में समाया है।' अचानक ऐसा लगा कि लड़के-लड़कियों की मण्डली के पीछे सारी आहटें रुक गयी हों। एक सन्नाटा-सा उतर आया हो। कौन आया है भला? मुड़कर देखा तो चेहरे पर खिली हँसी के साथ एक तेजस्वी मूर्ति है-तीखी नाक, पैनी उजली आँखें। किसी की फुसफुसाहट आयी-बंकिमचन्द्र! ओह, 'आनन्दमठ' के संन्यासी

विद्रोहियों के लिए 'वन्देमातरम्' गीत को रचनेवाले बंकिमचन्द्र! 'देवी चौधरानी' में एक स्त्री को विद्रोह की अगुवाई करते दिखानेवाले बंकिमचन्द्र! सरला को लगा, उनके सारे पढ़े हुए उपन्यासों के पात्र जीवन्त हो उनके आसपास आ खड़े हुए हों। सरला के लिए वह एक अद्‌भुत अनुभव था।

आगे उनका स्नेह पाना क्या कम अद्‌भुत था! अठारह साल की सरला के कालिदास लिखित 'मालविकाग्निमित्र' पर छपे लेख को पढ़कर अपने समय के साहित्य-सम्राट् बंकिमचन्द्र ने कितनी उदारता से सरला को चिट्ठी लिखी थी। वह चिट्ठी आज उसके पास नहीं है, पर उसका एक-एक शब्द पूरी हस्तलिपि सहित सरला को ज्यों-का-त्यों याद है। यदि आँखों में बसे हुए किसी चित्र को काग़ज़ पर उतारने का कोई रास्ता होता तो सरला क्या उसे अभी यहाँ हाथ में लेकर फिर से पढ़ने न बैठ जाती?

बंकिमचन्द्र की चिट्ठी के साथ उनकी हस्ताक्षर की हुई किताबें आने पर माँ-पिता ने उन्हें दक्षिण कलकत्ता के काशियाबाग़ान के अपने घर पर आमन्त्रित किया था। "सरला, तुमसे एक फ़रमाइश करूँ?" बंकिमचन्द्र के शब्द सरला को निहाल कर गये थे, "तुम मेरे गीत 'साधेर तरणी' को सुरबद्ध कर दो।" सरला ने हर्ष के आवेग से भरकर पिता जानकीनाथ घोषाल और माँ स्वर्णकुमारी देवी की ओर देखा। "आप तो बांग्ला की पहली महिला उपन्यासकार हैं" बंकिमचन्द्र ने माँ स्वर्णकुमारी देवी को कहा, तो सरला का मन पहली बार माँ के प्रति गौरव से भर गया। अब तक जब भी कोई कहता, ''अच्छा! लेखिका स्वर्णकुमारी तुम्हारी माँ हैं?'' तो सरला की आँखों के सामने संगमरमर की सीढ़ियों से नीचे गिरने पर दो दाँत टूटने से बहते ख़ून के साथ रोती चार साल की बच्ची घूम जाती थी, जिसकी माँ न उसे चुप कराने के लिए पास आयी थी और न जिसने अपनी क़लम नीचे रखी थी।

सरला ने मैसूर के सूरज से बचने के लिए आँखें कसकर बन्द कर लीं। वह वापस उस सपने में उतर जाना चाहती थी जिसमें बंकिमचन्द्र मौजूद हों। कई बार उसने देखा था कि किसी छूटे हुए सपने में फिर से लौट जाना मुमकिन है। ऐसा करने पर उसका सपना वापस वहीं से शुरू हो जाता, जहाँ वह उसे छोड़ गयी थी। "आपके लिए चाय ले आऊँ?" सरला ने बंकिम बाबू से पूछा। उसे पता है कि पिता जानकीनाथ का दार्जिलिंग चाय का शौक़ और चाय का ज्ञान बंकिम बाबू को बहुत लुभाता है। बंगालियों को जहाँ मीठा रसगुल्ला और

सन्देश भाता है, वहीं उन्हें कड़वा स्वाद उतना ही पसन्द है। शायद इसीलिए चाय पीना तुरन्त सीख जाते हैं। सरला के पिता जब इंग्लैंड में पढ़ने गये थे तो बांग्ला सब्ज़ी 'शुक्तो' को कड़वा बनाने के लिए करेला–नीम न मिलने से उसमें कुनैन की गोली डाल लेते थे। अभी तक माँ उन्हें इसके लिए छेड़ती रहती है, "शुक्तो में कुनैन डाल दी जाये?"

जाने उनके घर की चाय बंकिम बाबू को वापस खींच लाती है या चाय के साथ की गपशप! अक्सर ऐसा होता है कि बातों से निकली बातें इस तरह उन लोगों को घेर लेतीं कि सरला को लगने लगता कि वे सब खुद बंकिमचन्द्र के किसी उपन्यास के पात्र बन बोल रहे हों। सरला का उस घड़ी ऐसा मन होता कि वह उस गुज़रते हुए समय की कहानी को पकड़कर ऐसे लिख डाले कि जब चाहे, उसे पढ़कर फिर जी ले। कहीं ये क़ीमती पल रेत की तरह हाथ से फिसल न जायें। लिखना ही समय को ज़िन्दा रख सकता है।

"आज रवीन्द्रनाथ भी आयेगा। चाय उसके साथ ही पी जायेगी" बंकिम बाबू मुस्कराते हुए कहते हैं। सरला का दिल खिल जाता है। रवि मामा और बंकिम को एक साथ सुन पाना सरला का सौभाग्य है। रवि मामा कहते हैं, "बंकिमचन्द्र तो सव्यसाची हैं। दोनों हाथों से बाण चलानेवाले। एक हाथ से वे अपना सृजन करते हैं और दूसरे हाथ अपने से पच्चीस साल छोटे हमारे जैसे कवियों की सृजनशीलता को जगाते हैं।" पर सरला ने देखा है कि बहस छिड़ने पर रवि मामा अपनी बात पूरे दमख़म के साथ रखते हैं। वे बंकिम बाबू के विचारों को काटने में उनके गुरुत्व को आड़े नहीं आने देते।

सरला को आज बंकिम बाबू और रवि मामा की कोई बहस में नहीं पड़ना है। उसे पता है कि रवि मामा आज भी वही अधूरा मुद्दा उठायेंगे कि झूठ बोलना कभी भी, किसी भी स्थिति में सही नहीं है। उधर बंकिम बाबू कृष्ण के हवाले से 'महाभारत' और वेदों के श्लोक बोलकर अपनी बात रखेंगे कि सत्य यदि समाज के लिए अहितकर हो, तो वह झूठ से भी बुरा है। सरला को बंकिम बाबू से बस आज यह जानना है कि अंग्रेज़ों के राज में डिप्टी मजिस्ट्रेट रहते हुए उन्होंने कैसे अंग्रेज़ों के ख़िलाफ़ साहित्य रचा? दरअसल वह उनसे और भी कुछ पूछना चाहती है, पर जानती नहीं कि यह सही होगा कि नहीं?

बेथून कॉलेज में किसी ने सरला को कहा कि 'आनन्दमठ' के बाद के संस्करणों में बंकिम बाबू ने 'अंग्रेज़' शब्द बदलकर 'विधर्मी' या 'यवन' शब्द रख दिया है। क्या इसका मतलब है कि वे अंग्रेज़ों से डर गये थे? हो सकता है कि यह पूछने पर बंकिम बाबू बुरा मान जायें। न पूछना ही शायद ठीक हो। पिता जी कल माँ को बता रहे थे कि बंकिम बाबू को तीस साल की सरकारी नौकरी में कभी प्रमोशन नहीं दिया गया। शाम की सैर करते उन्होंने अंग्रेज़ अधिकारी का अभिवादन नहीं किया, तो उनका तबादला कर दिया गया। एक बार रामकृष्ण परमहंस ने बंकिम बाबू को छेड़ते हुए पूछा, "आप बंकिम यानी टेढ़े कैसे हो गये?" जवाब में बंकिम बाबू ने हँसकर कहा, "अंग्रेज़ी जूते खाते-खाते टेढ़ा हो गया।"

सरला की बन्द आँखों को सूरज की तेज़ होती धूप ने खोल दिया। वह उठकर बैठ गयी। इस तरह किसी सपने को जागते हुए नहीं बुना जा सकता। इसमें तो वही बातें चली आयेंगी जो घटित हो चुकी हैं यानी जो उसकी जानी हुई हैं। बंकिम बाबू की मृत्यु को एक साल बीत गया है। उनके जाने से तेईस साल की सरला के हृदय में एक अबूझ ख़ालीपन है। ऊपर से बंकिम फिर-फिर उसके सपने में आकर कहते हैं—तुम्हें मेरा गान फिर से गाना है। जाने किस गान की बात करते हैं?

वह बंगाल से दूर चली आयी है, मैसूर में महारानी गर्ल्स स्कूल में असिस्टेंट सुपरिंटेंडेंट की नौकरी करने। पर बंकिम यहाँ भी उसके सपने में चले आते हैं। क्या इसलिए कि समय के इस मुक़ाम पर जब बीसवीं शताब्दी शुरू होने में पाँच साल बाक़ी हैं, वह बंकिम के उपन्यासों की नायिका की तरह अपने बूते पर जीना चाह रही है? औरतों को बालविवाह, पर्दा और सती होने से बचाने की आवाज़ उठानेवालों को हिन्दू समाज में सन्देह और नफ़रत से देखा जाता है। और तो और, जोड़ासांको से सटे हुए ख़ुद नाना मोशाय के सगे भाई के परिवार में औरतें अब भी ठोड़ी तक घूँघट किये घर के अन्तर्महल में क़ैद रहती हैं। सरला अक्सर लकड़ी की खिड़की की झिर्री को हल्का-सा ऊँचा कर उन्हें देखती और अचरज में भरकर सोचती, ये लोग घूँघट के अन्दर हाथ को मुँह तक कैसे ले जाकर खाती हैं?

सरला का शादी न कर अकेले घर से नौकरी करने के लिए दूर आना जोड़ासांको के टैगोर परिवार की औरतों के लिए भी क्रान्ति से कम बात नहीं थी। यों टैगोर परिवार की औरतें ज़माने से अलग हटकर अब तक कितने ही झण्डे फहरा चुकी थीं। सरला ने बहुत कुछ सुना है और ख़ुद भी कम नहीं देखा है।

दरअसल, उसका बचपन जोड़ासांको में नाना के घर पर गुज़रा था। सरला की परनानी अनिन्द्य सुन्दरी दिगम्बरी देवी ने अपने पति 'प्रिंस' द्वारकानाथ टैगोर को अंग्रेज़ म्लेच्छों के संग मांस-मदिरा खाने के कारण घर के बाहर बैठकखाने में निष्कासित कर दिया था, वह भी ऐसे प्रभावशाली पति को, जिसे लंदन जाने पर रानी विक्टोरिया खाने पर बुलाती थी और वहाँ उनकी मृत्यु होने पर 'एक पुराना मित्र' कहकर उनकी अर्थी के लिए शाही सवारी भेजी थी।

यह तो सुनी हुई बात थी। आगे बहुत-से नये क़िस्से देखने को मिले। किसी ज़माने में उस घर की असूर्यंपश्या औरतों को-जिन पर सूरज की धूप न पड़ी हो-गंगा-स्नान कराने पालकी सहित डुबकियाँ लगवायी जाती थीं। सात साल की सरला ने देखा कि हर सुबह उस भवन के विशाल दरवाज़े खुलते और अरबी घोड़े पर सवार होकर छोटी मामी कादम्बरी घुड़सवारी की पोशाक पहने पति के साथ सुबह की सैर करने जातीं। यह तब की बात है जब बीसवीं शताब्दी शुरू होने में बीस साल से ज़्यादा समय बाक़ी था और सती प्रथा को गैरक़ानूनी घोषित हुए पचास साल भी नहीं हुए थे।

मँझली मामी ज्ञानदानन्दिनी ने तो इंडियन सिविल सर्विस में काम करनेवाले पति के साथ गवर्नर हाउस की पार्टी में शामिल होकर समाज में तूफ़ान खड़ा कर दिया था। टैगोर परिवार की दूसरी शाखा के महाराजा बहादुर जतीन्द्रमोहन टैगोर घर की बहू को अंग्रेज़ औरतों की तरह मुँह उघाड़े देख गुस्से से पार्टी छोड़कर चले गये थे। बाद में मँझली मामी न सिर्फ़ अकेली अपने छोटे बच्चों को लेकर इंग्लैंड गयीं, बल्कि जोड़ासांको के संयुक्त परिवार के महल से बाहर निकल पार्क स्ट्रीट में पति-बच्चों के साथ अपना घर भी अलग बसाया। सबसे बड़ी बात तो यह हुई कि ज्ञानदा मामी ने बंगाली औरतों को ब्लाउज़, शमीज़, जैकेट और पेटीकोट के साथ 'बॉम्बे स्टाइल' में बायें कन्धे पर ब्रूच लगाकर साड़ी पहनना सिखाया ताकि वे रीढ़ सीधी कर कहीं जा सकें वरना शरीर पर बिना ब्लाउज़ के सिर्फ़ एक साड़ी लपेटे औरतें घर के बाहर जातीं भी कैसे?

सरला का बेथून कॉलेज से बी.ए. पास कर कलकत्ता विश्वविद्यालय से 'पद्मावती गोल्ड मेडल' लेने में टैगौर परिवार की पहली लड़की होना बड़ी बात नहीं थी। घर की पुरानी परम्परा को वह बस कुछ आगे ले गयी थी। सरला की बड़ी मौसी सौदामिनी को नाना देवेन्द्रनाथ टैगोर ने पाँच साल की उम्र में बेथून स्कूल में पढ़ने भेजा था। उन्नीसवीं सदी तब आधी पार हुई थी।

अख़बारों में इस घटना पर बहुत हो-हल्ला मचा कि इन कोमल बालिकाओं पर वासना में डूबे पुरुष घात लगाये रहेंगे...यह तो शिकार का खुद शिकारी के जाल में फँसना है, वग़ैरह वग़ैरह। सौदामिनी मौसी के साथ एक घटना घट भी गयी थी। मौसी अंग्रेज़ों की तरह गोरी थीं। किसी पुलिसवाले ने सोच लिया था कि किसी अंग्रेज़ लड़की का अपहरण कर उसे भारतीय लिबास पहनाया गया है और उसने कोचवान को गिरफ़्तार कर लिया था।

खुद सौदामिनी मौसी से सरला ने यह घटना नाना मोशाय के विराट् चौके में सवा सौ लोगों की रसोई के लिए सब्ज़ी काटती, पान चबाती, गप्पें हाँकती औरतों के पास बैठकर सुनी है। नाना का घर नौ बेटों-बहुओं और चार बेटियों-घर जमाइयों के परिवारों के अलावा पिछली पीढ़ियों की न जाने कितनी बुआ-मौसियों-चाचियों और दूर-दराज की रिश्तेदार विधवाओं से भरा था। कइयों से तो रिश्ते के सूत्र भी भूले जा चुके थे। क़रीब एक दर्जन ब्राह्मण रसोइये भोर होते ही खाना बनाने में लग जाते। उबले हुए चावल का पहाड़ रसोई की छत तक पहुँच जाता। सुबह की प्रार्थना के बाद सब्ज़ी-फल भण्डार के बाहर गोल घेरे में बैठकर सारी मामी-मौसियाँ सब्ज़ियाँ काटतीं और इधर-उधर की बातें करतीं।

सरला को उन लोगों की बातें सुनने की भारी उत्सुकता रहती। माँ के कमरे की तरह यहाँ बच्चों को कोई दूर भाग जाने के लिए भी नहीं कहता था, बल्कि सौदामिनी मौसी चौके के अन्दर से बच्चों को आम-सत, तिलकुट्टा, सूजी के लड्डू और छेना का सन्देश खाने के लिए लाकर देतीं। सरला ने माँ को कभी औरतों की इन रस-भरी बातों में शामिल होते नहीं देखा। माँ अपने कमरे में ही रहती। उसे लिखने से कभी फ़ुरसत नहीं होती। सौदामिनी मौसी जब कभी सरला के बाल तरह-तरह से गूँथकर चोटी बनाती, सरला उनसे फ़रमाइश करती कि वह स्कूल जाते समय पुलिसवाले के उनकी बग्घी रोके जाने का वही क़िस्सा सुनाये।

सरला पलंग पर बैठकर अपने पाँव धीरे-धीरे झुलाती पिछली बातें सोचती रही। मैसूर में नौकरी करने देने के लिए माँ-पिता बिलकुल तैयार नहीं थे। उनके दिल को चोट पहुँचाकर वह यहाँ आयी है। जाने क्यों उसका मन हर समय विद्रोह करने के लिए उसे उकसाता है। क्या उसे यह ज़िद अपने पिता से विरासत में मिली है? पिता जानकीनाथ घोषाल ने अपने ससुर की

सबसे छोटी लाड़ली बेटी स्वर्णकुमारी देवी की चार बड़ी बहनों के पतियों की तरह घर-जमाई बनने से इनकार कर दिया था। टैगोर परिवार का दस्तूर था कि उनकी लड़कियाँ शादी के बाद ससुराल नहीं जाती थीं, लड़के घर-जमाई बनकर जोड़ासांको में रहने आते थे, पर जानकीनाथ घोषाल ने न सिर्फ़ घर-जमाई बनना अस्वीकार किया बल्कि हिन्दू धर्म छोड़कर ब्रह्म-धर्म, अपनाना भी स्वीकार नहीं किया। उधर, उनके पिता ने इस शादी के विरोध में उन्हें अपनी सम्पत्ति से बेदख़ल कर दिया क्योंकि टैगौर 'पीराली' ब्राह्मण थे जिनके पूर्वजों की एक शाखा ने मुसलमान धर्म अपना लिया था। सरला के पिता ने अपनी शर्तों पर बिना किसी की परवाह किये उनकी माँ से शादी की थी। शायद यही ज़िद सरला के ख़ून में दौड़ रही है।

सरला के हृदय में उठता पिता के प्रति गौरव का भाव अगले पल माँ का ख़याल आते ही बिखर गया। बड़ी बहन हिरण्यमयी दीदी को पहलौठी होने के कारण लाड़ मिला, भाई को बेटा होने के कारण। उसे क्या मिला? बचपन से दूसरी बेटी यानी एक अतिरिक्त, अवांछित सन्तान होने का भाव किसी ब्रह्मराक्षस की तरह उसके सिर पर चढ़कर बैठ गया। उससे सिर्फ़ एक साल छोटी इन्दिरा का उसकी माँ ज्ञानदा मामी कितना दुलार करती थीं। वह जब चाहे भागकर अपनी माँ की गोद में चढ़ सकती थी। ज्ञानदा मामी रूप-रंग और शिक्षा में माँ से क्या कम थीं? पर सरला की माँ तो जैसे रानी विक्टोरिया थी, जिसे सिर्फ़ दूर से ही देखा जा सकता था। कभी याद नहीं आता कि माँ ने कभी उसे चुमकारा हो या उसकी बग़ल में लेटकर सिर सहलाया हो। कुछ बड़ी होने पर सरला ने देखा कि टैगोर परिवार का आभिजात्यपूर्ण रिवाज यही है कि बच्चों को पैदा होते ही नौकर-दाइयों को सौंप दिया जाता है। दूध पिलाने का काम भी 'दूध-माँ' करती है। ख़ासकर माँ की बहनें बच्चों से अपने को इस तरह दूर रखती हैं जैसे उन्हें पैदा कर उनका कर्तव्य शेष हो गया हो। सुना है कि उन चौदह भाई-बहनों की परवरिश ऐसे ही नौकर-दाइयों के हाथों हुई थी।

ऐसा भी नहीं था कि माँ स्वर्णकुमारी देवी को स्नेह देना न आता हो। हर दोपहर माँ के विराट् पलंग पर औरतें ताश खेलने के साथ गपशप करने जुट जातीं। उनके लिए बेसन में लपेटकर तले गये प्याज़, बैंगन और गोभी की महकती 'भाजा' पकौड़ियाँ आती रहतीं। कभी-कभी वे लोग माँ की कविताओं का पाठ करतीं या गाने गातीं। सरला दूसरे बच्चों के साथ माँ के कमरे के बाहर मँडराती रहती कि कुछ चटपटा खाने या सुनने को मिल

जाये। माँ को यदि भनक पड़ जाती कि वे लोग आसपास हैं तो तुरन्त माँ की आवाज़ आती, "बच्चों, यहाँ आना मना है। तुम लोगों को पता है न?" माँ ने 'सखी-पत्र' के बन्धन से न जाने कितनी सखियाँ बना रखी थीं जो एक-दूसरे को किसी ख़ास नाम से पुकारतीं। माँ की सहेली शरतकुमारी एक-दूसरे के लिए 'विहंगिनी सखी' थी और कवयित्री गिरीन्द्रमोहिनी 'मिलन-विरह सखी'! कोई एक-दूसरे के लिए 'बकुल फूल' थी, कोई 'मीठी हँसी'। माँ के पास सबके लिए वक़्त था और लिखने के लिए भावों की क्या कमी! इक्कीस साल की उम्र में अपना पहला उपन्यास लिखने के बाद माँ ने अब तक और सात उपन्यास और न जाने कितनी कविताएँ, नाटक, लेख, यात्रा-विवरण लिख डाले हैं, पर माँ के पास सरला के लिए कभी वक़्त न था। न कभी सरला के अन्दर साहित्य-सृजन का दीप जलाने की इच्छा माँ में दिखी।

सरला के मन में कड़वाहट फैलती जा रही थी। तभी उसे माँ का सफ़ेद पड़ गया चेहरा याद आया जब उसने माँ से कहा, "मुझे मैसूर में महारानी गर्ल्स स्कूल में नौकरी मिल गयी है। मैं वहाँ जाना चाहती हूँ।" पहली बार सरला ने माँ को माँ बनते देखा। बचपन में एक बार मौसी की लड़की ने सरला को माँ के कमरे में एक घण्टा पियानो बजाने के कड़े अनुशासन से बचाने के लिए घड़ी की सूई बीस मिनट आगे खिसका दी थी। पकड़े जाने पर माँ ने सरला को अकेले में ले जाकर गाल पर बहुत हल्की-सी चपत भर लगायी थी। माँ को शायद मालूम भी नहीं था कि सरला को पालने वाली मंगला दाई कितने ज़ोर-से थप्पड़ लगाती है और उसकी पढ़ाई की ज़िम्मेदारी लेते-लेते अभिभावक बन गये सतीश पण्डित कैसे उसे लकड़ी के स्केल से मारते हैं।

इस बार माँ ने पहली बार अपने आभिजात्य को भूलकर ऊँची आवाज़ में चिल्लाकर कहा था, "दिमाग़ ख़राब हो गया है तुम्हारा? कभी सुना है कि हमारे जैसे परिवारों की कोई लड़की कमाने के लिए अकेली शहर से बाहर जाये? तुमने ऐसा सोच भी कैसे लिया कि हम तुम्हें जाने देंगे?"

"आप चाहे जो सोचें। पिता जी को भी समझा लीजिए। मैं इस पिंजरे में और नहीं रह सकती। मेरा दम घुटता है।" माँ की ओर बिना देखे सरला उनके कमरे से निकल गयी थी।

माँ की आँखों में शायद आँसू आये हों, सरला ने कुछ सन्तोष के साथ सोचा था। माँ के एक उपन्यास में विधवा स्नेहलता के मरने के बाद एक सहानुभूतिशील पुरुष पात्र कहता है, "अगर उसने शिक्षा नहीं प्राप्त की होती तो शायद अपने भाग्य को आसानी से स्वीकार कर लेती।"

शायद माँ भी आज ऐसा कुछ सोच रही हों। बचपन में सरला ने माँ को कहते सुना था, "मैं सरला की शादी नहीं करूँगी। थिओसॉफ़िकल सोसाइटी वाली बनारस की माता जी की तरह सरला को देशसेवा में अर्पण करूँगी।" तभी से सरला के मन में यह बात बैठ गयी थी कि उसे शादी नहीं करनी है। बाद में सरला के बड़े होते-होते माँ के विचार बदल गये। सरला से दो साल बड़ी बहन की सोलह की उम्र में शादी होने के बाद सरला के लिए माँ रिश्ते लाने लगी, पर सरला हर रिश्ते में दोष निकालकर इनकार कर देती। माँ स्वर्णकुमारी देवी को यह समझ में आ चुका था कि अब वह सरला पर दबाव डालकर कोई काम नहीं करा सकती। जिस बच्ची पर उन्होंने कभी ध्यान नहीं दिया था, उस पर अब ध्यान देने से कोई मन मुताबिक़ नतीजा निकलने वाला नहीं था।

सरला को अच्छी तरह याद है, जब माँ का ध्यान पहली बार उसकी तरफ़ गया था। वह शायद नौ साल की थी। उसे शास्त्रीय संगीत सिखाने आनेवाले गुरु जी ने माँ को कहा, ''सरला में संगीत सीखने और गाने की असाधारण प्रतिभा है।" ऐसा नहीं हुआ कि माँ ने यह सुनकर उसे ज़्यादा वक़्त देना ज़रूरी समझा या हौसला-अफ़ज़ाई करने के लिए उसकी पीठ थपथपायी। बस, अपने कमरे में रखे पियानो पर एक घण्टा बजाने के लिए सप्ताह में दो बार आनेवाली मेम रख दी और सीखे हुए को रोज़ एक घण्टा बजाने का नियम बना दिया। सरला की अंगुलियाँ सूज जातीं। उसका दिमाग़ स्कूल से मिला काम पूरा करने के बाद संस्कृत और फिर सितार के शिक्षकों के साथ जूझते थक जाता, पर माँ के सामने वह कभी कुछ कह नहीं पाती थी।

क्या माँ सरला पर ध्यान नहीं देती थी क्योंकि वह अपनी हमउम्र चचेरी-मौसेरी बहनों-इन्दिरा, प्रतिभा, सरोजा, प्रज्ञा से कम सुन्दर थी? टैगोर परिवार की अद्‌भुत सुन्दरी औरतों की गिनती में शायद वे सब आ जायेंगी। सरला को समझ में आ गया था कि उसे किसी न किसी तरह अपनी तरफ़ माँ का ध्यान खींचना होगा-चाहे संगीत या साहित्य से; चाहे पढ़ाई में अव्वल आकर या देश की सेवा में जुटकर। बारह साल की उम्र में उसकी कविता को 'शाखा' पत्रिका की प्रतियोगिता में पुरस्कार मिला। फिर उसके दो लेख 'बालक' पत्रिका में छपे। रवि मामा ने सबको अपने एक मित्र का पत्र मुस्कराते हुए पढ़कर सुनाया-'एक दिन यह लड़की बांग्ला साहित्य में अपनी जगह बनायेगी।' सरला के लिए उस दिन सोने का सूरज उगा था। रवि मामा उसकी प्रेरणा थे, उसके श्रद्धापात्र थे। उन्होंने ही अंग्रेज़ी के रोमांटिक कवियों-बायरन, शेली, कीट्स से सरला का परिचय करवाया था।

सरला के संगीत को उनके उत्साह से इतना बल मिलता था कि वह हर नयी धुन उन्हें जब तक न सुना लेती, उसे चैन नहीं मिलता था। माँ की सरला के प्रति उदासीनता पर भी रवि मामा की बात ने असर डाला। माँ ने स्कूल-फ़ाइनल की परीक्षा के समय कहा, "तुम तो प्रथम आओगी ही।" सरला चौंक पड़ी। मन हुआ कि कहे, "अच्छा! तो तुम मेरे बारे में सोचती भी हो?" किन्तु पहली बार माँ के प्रति शिकायतों को भूलकर वह माँ की बात को सच बनाने के लिए दिन-रात पढ़ाई में जुट गयी।

•••

सूरज की रोशनी फैल गयी थी। यह मैसूर का सूरज है। पृथ्वी के बीच से गुज़रने वाली भूमध्यरेखा के पास का सूरज, जहाँ उसका तेज़ सबसे ज़्यादा महसूस होता है। सरला के मन में एक कविता की पंक्तियाँ बनने लगीं। उसने बग़ल में पड़ी नोटबुक उठाकर लिखा—

और सब स्त्रियाँ होंगी
प्रिय पति-कुल की,
तुम रहो कल्याण हेतु
निष्ठ व्रतपरायणा।

दीदी की शादी के बाद माँ स्वर्णकुमारी देवी ने सरला का विवाह करने की ज़िद क्या पकड़ी, सरला ने भी कभी ब्याह न करने की ठान ली। पिता जानकीनाथ पर भी उसे ग़ुस्सा आता। माँ के साथ वे अपना रंग बदल रहे थे, जबकि वे ख़ुद दस साल पहले बनी भारतीय कांग्रेस के संस्थापक नेताओं में से एक थे। माँ को साथ लिये कांग्रेस के अधिवेशनों में जाते। और माँ? उसी ने तो बारह साल की उम्र में सरला को मँझले मामा सत्येन्द्रनाथ का लिखा पहला राष्ट्रगीत गाने को कहा था—'मिले सब भारत सन्तान, गाओ गान एक तान।' सरला को याद है वह दिन, जब उसकी स्वरलहरी गूँजी, तो कैसे सबकी आँखें भर आयी थीं। सरला के जन्म से पहले ही जोड़ासांको के परिवार में स्वदेशी वस्तुओं—कपड़े, माचिस, हस्तकला और स्वदेशी खेलों—कुश्ती, लाठी के प्रचार के देश में आत्मगौरव की भावना जगाने 'हिन्दू मेला' का आयोजन होता था। पर अब सब कुछ भुलाकर उस पर देशसेवा की जगह गृहस्थी जोड़ने का दवाब बनाया जा रहा था।

जोड़ासांको की हवा में ब्रह्मसमाज की आधुनिकता के साथ स्वदेशी की आकांक्षा घुली थी। वही हवा बेथून स्कूल में बहती थी। इलबर्ट बिल के विरोध में सरला को काला रिबन बाँधकर स्कूल भेजा गया था। सरला तेरह साल की हुई, तो बेथून कॉलेज की एंट्रेंस परीक्षा में इतिहास के पेपर में उसने मैकाले का प्रबल खण्डन किया था कि लॉर्ड क्लाइव बंगाल को इसलिए जीत पाया क्योंकि बंगाली कमज़ोर और पिलपिले होते हैं। इतिहास का पेपर जाँचनेवाले घोष महोदय उससे मिलने घर चले आये थे। माँ-पिता के चेहरे सरला के कारनामे पर गर्व से भर उठे थे। उसी धुन में सरला ने ज़िद की थी कि वह भी परिवार के लड़कों की तरह विज्ञान की पढ़ाई करेगी। साइंस एसोसिएशन में उसके भाई के साथ एक ममेरा भाई उसके अगल-बग़ल सबसे आगे लगी तीन कुर्सियों पर बैठते। बाक़ी लड़के फुसफुसाकर भाइयों के लिए कहते, 'बॉडीगार्ड'। वह वहाँ पढ़नेवाली एकमात्र लड़की जो थी।

माँ स्वर्णकुमारी ने दस साल पहले विधवाओं और अविवाहित लड़कियों को आत्मनिर्भर बनाने के लिए 'सखी समिति' बनायी थी ताकि उन्हें ट्रेनिंग देकर शिक्षिका या गवर्नेस की नौकरियाँ दिलायी जा सकें। ख़ुद सरला ने दस साल की उम्र में बड़ी बहन हिरण्यमयी दीदी के साथ शाम को छोटे बच्चों को पढ़ाने के लिए घर में पाठशाला खोली थी। अब भला माँ को सरला के आत्मनिर्भरता के रास्ते का चुनाव करने में क्यों इतनी आपत्ति थी? बड़े लोग सोचते हैं कि जब उनका मन चाहे, जिस किसी रास्ते पर बच्चों को हाँक सकते हैं। माँ का मन बदल गया, तो सरला को भी मन बदलना होगा।

●●●

गांधी की हल्की-सी हँसी से चुप होकर सरला ने उनकी तरफ़ शर्मिन्दा होकर देखा। वह बिना रुके बोलती जा रही है। गांधी ने कहा, "मुझे वकालत पढ़ने के लिए लंदन जाने के लिए अपनी माँ को कई वचन देने पड़े थे। तब उनकी अनुमति मिली थी, पर तुम्हारी कहानी रोको मत, सरला! इसी तरह मौज में कहती जाओ..."। सरला को न जाने क्यों इस लगभग अजनबी को सब कुछ सुना देने का मन हो रहा था। वह अपनी ज़िन्दगी को गांधी की आँखों से जैसे देख रही थी।

●●●

उन दिनों सरला पर हास्य-व्यंग्य लिखने का जुनून सवार हुआ। बिना अपना नाम दिये उसने टैगोर घराने की पत्रिका 'भारती' में एक हास्य-लेख 'प्रेमियों की सभा' छापने भेज दिया। सरला ने लेख में अपना नाम भले न दिया हो, माँ उसे पढ़ते ही जान गयी होंगी कि लेखक कौन है? प्रेमियों की सभा को सरला के इर्द-गिर्द आख़िर खुद उन्होंने ही जुटाया था। उन्नीस साल की एक अविवाहित लड़की प्रेम करने को व्याकुल लड़कों की भीड़ का मज़ाक़ बनाये, ऐसी हिमाक़त देख सब दंग थे। बंकिम बाबू ने एक बार मज़ाक़ में कहा था, "कॉलेज जानेवाला कोई बंगाली युवक नहीं होगा जिसे रोमियो-जूलियट का बालकनी वाला दृश्य याद न हो और जो ऐसे प्रेम का अनुभव करने के लिए तड़प न रहा हो। पर बेचारे परिवार के माहौल के ख़िलाफ़ जाने की हिम्मत कहाँ से लायें!"

उन दिनों दक्षिण कोलकाता के उनके घर पर बहुत-से बन्धु-बान्धवों और साहित्य-प्रेमी लड़कों का आना-जाना लगा रहता था। इनमें कई प्रेम करने को आतुर युवक आते जिनकी बातों में चटकदार आधुनिकता होती, पर असल में वे कठपुतली होते अपने परिवार की। सरला ने उनका मज़ाक़ उड़ाते लिख डाला, "हमारे मोहल्ले के लड़कों ने प्रेमियों की एक सभा बनायी है, जिसका उद्देश्य है प्रेम का वैज्ञानिक सिद्धान्त गढ़ना और प्रेम का अनुभव करना-पर हमारे दार्शनिक सेक्रेटरी फ़रमाते हैं कि जो प्रेमी होते हैं, वे निरे मूर्ख होते हैं और जो नहीं होते, वे भी उनसे ज़्यादा समझदार नहीं होते।" सरला की नज़र में रूमानी प्रेम की कल्पना में क़ैद ये युवक देश और समाज की चिन्ता से दूर भागनेवाले भगोड़े मात्र थे। उनके प्रति अपनी चिढ़ को उसने हास्य में लपेट प्रस्तुत किया था।

रवि मामा ने बधाई देते हुए सरला को पत्र लिखा कि उसने इतना परिपक्व लिखा है कि यदि लोग उनको इसका लेखक समझ लेते, तो उन्हें कोई कष्ट न होता। सरला फूली नहीं समा रही थी, पर जब माँ दो दिन कमरे से बाहर नहीं निकलीं, तो उसकी खुशी काफ़ूर हो गयी। पिता जानकीनाथ उसे कुछ अजीब निगाहों से देख रहे थे। बाद में बड़ी बहन से पता चला कि सरला के लेख में कई प्रेमियों को पहचान लिया गया था और इससे कई लोग नाराज़ हैं। सरला ने तब असली ज़िन्दगी पर लिखना छोड़ संस्कृत के महान प्रेमकाव्यों पर लिखना शुरू किया; शिव के नेत्र से भस्म कामदेव की पत्नी रति का विलाप, राजा अग्निमित्र का अपनी पत्नी की दासी के रूप में रहती हुई राजकुमारी मालविका से प्रेम।

यहाँ तक क़लम ठीक चली, पर 'मृच्छकटिकम्' की प्रेमकथा तक आते-आते सरला बेचैन हो गयी। वह लेख उससे पूरा नहीं हो पा रहा था। उन्हीं दिनों छपी उसकी कहानियों को लेकर घर में एकदम चुप्पी का माहौल था। 'भारती' में छपी उसकी एक कहानी में बचपन में हुए प्रेम का अभिशाप झेलते स्त्री-पुरुष थे। एक कहानी में दो पुरुषों के बीच का प्रेम था, एक कहानी में दो औरतों के बीच प्रेम। अन्य एक कहानी एक औरत के पति और उसकी भाभी के बीच अवैध प्रेम-सम्बन्ध की कहानी थी। किसी भी कहानी के अन्त में प्रेमी-प्रेमिका का मिलन नहीं होता था। चाय के समय सरला घुमा-फिराकर अपने लिखे हुए पर कोई बात चलाती, तो माँ और पिता जी तुरन्त बातों का रुख़ कहीं और मोड़ देते। सरला सब समझ रही थी। बिना बोले उस पर प्रेम के विषय में इस तरह न लिखने और शादी करने के लिए दबाव डाला जा रहा है।

सरला की बेचैनी बढ़ती जा रही थी। वह 'भारती' पत्रिका के सम्पादन में लगी हुई थी, पर उसका मन नहीं लग रहा था। विज्ञान की पढ़ाई छोड़ संस्कृत में एम.ए. की पढ़ाई शुरू की, अब वह भी बोझ लगने लगी थी। वह क्या करे? मन होता कि कहीं पंख लगाकर उड़ जाये। अपने परिवार के लड़कों की तरह अपने पैरों पर वह क्यों नहीं खड़ी हो सकती? शादी करना क्यों ज़रूरी है? 'मेरा जीवन मेरी इच्छा से क्यों नहीं चलेगा?'–यह सवाल बार-बार उसके मन में उठता रहता। सरला को ब्रिटिश इंडियन स्टीम नेविगेशन कम्पनी के बड़े जहाज़ से दो साल पहले की मद्रास यात्रा याद आयी। घर से दूर बिना घरवालों के यह उसकी पहली यात्रा थी। अपने स्कूल की सहेली 'ख़ुशी' और उसकी बड़ी बहन-जीजा के साथ धरती का ठोसपन छोड़ पानी के ऊपर चार दिन खुले आकाश के नीचे हुआ आज़ादी का अपूर्व पहला अनुभव उसे याद आया।

वहाँ से वे लोग मैसूर गये थे और वहाँ मैसूर के महाराजा के 'दरबार बख़्शी' के पद पर बैठे नरसिंह आयंगर के मेहमान बनकर राजकीय ठाठ-बाट से रहे थे। सरला ने देखा था कि उसके दिल की तरह ही मैसूर में संगीत का साम्राज्य है। वहाँ दिन-रात हवा में तैरता संगीत उसे बहुत सुकूनदायक लगा था। नरसिंह आयंगर उन लोगों को स्त्री-शिक्षा के लिए स्थापित 'महारानी गर्ल्स स्कूल' दिखाने ले गये थे। बेथून कॉलेज में सरला से तीन साल पहले बी.ए पास करने वाली कुमुदिनी खास्तगीर वहाँ कुछ दिन पहले शिक्षिका नियुक्त हुई थी।

सरला को अचानक कलकत्ता की घुटन से बाहर निकलने का एक रास्ता दिखायी पड़ा। उसने नरसिंह आयंगर को एक तार भेज दिया–"मैं स्कूल की सेवा करना चाहती हूँ। कोई स्थान ख़ाली हो तो तार दीजिए।" दो दिन में ही जवाब आया–"आपके लिए हमेशा जगह है। जितनी जल्दी हो, शुरू करें।"

पिता जानकीनाथ को सरला ने कभी इतना नाराज़ नहीं देखा था। एक लम्बी बहस के बाद जब उन्हें यह समझ में आ गया कि सरला को रोका नहीं जा सकता, तो उन्होंने कहा नाना मोशाय महर्षि देवेन्द्रनाथ से आज्ञा लेनी होगी। सरला के मन में एक क्षण हताशा हुई। फिर एक नयी बाधा? दूसरे ही पल उसने सोचा कि नाना मोशाय ने नया काम करने से अपने बच्चों को कभी नहीं रोका। मँझले मामा को मामी को इंग्लैंड ले जाने दिया, उन्हें गवर्नमेंट हाउस की पार्टी में ले जाने दिया तो वे अपनी नातिन को क्यों रोकेंगे? सचमुच नाना मोशाय ने सरला की बात सुनकर एक बार भी उसे मना नहीं किया। बस, उन्होंने सौदामिनी मौसी को बुलाकर कहा, "सरला ने यदि कभी विवाह न करने की प्रतिज्ञा कर ली है, तो मैं उसके जाने से पहले उसका विवाह एक तलवार से करवा दूँगा।"

सरला नाना मोशाय की बात सुनकर हतप्रभ हो गयी थी। उसने अपने मन को टटोला, क्या वह आजीवन चिरकुमारी रहना चाहती है? यह ठीक है कि देशसेवा के लिए जीवन उत्सर्ग करने की माँ की बात बचपन से उसके दिल में बैठ गयी थी, पर वह नाना मोशाय की किसी शर्त से अपने को क्यों बँधने दे? सरला का बाग़ी मन विद्रोह कर उठा। वह स्वतन्त्र होकर जीना चाहती थी, पर यह नहीं कि यदि वह कभी अपनी ज़िन्दगी में किसी को साझेदार बनाना चाहे तो कोई भीष्म–प्रतिज्ञा उसके रास्ते में बाधा बनकर खड़ी हो जाये। स्वतन्त्रता का अर्थ यह नहीं हो सकता कि उसके साथ कोई अनुबन्ध जुड़ा हो। सरला ने मौसी को मना कर दिया। वह तलवार से भी ब्याह नहीं करेगी।

मँझले मामा सिविल सर्विस पोस्टिंग से उस समय सतारा में थे। माँ सरला के साथ सतारा तक आयीं। उन्हें गुमसुम देखकर सरला के हृदय में कचोट तो थी, पर उसका संकल्प उसे मज़बूती देता रहा। सतारा से मामा अकेले सरला के साथ मैसूर आये और सारा बन्दोबस्त देखकर लौट गये। सतारा से गाड़ी में बैठते समय सरला ने चार बार सिर उठाकर बरामदे की तरफ़ देखा था, पर माँ न उसे छोड़ने गाड़ी तक आयीं और न बरामदे में खड़ी हुईं। अच्छा ही हुआ, सरला ने सोचा, उसका मन सारे बन्धनों के जाल से जैसे एकबारगी निकल आया।

उसकी आँखों के सामने महारानी गर्ल्स स्कूल की इमारत घूम रही थी और मन गाड़ी के साथ चलती हवा की तरह उड़ रहा था।

आज उसके मन ने कितने सालों बाद ऐसी उड़ान भरी थी। बेथून कॉलेज में पढ़ने के समय लगता था कि संसार की डोर उनके अपने हाथों में है। सरला के साथ पढ़नेवाली प्राय: सब लड़कियाँ ब्रह्मसमाज के सुधारक परिवारों से थीं। बाहर की दुनिया में भले उन्हें और उनके परिवारों को शंका-भरी नज़रों से जूझना पड़ता हो, कॉलेज की चहारदीवारी में उनका अपना साम्राज्य था। वे सब एक जैसा जूड़ा बाँधतीं, एक जैसी रंगीन ढाकाई साड़ियाँ पहनतीं, गले में सोने की चेन, हाथों में एक-सी सोने की चूड़ी, कानों में एक जैसे सोने के बुन्दे। वे आपस में कभी बेवजह गुस्सा होतीं, कभी बेवजह हँसतीं, कभी बेवजह सीढ़ियों पर ऊपर-नीचे भागतीं, कभी बेवजह गाने लग जातीं। जबसे सरला का लेख 'प्रेमियों की सभा' छपा और उसे उसकी हिमाक़त और दुस्साहस समझा गया, उसके अन्दर की मस्ती और बेपरवाही पर जैसे किसी ने ढक्कन बन्द कर दिया। कितना अच्छा है कि वह वापस उन लड़कियों की दुनिया में लौट रही है जिनकी आँखों में नये सपने भरे होंगे।

मैसूर के राजा के स्कूल की असिस्टेंट सुपरिंटेंडेंट सरला को, जो महर्षि देवेन्द्रनाथ टैगोर की नातिन है, सम्मानपूर्वक एक सुन्दर घर दिया गया था। नीचे में बैठक और खाने का कमरा था। ऊपर में दो कमरे, एक बरामदा और एक बाथरूम था। सभी कमरों में सुन्दर हल्के रंग का अंग्रेज़ी वॉलपेपर लगा हुआ था। कितना अद्भुत था घरवालों से चलने वाले लगातार आशा-निराशा के संघर्ष और द्वन्द्वों से दूर आकर आज़ादी की साँस लेना। सरला ने देखा कि मैसूर में औरतें आज़ादी से सड़कों पर अकेली चलती हैं, मन्दिर जाती हैं और सारे उत्सवों में हिस्सा लेती हैं। कोई उन्हें अचरज से घूरता या छेड़ता नहीं क्योंकि यह एक सामान्य दृश्य है। स्कूल में पढ़नेवाली औरतें प्राय: शादीशुदा और बच्चों की माँ हैं। सुन्दर रंगीन सिल्क की साड़ियाँ पहने, कानों और नाक में मोती या हीरे के फूल और कमर में चाँदी के घुंघरू लगे कमरबन्द पहने, हाथों में सोने की चूड़ियों के साथ काँच की चूड़ियाँ पहने रहती हैं। कालिदास के 'मेघदूत' में वर्णित औरतों की तरह सुगन्धित फूलों की वेणी से अपने बालों का शृंगार करती हैं। छोटी-सी अँगीठी पर छोटा-सा मिट्टी का बर्तन गरम कर उससे अपने बाल सुखाती हैं।

ऐसा लगता था, जैसे सरला ने चार-पाँच सौ साल पहले की दुनिया में क़दम रख दिया हो जहाँ कला, संगीत और संस्कारों का प्रवाह अनवरत बहता चला आया हो।

एक दिन बरामदे में खड़े-खड़े अचानक सरला को महसूस हुआ कि सड़क के पार से कोई उसे देख रहा है। उसने नज़रें घुमाकर इधर-उधर देखा, पर कोई नहीं दिखा। सामने एक बड़ा-सा आलीशान मकान बन रहा था, जिसका एक हिस्सा पूरा हो चुका था। रात को उसमें बत्ती जलती थी और रात के सन्नाटे में तीन-चार लोगों के हँसने की आवाज़ें भी वहाँ तक चली आती थीं। सरला ने क़रीब पच्चीस साल के एक युवक को वहाँ आते-जाते देखा था। कई बार सरला से उसकी नज़रें मिल गयी थीं क्योंकि वह उसे बरामदे में खड़ा देखकर हमेशा गर्दन उचकाकर ऊपर देखता था। शायद वह बनते हुए मकान का मालिक था। अचानक सरला की नज़रें अधबने मकान की खिड़की पर पड़ीं तो उसने देखा कि वह युवक एक दूरबीन लगाकर उसकी तरफ़ देख रहा है। सरला को बहुत क्रोध आया। कितना बदतमीज़ है। वह तुरन्त झटके-से वापस कमरे में चली गयी और उसने बरामदे का दरवाज़ा बन्द कर दिया। अपनी मद्रासी नौकरानी सीता को आवाज़ देकर उसने बुलाया और अंग्रेज़ी में पूछा, "तुम जानती हो वह सामने के मकानवाला आदमी कौन है?" सीता ने 'नहीं' करते सिर हिलाया और कुछ परेशान होकर बोली, "पर वह अच्छा आदमी तो नहीं है।"

दो दिन बाद रात को सरला अचानक गहरी नींद से जागी। कमरे के बाहर सोती हुई सीता ज़ोर-ज़ोर से चीख़ रही थी। सरला दौड़कर उसके पास गई, "क्या हुआ?" सीता ने काँपते हुए कहा, "उधर के कमरे में कोई है। कोई सीढ़ी की तरफ़ से आया। मैं इधर सोयी थी। मुझसे उसका पाँव टकराया था।" सरला को पता था कि सामनेवाले मकान के पास में पुलिस चौकी है। तुरन्त बरामदे में जाकर उसने मदद के लिए 'पुलिस-पुलिस' चिल्लाना शुरू किया। दो पुलिसवाले दौड़ते हुए आये और पूछने लगे, "क्या हुआ?" इसी समय बग़ल के कमरे से वह युवक नीचे कूदा और पकड़ा गया। उसका पाँव टूट गया था। सरला के साथ कलकत्ते से आया पुराना नौकर विपिन और मैसूर सरकार के दिये हुए दो पहरेदार, सब जाग गये थे। सरला ने एक पहरेदार को नरसिंह आयंगर के घर भेजा और दूसरे को मेहरबाई भाभा के घर, जो मैसूर आने पर उसकी मित्र बन गयी थी। रात को वह अपने पिता के साथ आकर सरला को अपने घर ले गयी।

मामला ख़त्म हो गया था। उस युवक को छह महीने की जेल हुई, पर सरला का मन बेचैन रहने लगा। क्या कोई अकेली औरत दुनिया में कहीं सुरक्षित नहीं है? मैसूर की दुनिया पारम्परिक और संस्कारी दिखती है। यहाँ भी कोई उस पर घात लगा रहा था क्योंकि वह अकेली रह रही थी! सरला को कलकत्ता का घर-परिवार और सहेलियाँ इस क़दर याद आने लगीं कि वह उदास रहने लगी। तभी उसे पता चला कि उस रात की घटना की ख़बर कलकत्ता के अख़बारों तक पहुँच गयी है। 'बंगवासी' अख़बार ने अपने सम्पादकीय में सवाल किया था कि जिन अभिजात परिवार की औरतों को नौकरी करने और कमाने की कोई मजबूरी नहीं है, वे अपना घर छोड़कर अनजानी जगहों में जाकर क्यों ख़तरा मोल लेना चाहती हैं? सिर्फ़ पश्चिमी सभ्यता की नक़ल कर उन्हें क्या हासिल होने वाला है?

सरला ने अपने मन के अन्दर झाँका। 'बंगवासी' के सम्पादक की बात पूरी तरह नहीं भी, तो थोड़ी सच ज़रूर है। अंग्रेज़ी साहित्य पढ़कर ही उसके मन में ऐसा स्वतन्त्र, आत्मनिर्भर जीवन जीने की कल्पना जागी थी। यहाँ आना बहुत सोच-समझकर लिया गया निर्णय नहीं था। घर से पलायन करने के लिए यह सूझ अचानक उसके दिमाग़ में आयी थी। अपने भाइयों की तरह शिक्षा प्राप्त कर वह उनकी तरह अपने पाँवों पर खड़ी हो सकती है, यह प्रमाणित करना वह ज़रूर चाहती थी, पर असली वजह तो घर के माहौल से किसी तरह निकलना था, जहाँ उसे घुटन लग रही थी। अब यहाँ भी उसे अच्छा नहीं लग रहा था।

घर की याद उसे बुरी तरह सताने लगी। तभी सरला को कँपकँपी देकर तेज़ बुख़ार आने लगा। मैसूर राज्य के सिविल सर्जन ने उसे अंग्रेज़ी दवाएँ दीं। सरला ने अब तक कलकत्ता में सिर्फ़ होम्योपैथिक दवाई खायी थी। कुनैन की गोलियों से उसे लगा, जैसे उसके अन्दर धुआँ भर गया हो और वह हवा में तैर रही हो। उससे कुछ भी खाया नहीं जा रहा था। ऐसी अवस्था में उसने एक दिन आँखें खोलीं तो देखा, माँ स्वर्णकुमारी उसके सिर पर हाथ रखे उसका बुख़ार जाँच रही हैं। सरला को लगा कि वह एक बहुत सुन्दर सपना देख रही है। तभी माँ ने कहा, "अभी कैसा लग रहा है? बुख़ार तो ज़्यादा नहीं है।" सरला माँ की ओर एकटक देखती रही। क्या उसने माँ को बहुत कड़ी कसौटी पर जाँचा था? फिर उसने बिना कुछ कहे माँ का हाथ पकड़ लिया। अपनी कृतज्ञता जताने का कोई और तरीक़ा उसे समझ में नहीं आया।

सरला तीन महीने की छुट्टी लेकर माँ के साथ मामा के पास सतारा चली गयी। ये तीन महीने उसकी ज़िन्दगी में अब तक की ज़िन्दगी के दिनों से एकदम अलग थे। माँ के प्रति जमा किया हुआ बरसों का क्रोध और दुःख काफूर हो गया था। वह माँ को देखती तो लगता कि बस देखती रहे। माँ के साथ ताश और 'दस-पच्चीस' का खेल खेलती, माँ की किताबें पढ़ती और उनसे पुराने क़िस्से-कहानी सुनती; जोड़ासांको में ब्रह्म धर्म अपनाने से अबीर-गुलाल से होली खेलने की खो गयी परम्परा को माँ ने वापस शुरू करने के लिए 'बसन्त उत्सव' नाम का नाटक लिखा था। उस नाटक को घर में खेला गया। ज्योतिन्द्रनाथ मामा और कादम्बरी मामी ने उसमें नायक-नायिका की भूमिका अदा की थी। ख़ुद माँ उसमें भगवा कपड़े पहनकर साध्वी बनी थीं, जिनके आशीर्वाद से नायिका को उसका खोया हुआ प्रेम वापस मिला था। स्वर्णकुमारी बहुत हँसीं जब सरला ने कहा कि माँ को साध्वी के रूप में देखकर वह बहुत घबरा गयी थी कि माँ कहीं घर छोड़कर न चली जायें।

तीन महीने सतारा में बिताकर सरला वापस मैसूर लौटी जिससे कि उसका साल भर का अनुबन्ध पूरा हो जाये। अभी वहाँ उसे तीन महीने और बिताने थे, पर इन तीन महीनों पर पिछले तीन महीनों की इतनी सुकून-भरी छाँव थी कि सरला को समय पंख लगाकर उड़ता-सा लगा। वह रवि मामा के लिए दक्षिण के संगीत की धुनों को बटोरने में लग गयी। ये धुनें उनके प्रति उसकी श्रद्धा के फूल होंगी। रोज़ सुबह उठकर वह वापस लौटने के दिन की उल्टी गिनती करती। मैसूर की सहेली मेहरबाई भाभा को सरला ने कहा, "हम जब कहीं दूर चले जाते हैं, तभी हमें उसमें होने का जो सुख था, उसका आभास होता है। इसलिए दूर जाना भी ज़रूरी होता है और लौटना भी।"

2

'और आप क्या कर रहे थे 1895 में?'

"फिर? आगे क्या हुआ?" एक घण्टे की कहानी सुनने के बाद गांधी ने पूछा। वे बिलकुल तरोताज़ा दिख रहे थे। सरला ने कहानी कहते समय अपने हाथों को देखते हुए एकाध बार ही नज़र उठाकर गांधी को देखा था। वे पूरे मनोयोग से कथा सुन रहे थे।

"आप भले न थके हों, मैं थक गयी हूँ।"

"मैं देख रहा हूँ, सरला, तुम कितने अच्छे से कहानी बुनती हो। सच, तुम्हें विरासत में यह कला मिली है...बचपन में प्रेम की कमी महसूस होना, माँ के साथ उलझा हुआ रिश्ता, तुम्हारा शादी न करने के मंसूबे पर टिकने का फ़ैसला, मैसूर नौकरी करने जाना और वहाँ से लौट आना। सरला, तुमने तो आँखों के सामने जोड़ासांको का चित्र आँक दिया। रसोई में उबले हुए चावल का पहाड़, पालकी में बैठे-बैठे ही औरतों का गंगा-स्नान, एक मामी का अरबी घोड़े पर सुबह की सैर पर निकलना और दूसरी मामी का औरतों को अलग तरह से साड़ी पहनना सिखाना...सब कुछ जैसे आँखों के सामने दिख गया!"

"और आप क्या कर रहे थे 1895 के साल में? क्या सोच रहे थे?" सरला का प्रश्न था।

गांधी चुप बैठे सोचते रहे। आँखें बन्द कर लीं। कुछ देर उनके बोलने का इन्तज़ार कर सरलादेवी धीरे-से उठकर चली गयीं। सवाल यह नहीं है कि वे खुद क्या कर रहे थे, गांधी ने सोचा, उनका मन यह सोच-सोचकर बेचैन था कि उनकी पत्नी कस्तूर उस समय क्या कर रही थी? कस्तूर और सरलादेवी की उम्र में तीनेक साल की घटत-बढ़त होगी, पर परवरिश और सपनों में कितना फ़र्क़ है? देशसेवा के लिए न्योछावर होना तो दूर की बात है, खुद कुछ बनने का क्या, पढ़ने-लिखने का ख़याल तक कभी न आया होगा।

गांधी ने भी अपनी तेरह साल की पत्नी को भोग के लिए शरीर से ज़्यादा क्या समझा था। अपने पिता की मृत्यु के क्षण भी वे वासना में डूबे हुए थे। वह अपराध-बोध अब तक उन्हें कचोटता है। वे ईर्ष्यालु पति थे। पत्नी पर निगरानी रखते। कस्तूर के कहीं आने-जाने, यहाँ तक कि सहेलियों के साथ मन्दिर जाने पर भी शक करते थे। वह न मानती तो चिढ़कर बात करना बन्द कर देते। बीस साल की पत्नी को नवजात शिशु के साथ भारत में छोड़ बारिस्टर बनने लंदन चले गये।

जिस साल सरलादेवी अपनी मर्ज़ी से मैसूर में नौकरी करने गयी थीं, कस्तूर दो बच्चों की माँ बन चुकी थी। गांधी उसे फिर अकेला छोड़ पिछले दो साल से दक्षिण अफ़्रीका में थे। न उन्हें कस्तूर की कोई ख़बर थी, न कस्तूर को उनकी। कस्तूर न पढ़ सकती थी, न लिख सकती थी। अपने मन की उसे बताने या उसके मन की कुछ जानने का कोई रास्ता नहीं था। कोई काठियावाड़ से आता या दक्षिण अफ़्रीका से स्वदेश जाता, तो बस खोज-ख़बर मिल जाती थी। गांधी अपने भाई को पत्र लिखकर ज़रूरी सूचना भेज देते।

इन दो सालों में गांधी के साथ कितना कुछ घट चुका था। दक्षिण अफ़्रीका पहुँचने के एक सप्ताह के बाद ही वे सामान सहित फ़र्स्ट क्लास के डब्बे से धक्का देकर प्लेटफ़ॉर्म पर फेंके गये थे, घोड़ागाड़ी की रेलिंग से चिपके कोचवान की मार खाते रहे थे क्योंकि उन्होंने अपना टिकट दिखाकर अन्दर अंग्रेज़ों के साथ बैठने की ज़िद की थी। उस घड़ी उन्होंने सोचा ज़रूर था कि अगर उन्हें कुछ हो जाये, तो कस्तूर और दोनों बच्चों का क्या होगा?

दक्षिण अफ़्रीका में एक साल गुज़ारने के बाद उनका वापस स्वदेश लौटना तय हो गया था। कस्तूर उनका किस बेसब्री से इन्तज़ार कर रही होगी, यह सोचकर उन्हीं की आँखें गीली हो रही थीं, पर गांधी के विदाई समारोह में उनकी विदाई नहीं हुई। वहाँ हिन्दुस्तानियों के वोट डालने के हक़ को लेकर मुहिम चलाने का ज़िम्मा गांधी को दे दिया गया। वे फिर वहीं रुक गये। एक बार भी क्या उन्होंने सोचा कि उनका इन्तज़ार करती कस्तूर पर क्या बीतेगी? नहीं, उनके पास सोचने को कितना कुछ और था। वे वहाँ की पार्लियामेंट और उपनिवेश के सेक्रेटरी लॉर्ड रिपन को भेजी जानेवाली याचिका का मजमून बनाने और लंदन में दादाभाई नौरोजी को इस बारे में ख़त लिखने में मशगूल हो गये। फिर 'नटाल इंडियन कांग्रेस' की स्थापना करने और वहीं के कोर्ट में बारिस्टरी करने की इजाज़त लेने में जूझते रहे।

1896 में गांधी जब कस्तूर और बच्चों को दक्षिण अफ़्रीका लाने के लिए हिन्दुस्तान गये थे, तो उन्होंने कस्तूर से उनसे दूर रहकर बिताये पिछले तीन सालों के बारे में पूछा था। उन्होंने देखा था कि रसोई और बच्चों की परवरिश से कस्तूर को फ़ुरसत ही नहीं मिलती। कस्तूर ने शिकायत की थी कि न गांधी ने बड़े बेटे हरिलाल को पहला क़दम रखते देखा था और न दूसरे बेटे मणिलाल को पहला वाक्य बोलते सुना। कस्तूर बताते हुए रो पड़ी थी कि उसकी जिठानी उसे चिढ़ाती रहती थी, "मोहनदास ने वहाँ खाना पकाने तो एक गुजराती महाराज रखा है, कोई गोरी मेम भी रख ली हो, तो क्या बड़ी बात!"

गांधी ने जब कस्तूर को बताया था कि कैसे उन्हें धक्का देकर स्टेशन पर फेंक दिया गया था और कैसे वह रात भूखे-प्यासे और ठण्ड से ठिठुरते उन्होंने एक अनजान स्टेशन पर बितायी थी, कस्तूर सुबकियाँ लेने लगी थी। इसके पहले कि कस्तूर कहती कि उसे वहाँ नहीं जाना, गांधी ने उसे दिलासा देते हुए बताया था कि उनकी वकालत, जो बम्बई और राजकोट में बिलकुल नहीं चली थी, डरबन में चल निकली है। गांधी कस्तूर को धीरे-धीरे दक्षिण अफ़्रीका के भारतीय समाज के हक़ की लड़ाई के अपने काम के बारे में बताकर उसे भविष्य के लिए तैयार करने की कोशिश करने लगे। गांधी ने बताया कि कोर्ट में मजिस्ट्रेट के उनकी पगड़ी उतारने के आदेश को ठुकराकर वे कोर्ट से कैसे निकल आये थे। यह जानकर कस्तूर खुश हुई थी कि अगले दिन अख़बारों में यह घटना उनकी तस्वीर के साथ पहले पन्ने पर छपी थी, पर साथ ही उसने कहा था, "जल में रहना हो तो मगरमच्छ से बैर क्यों करें?" गांधी उसकी बात सुन हँस पड़े थे। फिर उन्होंने बताया कि उन्होंने कोर्ट में पगड़ी उतारकर प्रैक्टिस करने की शर्त मान ली है, ताकि वे वहाँ बारिस्टर बन सकें।

सरलादेवी के लिए बेशक अपने परिवार की मर्ज़ी के ख़िलाफ़ अविवाहित रहना कठिन रहा होगा, पर कस्तूर के लिए राजकोट के सुरक्षित, जाने-पहचाने परिवेश से निकल दक्षिण अफ़्रीका में बसना उससे भी कहीं ज़्यादा कठिन था। कस्तूर को जो जीवन जीना था, उसके लिए उसे किसी ने तैयार नहीं किया था। वह निरक्षर थी और उसका वकील पति हर समय काग़ज़ों में डूबा रहता था। गांधी को याद आया कि जब वे तीन साल बाद हिन्दुस्तान लौटकर कस्तूर से मिले, तो रात-दिन दक्षिण अफ़्रीका में भारतीय लोगों की दुर्दशा पर चालीस पन्ने की 'ग्रीन पैम्फ़लेट' लिखने में लगे रहे। फिर दो महीने बम्बई

और वहाँ से पूना, मद्रास और कलकत्ता जाकर उसके प्रचार में लग गये थे। जब घर पर थे, कस्तूर उन्हें बैठी-बैठी प्रेम-भरी निगाहों से ताकती रहती। कभी उनके लिखे पन्नों को ग़ौर से देखती, जैसे उन्हें बिना पढ़े ही समझ लेगी।

गांधी ने तब कस्तूर को अपने लिखे हुए से कुछ-कुछ बताना शुरू किया था, "कोई हिन्दुस्तानी चाहे जितनी जमात पढ़ा हो, वहाँ रात को बाहर निकल नहीं सकता। अंग्रेज़ों के सण्डास में हम नहीं जा सकते, ट्राम में नहीं बैठ सकते, फुटपाथ पर उनके संग नहीं चल सकते, पहले दर्जे का टिकट लेकर भी उसमें यात्रा नहीं कर सकते। किसी हॉटेल में हमें एक रात रुकना पड़े, तो हमसे मार-पिटाई होना अनूठी घटना नहीं है, लेकिन हम इस नफ़रत को प्यार से जीतना चाहते हैं।" कस्तूर की आँखें पहले भय से और फिर आश्चर्य से फैल गयी थीं। "प्यार से कैसे? उनको क्या हमारे प्यार की ग़रज़ है?" गांधी मुस्कराते हुए बोले थे, "तुम्हें समझने में थोड़ा बख़त लगेगा।"

सरलादेवी की टैगोर मामी ने बंगाली औरतों को ब्लाउज़ पहनना सिखाया ताकि वे घर से बाहर जा सकें। खुद गांधी कितने परेशान थे कि कस्तूर और बच्चे क्या पहनकर दक्षिण अफ्रीका जायेंगे? पारसी पहनावा सबसे आधुनिक है, यह सोचकर गांधी ने बच्चों के लिए पतलून और लम्बा कोट बनवाया। कस्तूर को उन्होंने पारसी तरीक़े से कढ़ाई वाली बॉर्डर की साड़ी और पूरी आस्तीन का ब्लाउज़ पहनवाया। वे कस्तूर को बार-बार बिना झुके सीधे होकर चलने को कहते। उसे बच्चों सहित जहाज़ पर सुबह से शाम पैरों में मोजे-जूते पहने रहने के लिए कहा, जो उनके लिए किसी सज़ा से कम नहीं था। कस्तूर को बायें हाथ में काँटा और दाहिने में चाकू पकड़ना सिखाया। बिना चबर-चबर आवाज़ किये मुँह बन्द कर खाना खाने के लिए टोकते रहे। कस्तूर को इन सब बातों से बहुत खीझ होती है, कई बार इसका आभास होने पर भी गांधी ने अपनी कोशिशें कम नहीं कीं।

गांधी की नींद उड़ गयी थी। सरलादेवी की बातों से वे अपने जीवन के तेईस साल पुराने दौर को फिर से जी रहे थे। ओह, दक्षिण अफ़्रीका की धरती पर पाँव रखते ही क्या झेलना पड़ा था कस्तूर को! यह झूठी ख़बर फैला दी गयी थी कि गांधी दो जहाज़ों में छह सौ हिन्दुस्तानियों को भरकर लौटे हैं ताकि उनकी संख्या बढ़ते-बढ़ते वहाँ उनका राज क़ायम हो जाये। गांधी के 'ग्रीन पैम्फ़लेट' से उनके प्रति गुस्सा चरम पर था कि उन्होंने दुनिया में ख़बर फैलायी है कि दक्षिण अफ़्रीका के अंग्रेज़ भारतीय लोगों से अमानुषिक व्यवहार करते हैं। रोज़ शहर में भीड़ इकट्ठी होकर गांधी समेत हिन्दुस्तानियों

से भरे दोनों जहाज़ों को वापस भेजने के लिए नारे लगा रही थी। बम्बई में फैले प्लेग के डर से जहाज़ों को डरबन के बाहर खड़ा रखा गया था। जहाज़ पर बाहर होते हंगामे की ख़बरों को सुन कस्तूर बुरी क़दर डरी हुई थी। गांधी उसे बार-बार कहते, "मैं सत्य के साथ हूँ और उसके लिए अन्तिम साँस तक लड़ूँगा। ईश्वर पर भरोसा रखो", पर कस्तूर के आँसू थमते नहीं थे।

डरबन पहुँचने के अठारह दिन बाद यानी बम्बई से निकलने के चौवालीस दिन बाद जहाज़ से उतरने की इजाज़त मिलने पर कस्तूर ने बच्चों के साथ ठोस धरती पर क़दम रखा था। बड़ी मुश्किल से वह गांधी को अकेले जहाज़ पर छोड़कर उनके पारसी मित्र रुस्तम जी के घर जाने को राज़ी हुई थी। वे खुद शाम को पाँच बजे एक अंग्रेज़ मित्र के साथ डरबन पोर्ट पर उतरे। ख़बर मिली थी कि सड़कों पर जुटे पाँच हज़ार अंग्रेज़ों की उत्तेजित भीड़ को अटॉर्नी जनरल ने आश्वासन देकर और रानी विक्टोरिया के शासन की हीरक जयन्ती का वास्ता देकर तितर-बितर कर दिया है। पर हुआ यह, कि कुछ अंग्रेज़ लड़कों ने हिन्दुस्तानी बारिस्टर को पहचान लिया और धीरे-धीरे उनके पीछे हल्ला मचाती, गालियाँ देती, बड़ी होती भीड़ चलने लगी। कुछ देर में भीड़ ने उन्हें ज़मीन पर गिरा दिया और लात-घूँसों के साथ उन पर कीचड़ और सड़ी मछली फेंकी जाने लगीं। किसी ने घोड़े के चाबुक से उन पर वार किया। गर्दन से ख़ून टपकाते गांधी को बचाने उनकी परिचित अंग्रेज़ पुलिस सुपरिंटेंडेंट की पत्नी ने भीड़ में घुसकर अपना छाता उन पर तान दिया। किसी तरह उनकी जान बची और वे पुलिस की मदद से वहाँ से निकले।

कस्तूर ने जब रुस्तम जी के घर पर गांधी को नीली पड़ती चोटों और फटे हुए कपड़ों पर ख़ून और कीचड़ के धब्बों के साथ देखा, तो वह भारतीय नारी के संकोच को भूल सबके सामने बुरी तरह रोती हुई उनसे चिपक गयी थी, "इन राक्षसों के बीच मुझे नहीं रहना। हम वापस चले जायेंगे।" गांधी ने बहुत मुश्किल से उसे समझाया था कि उन्हें कुछ नहीं हुआ है और सब ठीक हो जायेगा, लेकिन रुस्तम जी के घर के बाहर शाम तक फिर अंग्रेज़ों की एक छोटी भीड़ इकट्ठी होकर नारे लगाने लगी थी, "गांधी को बाहर भेजो। हमें गांधी चाहिए।" कुछ लोग गाना बनाकर गा रहे थे कि गांधी को खट्टे सेब के पेड़ से लटकाकर फाँसी देंगे। गांधी को पुलिस कॉन्स्टेबल का भेष बनाकर कस्तूर को वहीं छोड़ वहाँ से निकलकर रात पुलिस थाने में बितानी पड़ी थी। कस्तूर किस क़दर डरी हुई थी, गांधी की आँखों के सामने उसका उस दिन का चेहरा घूम गया।

बाद में कैसे कस्तूर ने डरबन के 'बीच ग्रोव विला' के नये घर में दिन भर जूते पहने हुए लकड़ी के ऊँचे चूल्हे के सामने खड़े होकर खाना बनाना सीखा था। वहाँ राजकोट की तरह रसोई में काम करते वक़्त गप्प लगाने या हाथ बँटाने कोई दूसरी औरत नहीं थी। पति के पास अनगिनत मेहमान आते। कस्तूर के लिए उन्हें कहाँ फ़ुरसत थी? ऊपर से दक्षिण अफ़्रीका आने के अगले साल कस्तूर को तीसरा बेटा हुआ और उसके अढ़ाई साल बाद सबसे छोटा देवदास। कस्तूर यदि अनसूया, सीता, सावित्री की कहानियाँ सुनकर न पली होती, तो एक अनजान देश में कैसे उनका साथ दे पाती? न वह वहाँ की भाषा जानती थी, न तौर-तरीक़े। वहाँ न कोई उसका मन लगानेवाला था, न उसका सुख-दु:ख पूछनेवाला, किन्तु गांधी ने अफ़सोस के साथ सोचा, क्या कस्तूर की सुनी कहानियों में कोई ऐसी कहानी नहीं थी, जो उसे अपना ज्ञान बढ़ाने को, लिखने-पढ़ने को प्रेरित करती? गांधी ने खिन्न मन से याद किया कि कस्तूर को खुद पढ़ाने की उनकी चेष्टा में उनकी प्रबल कामवासना आड़े आ जाती थी। अब तक कस्तूर की स्थिति मुश्किल से पत्र लिख सकने और साधारण गुजराती समझ सकने भर की है।

सरलादेवी और कस्तूर की शिक्षा में ज़मीन-आसमान का फ़र्क़ है, पर इसके बावजूद छह साल पहले दक्षिण अफ़्रीका में कस्तूर एक सत्याग्रही के तौर पर जेल जानेवाली पहली स्त्री थी। दक्षिण अफ़्रीका में क्रिश्चियन शादियों के अलावा सब शादियों को अवैध ठहराने के काले क़ानून के ख़िलाफ़ कस्तूर ने गिरफ़्तारी दी थी। गांधी को कस्तूर ने खुद कहा कि औरतों के हक़ की इस लड़ाई में वह जेल जाने को तैयार है। "अगर वह जेल में मर जाती है तो?" कस्तूर के पूछने पर उन्होंने कहा था, तब वे उसे सदा देवी की तरह पूजेंगे। चार औरतों और पन्द्रह साल के बेटे रामदास को लेकर ट्रांसवाल की सीमा पर गिरफ़्तारी देकर उसने तीन महीने जेल की कड़ी सज़ा काटी थी। क्या तभी गांधी को समझ नहीं आ गया था कि औरतों में सत्याग्रह करने का गहरा संस्कार है? गांधी के सामने शादी के शुरुआती दिनों के वे तमाम क़िस्से कौंध गये थे जब कस्तूर ने उनकी बेवजह ईर्ष्या और अनबोले की परवाह न करते हुए सहेलियों के साथ घर से बाहर जाना जारी रखा था। कस्तूर में यह नैतिक बल शुरू से है। चार औरतों की गिरफ़्तारी की ख़बर फैलते ही दक्षिण अफ़्रीका में गिरफ़्तारी देने के लिए औरतों का अगला जत्था निकल पड़ा था, जिनकी प्रेरणा से खदानों के मज़दूरों ने हड़ताल कर दी थी।

सत्याग्रह औरतों की भागीदारी के बिना सफल नहीं होगा, यह पाठ गांधी को कस्तूर ने ही पढ़ाया था।

गांधी को पूरा यक़ीन है कि आज हिन्दुस्तान की स्त्रियों को सरलादेवी जैसी शिक्षित, तेजस्वी और देशसेवा को समर्पित एक नेत्री की सख़्त दरकार है। सरलादेवी पर इस मुल्क का हक़ बनता है। वे हज़ारों औरतों की प्रेरणा बन सकती हैं। देश के लिए सेवा, त्याग और सत्याग्रह की भावना जगा सकती हैं। स्त्रियों को शिक्षा की रोशनी देना काफ़ी नहीं, उन्हें घरों की चहारदीवारी से निकालकर देश के लिए लड़ने को जुटाना होगा। बारह साल पहले इंग्लैंड में वोट देने के अधिकार की माँग करती स्त्रियों को जेल जाते देख गांधी चकित हुए थे। बाद में दक्षिण अफ़्रीका के अनुभव से औरतों की सत्याग्रह की क्षमता में उनका भरोसा मज़बूत हो गया था। उन्हें कोई शक नहीं है कि हिन्दुस्तान की औरतों को यानी आधी जनसंख्या को स्वराज के मक़सद से जोड़ना होगा। स्वराज तभी मिलेगा। सरलादेवी में अपार स्त्री-शक्ति को जगाने की जो क्षमता गांधी देख रहे हैं, उसे सही तरीक़े से काम पर लगाना होगा। सरलादेवी की यह सम्भावना व्यर्थ नहीं जानी चाहिए।

●●●

गांधी के मन में एक नयी तरंग जागी। एक नया संकल्प उठा और उस पर चलने का रास्ता उन्हें सूझने लगा।

3

बंकिमचन्द्र : 'तुम वही गान गाओ, सरला!'

लाहौर में पहली सुबह। गांधी की नींद जिस मधुर सुर-लहरी से खुली, वह किसकी है, यह सोचने में एक पल भी नहीं लगा। उन्नीस साल पहले की स्मृति इतने महीनों-दिनों-पलों को पारकर जाने कैसे ज्यों-की-त्यों बनी हुई थी।

आनन्द लोके, मंगला लोके,
बिराजो सत्य सुन्दर–

बांग्ला भाषा के सौन्दर्य पर मुग्ध होते गांधी उस अपूर्व आवाज़ को सुनते रहे। 'सत्य सुन्दर' जब 'शोत्तो शूँदौरो' बन जाता है, तो उसकी पहुँच आत्मा की अनन्त गहराई तक हो जाती है। सत्य हमेशा सुन्दर है और आनन्द और मंगल का लोक यही है। अब तक की पचास साल की गांधी की जीवन-यात्रा का यही निचोड़ है।

अहमदाबाद में रॉलेट ऐक्ट के ख़िलाफ़ चलते सत्याग्रह में हिंसक वारदातें हुईं। सत्याग्रही हिंसा नहीं कर सकता, यह बताने के लिए गांधी ने सत्याग्रह को मुल्तवी कर दिया। इस कारण पंजाब के कुछ नवयवुक उन्हें गुनहगार ठहरा रहे हैं। उनकी दलील है कि यदि गांधी ने ऐसा न किया होता, तो जलियाँवाला बाग़ का क़त्लेआम ही न होता। किसी ने धमकी तक दी थी कि पंजाब आने पर उन्हें जान से मार डाला जायेगा। पर स्टेशन पर इस क़दर लोग इकट्ठे थे मानो बरसों के बिछोह के बाद कोई प्रियजन आ रहा हो।

लाहौर में दूसरे दिन गांधी बहुत-से लोगों से मिलते रहे। ब्रिटिश सरकार और उनके अफ़सरों की पंजाब के लोगों पर अत्याचार की कथाएँ सुनते रहे, स्तब्ध होते रहे। दक्षिण अफ़्रीका में पैर रखने से लेकर अब तक के छब्बीस

सालों में गांधी की अंग्रेज़ों के न्यायप्रिय होने पर आस्था बनी हुई थी। इतने सालों से वे सरकार को पत्र, अर्ज़ियाँ और याचिका देते आये थे, किन्तु जलियाँवाला काण्ड के बाद क़सूरवार अफ़सरों को दोषी न ठहराने से सरकार पर उनका विश्वास डगमगा गया था। अमृतसर में बेक़सूर लोगों को कीड़ों की तरह सड़क पर रेंगने के लिए कहा गया था। गांधी को यह वह अपमानजनक दृश्य याद आया जब दक्षिण अफ़्रीका में वे प्लेटफ़ॉर्म पर फेंके जाने पर पेट के बल लेटे हुए रेल को उन्हें छोड़कर जाता देख रहे थे।

ख़बर आयी कि निहत्थे लोगों पर जलियाँवाला गोली-काण्ड की जाँच करने सरकार की ओर से 'हंटर कमेटी' बैठायी गयी है, लेकिन जेल में बन्द नेताओं की गवाही के बिना 'हंटर कमेटी' की रिपोर्ट का क्या मूल्य? सरलादेवी की उपस्थिति में कांग्रेस के नेताओं ने निर्णय किया कि नेताओं को जेल से रिहा न करने पर कांग्रेस ख़ुद अपनी जाँच बैठायेगी। गांधी के अलावा चित्तरंजन दास, मोतीलाल नेहरू, मालवीय जी और कई लोग पंजाब के अलग-अलग गाँवों में जाकर लोगों से सरकार के अत्याचारों की गवाही इकट्ठी करेंगे।

शाम होते-होते सब चले गये थे। गांधी ने ध्यान दिया था कि सरलादेवी ने आज सिल्क की जगह हथकरघे की मोटी साड़ी पहनी है। गांधी ने कहा, "सरला, मेरी आवभगत का बोझ तुम पर आ पड़ा है। मैं जहाँ ठहरता हूँ, वह जगह तो धर्मशाला हो जाती है। ऊपर से कहानी सुनाकर तुम्हें मेरी थकान भी उतारनी पड़ रही है।" जवाब में जैसा कि गांधी ने सोचा था, हँसी की जलतरंग बज उठी। "आप जैसा कोई सुननेवाला मिले, तो कहानी अपने-आप बनती चली जाती है"–सरलादेवी ने कहा–"सच तो यह है कि आपको सुनाते हुए मैं ख़ुद को एक नये सिरे से जान रही हूँ।"

"ऐसा होता है। हम कुछ भी करें, अपने को जानना ही मक़सद है। तुम मैसूर से लौट आयी उस हादसे के बाद, यहाँ तक बताया तुमने। फिर सरला ने क्या किया?"

गहरी रात थी। सरला की नींद खुल गयी। शायद तीन बजे होंगे। आज कलकत्ता के बिडेन स्ट्रीट में इंडियन नेशनल कांग्रेस के 1896 के अधिवेशन में रवि मामा 'वन्देमातरम्' गायेंगे। सरला को उनका साथ देते हुए वाद्य बजाना है।

मैसूर से आने के बाद इस एक साल में उसने दक्षिण के संगीत की बहुत सारी धुनें रवि मामा को सुनायी हैं। रवि मामा ने बारह साल की उम्र में उसे एक नोटबुक दी थी। उसकी याद दिलाते हुए मामा ने कहा, "सारी धुनें लिख रखना। कहीं भूल न जाओ।" सरला की अंगुलियाँ हवा में 'वन्देमातरम्' के नोट बजाने लगीं। अचानक उसे वह सपना याद आया कि बंकिमचन्द्र कैसे बार-बार उसके सपने में आकर उसे अपना गान फिर गाने के लिए कहते थे।

बिस्तर पर अंगुलियाँ से गाने के नोट टक-टक करते और मन ही मन उस धुन को गाते हुए सरला को अचानक इलहाम हुआ। उसे उसी क्षण समझ आ गया कि बंकिमचन्द्र उसे सपने में क्या कहना चाहते थे? कितनी नासमझ है वह! उसे उनकी बात का मतलब समझने में इतना समय क्यों लगा? एक दिन गपशप में बंकिम को पता चला था कि सरला ने कॉलेज की परीक्षा में मैकाले का ज़ोरदार खण्डन किया था कि बंगाली शारीरिक रूप से कमज़ोर, आलसी और लड़कीनुमा होते हैं। सुनकर बंकिम की आँखों में चमक आ गयी थी। उन्होंने कहा था, "हम कमज़ोर नहीं हैं। मैकाले जैसे अंग्रेज़ों ने हमारा आत्मविश्वास ख़त्म करने के लिए ही हमारे मन में बंगाली 'बाबू' या 'क्लर्क' की ऐसी छवि बैठा दी है। तुम वही गान गाओ, सरला! बंगाली के जातिगत चरित्र को लेकर फैलाये हुए झूठ को मेहनत और संकल्प से बदलना होगा।"

कैसे वह गाना गायेगी सरला? सरला की आँखों की नींद उड़ गयी। वह उठकर बैठ गयी। बंगालियों की शारीरिक और मानसिक बनावट को किस आह्वान से बदला जा सकता है? सरला के ममेरे भाई अरु दादा कहते थे कि बम्बई से कलकत्ता की रेल यात्रा में पश्चिमी भारत और बिहार से गुज़रते समय जब स्टेशन पर कुली आवाज़ लगाते हैं—जबलपुर...इलाहाबाद...बक्सर... पटना—तो सोता हुआ आदमी चौंककर उठ जाता है कि कहीं डाकू तो नहीं आ गये, पर बंगाल में कुलियों की मरी हुई आवाज़ से डरना तो दूर, उन्हें देखकर लगता है कि बस, एक धक्का दिया कि वे गिर पड़ेंगे। अरुदादा ने मुक्केबाज़ी और कुश्ती से अपना शरीर मज़बूत बनाया था और वे किसी से डरते नहीं थे। पर सरला ने देखा है कि मज़बूत क़द-काठी वाले पंजाबी, मराठी और बिहारी भी अंग्रेज़ों की गोरी चमड़ी से डर जाते हैं। सिर्फ़ शारीरिक बल से काम नहीं चलेगा, लोगों में मन का बल भी भरना होगा। कैसे होगा यह? नये साहित्य से? नयी संस्थाओं से?

मैसूर से लौटने के बाद सरला 'भारती' पत्रिका के सम्पादन का काम कर रही थी। 'भारती' की वीणा को क्या रुद्रवीणा बनाया जा सकता है?

सरला ने टेबल–लैम्प जलाकर कुर्सी पर बैठ लिखना शुरू किया। मौत से बड़ा भय और क्या होता है? सरला ने लिखा–'मृत्यु चर्चा'–"मृत्यु को गले लगाना सीखो। उसे जीतने को उसके सामने खड़े हो–खेल में, मनोरंजन में, शिकार में, विज्ञान की खोज में, प्लेग के समय जनसेवा में, लोगों को आग–पानी से बचाने में...जाओ पार करो समुद्र, मरुभूमि, पहाड़। तुम्हारा ध्यान सिर्फ़ एक चीज़ पर होना चाहिए, जो पहले के लोटा–कम्बल लिये घूमते संन्यासियों और अब अंग्रेज़ खोजियों के पास है–एक स्वस्थ और मज़बूत शरीर...बंगालियों को अब दूसरी जातियों की तरह कठिन व्यायाम से इसे पाना होगा।"

सरला दम साधकर इन्तज़ार करती रही कि 'मृत्यु चर्चा' के छपने पर घर में और बाहर में इसकी क्या प्रतिक्रिया होगी? माँ स्वर्णकुमारी देवी ने उसकी पीठ पर हाथ रखकर कहा, "तुमने बिलकुल वही लिखा जो मैं बहुत दिन से लिखना चाह रही थी। 'हिन्दू मेला' से हमने कुश्ती, कसरत, लाठी भाँजना जैसे देशी खेल वापस इसीलिए शुरू किये थे कि बंगाली समाज के बारे में अंग्रेज़ों की बनायी छवि को तोड़ सकें।" सरला का मन जोश से भर उठा। अगली रात उसने 'ऋग्वेद' के मन्त्र के आधार पर 'आहिताग्निका' कविता लिखी। होम की अग्नि को 'आहिताग्नि' कहा जाता है। सरला स्वयं को यज्ञ की उस अग्नि की तरह बना देगी–

क्षुब्ध, क्रुद्ध, क्रूर, हिंसक प्राणी
जो चारों ओर छिपे हुए हैं
और सैकड़ों हैं कण्टक
सह पाओगी तुम सब?
तुम क्रान्ति की वाहिनी
आहिताग्निका।

अगले दिन नाना मोशाय को उसने यह कविता गाकर सुनायी। वे बहुत प्रसन्न हुए और बोले, "तुमको मैं हाफ़िज़ की एक कविता दूँगा। क्या तुम उसे सुरबद्ध कर सुना सकती हो?" सरला का मन आह्लादित था। अब जाकर उसे अपना वह मुक़ाम मिल गया था जहाँ साहित्य, संगीत और देशसेवा के धागे आपस में गुँथकर एक अनोखा वितान रच रहे थे। इस वितान में चैन था, जीवन का लक्ष्य था और सपने ही सपने थे। एक सप्ताह बाद सरला ने वायलिन पर नाना मोशाय को हाफ़िज़ की कविता को गाकर सुनाया। वे आरामकुर्सी पर लेटे हुए दोनों तरफ़ मौसियों और मामा–मामियों से घिरे हुए थे।

कुछ दिन बाद ममेरे भाई दीपू दादा काशियाबाग़ान में उनके घर आये और कहा, "मेरे साथ हैमिल्टन की दुकान में चलो। तुम्हारे नाना मोशाय ने कहा है कि वे तुम्हें हज़ार रुपये तक का कोई गहना उपहार में देना चाहते हैं।" सरला चकित हुई। नाना मोशाय अपने पिता प्रिंस द्वारकानाथ के राजसी जीवन के विपरीत पक्के कंजूस माने जाते थे। पिता का छोड़ा क़र्ज़ और घाटा पूरा करते-करते वे ऐसे हो गये थे। इसलिए नाना मोशाय के पुरस्कार का सौ गुना मूल्य था। कुछ दिन बाद नाना मोशाय ने सरला को जोड़ासांको बुलाया और उसे हीरे का गलहार देते हुए कहा, "तुम सरस्वती हो। यह साधारण-सा आभूषण तुम्हारे योग्य नहीं है, पर मैं तुम्हें यह अर्पित करना चाहता हूँ।"

सरला के मन में उमंग थी। लक्ष्य साफ़ था। बी.ए. के बाद जीवन में दुविधा थी क्योंकि शादी न करने से वह माँ-पिता के घर से बँधी थी। नौकरी से वापस लौट आने पर स्वतन्त्र, आत्मनिर्भर जीवन की कल्पना भी धूमिल हो गयी थी। अब बंगाली जाति को दिशा देने का सपना उसके मन में जाग उठा। इसी झोंक में उसने 'भारती' में पाठकों को ऐसे अनुभवों को लिखने के लिए आमन्त्रित किया, जिनमें उन्होंने अंग्रेज़ों से अपने अपमान का बदला कोर्ट-कचहरी के मार्फ़त नहीं बल्कि अपने पौरुष और साहस से किया था। रेल में, स्टीमर में, रास्ते-घाट में—जहाँ-जहाँ गोरे सैनिकों या अफ़सरों ने उनका या उनकी स्त्रियों का अपमान किया था, वहाँ उनकी हिम्मत-भरी कारगुज़ारियाँ लोगों ने लिख भेजीं। पाठकों के मन में इन्हें पढ़कर धीरे-धीरे धुआँ देते-देते एक प्रबल आग जल उठी। अचानक सब कुछ बदल गया था। 'भारती' पत्रिका जो सरस्वती की वीणा के कोमल स्वरों में बज रही थी, अचानक जैसे शिव का ताण्डव नृत्य करने लगी। उस ताल पर सबके पाँव गाहे-बगाहे उठने लगे थे। सरला के पास स्कूल-कॉलेज के छात्र गुट बनाकर मिलने आने लगे। सरला 'भारती' में लिख रही थी—"आज मैं बंगाल के अनन्त जादू-भण्डार से तुम्हें एक छोटा-सा मन्त्र सिखा दूँगी। यह हृदय से भय दूर करने का मन्त्र है...तीन अक्षरों से बना मन्त्र—अ भ य। इसका उच्चारण करो, खुद को अभय करो, इस मन्त्र का अविराम जाप करो।"

●●●

सरलादेवी ने एक क्षण के लिए रुककर आँखें उठाकर गांधी की ओर देखा। उनकी आँखें आपस में मिल गयीं। सरलादेवी को पता है कि गांधी वही सोच

रहे हैं जो वे सोच रही हैं। गांधी ने रेल के फ़र्स्ट क्लास से बाहर फेंके जाने का बदला नहीं लिया था। डरबन दुबारा लौटने पर उनके साथ हुई बेरहम मारपीट के बदले उन्होंने पुलिस में डायरी तक नहीं लिखायी थी। पर कहानी तो वही सुनायी जायेगी जैसे घटी थी। सुननेवाले की रुचि के अनुसार बदलकर नहीं सुनायी जा सकती। तभी गांधी ने मुस्कराकर कहा, "फिर?"

●●●

सरला ने उन युवकों में से कुछ को छाँटकर एक समूह बनाया। भारत के मानचित्र को सामने रख उन्हें शपथ लेनी थी कि वे अपने मन-प्राण से देश की सेवा का व्रत ले रहे हैं। मुगल सम्राट् हुमायूँ ने एक राजपूत कन्या से राखी बँधवाकर उसकी रक्षा की थी। सरला ने सब लड़कों के हाथों में लाल सूत की राखी बाँधी कि उन्हें अपना यह प्रण याद रहे। उन लड़कों में से कुछ ने भवानीपुर मोहल्ले की एक संस्था की ओर से सरला को बांग्ला नववर्ष यानी पहला वैशाख पर अपनी सभा में मुख्य अतिथि बनने का निमन्त्रण दिया। सरला पसोपेश में पड़ गयी। इस तरह लड़कों की किसी सभा में भाषण देना क्या ठीक होगा? उसके कानों में ख़बर पहुँची थी कि राखी बाँधकर युवकों का दल बनाने की भनक सी.आई.डी. पुलिस को लग चुकी है।

शाम की चाय पर मँझले मामा का ज़िक्र आया। अचानक सरला को पाँच साल पहले माँ के साथ सोलापुर की यात्रा याद आयी। उन दिनों मामा की सिविल सर्विस की पोस्टिंग वहीं थी। वे लोग मराठी क्लब में बड़ौदा के महाराजा गायकवाड़ के साथ दशहरा का उत्सव देखने गये थे। सरला को आश्चर्य हुआ था कि बंगाल की तरह वहाँ उत्सव में कोई नाच-गान नहीं था। वहाँ तो तलवार और लाठी भाँजने की प्रतियोगिताओं के साथ तरह-तरह के व्यायामों का प्रदर्शन चल रहा था। शिवाजी जैसे मराठी नायकों के शौर्य पर जोशीले भाषण दिये जा रहे थे। उसी यात्रा में सरला ने पूना में पेशवाओं की बहादुरी का विजयस्तम्भ भी देखा। सरला के मन में कल्पना जागी, क्यों न बंगाल के उत्सवों को मराठी दशहरा की तरह एक अलग रूप दिया जाये?

अगले दिन भवानीपुर युवक सभा के लड़कों को सरला ने मुख्य अतिथि बनने की अपनी शर्त बतायी। वे अपनी संस्था की वर्षगाँठ न मनाकर 'पहला वैशाख' के नववर्ष को 'प्रतापादित्य उत्सव' की तरह मनायें। पूर्व बंगाल में जैसोर के राजा प्रतापादित्य ने अकेले ताक़तवर मुगल सेना को हराकर इसी दिन बंगाल की आज़ादी घोषित की थी। सरला ने कहा, "जाओ और कलकत्ता की

सड़कों से उन लड़कों को ढूँढ़कर लाओ, जो कुश्ती, मुक्केबाज़ी, तलवारबाज़ी, लाठी भाँजना जानते हैं। सबसे अच्छे प्रदर्शन के लिए मैं सबको मेडल दूँगी। अपनी संस्था के कार्यक्रम पर बात न करके प्रतापादित्य की जीवनी पर किताबें खोजकर उनकी वीरता की कहानी सुनाओ।"

प्रतापादित्य उत्सव की अख़बारों में ख़बरें छपीं। जोड़ासांको में ममेरे भाई अरु दादा ने सबको बटोर लिया और एक स्टूल पर खड़े होकर नाटकीय अन्दाज़ में हाथ में अख़बार लहराकर कहने लगे, "सुनो, सुनो! 'बंगवासी' के सम्पादक महोदय क्या लिखते हैं–ग़ज़ब हो गया! ग़ज़ब हो गया! यह क्या सभा देखने को मिली? कोई भाषण नहीं। टेबल पीट-पीटकर अपनी वाहवाही नहीं। सिर्फ़ बंगाल के वीरों की स्मृति का आह्वान किया गया। बंगाली युवकों ने अपने मज़बूत हाथों में अस्त्र उठाये और उनकी नेता थी–बंगाल की एक बेटी। सुकुमार ब्राह्मण कन्या के हाथों पुरस्कार वितरण हुआ। क्या दस भुजाओं वाली देवी ने फिर अवतार ले लिया है? लगता है, बंगाल के गौरव के दिन लौट आये हैं।" वहाँ इकट्ठे हुए मामी-मौसियों और सरला के हमउम्र भाई-बहन सब आश्चर्य में भरकर पूछने लगे, "कौन है यह बंगाल की बेटी?" अरु दादा ने कहा, "हमारे बीच ही बैठी है।" तुरन्त सबकी निगाहें सरला की तरफ़ घूम गयीं। सरला का दिल बुरी तरह धड़क रहा था। सबने सरला को घेर लिया और तमाम सवाल पूछे जाने लगे। कुछ ही दिनों में कलकत्ते के स्टार थियेटर और उनकी देखादेखी मिनर्वा थियेटर में रोज़ रात को 'प्रतापादित्य' नामक नाटक खेला जाने लगा।

सरला की ख़ुशी मद्धिम पड़ गयी जब रवि मामा ने अपने मित्र के हाथ एक सन्देश लिख भेजा। उनका कहना था कि प्रतापादित्य का चरित्र ऐसा नहीं है कि उसे महानायक के रूप में प्रतिष्ठा दी जाये। उसमें दुर्गुण भरे पड़े हैं। सरला ने जवाब में कहा–बात भले सही हो, किन्तु वह तो सिर्फ़ प्रतापादित्य के शिवाजी जैसी वीरता के पक्ष को देख रही थी। रवि मामा के पत्र के बाद सरला के मन में पूरे देश में मनाये जाने वाले दशहरे के उत्सव से बंगाल को जोड़ने का संकल्प जाग गया।

दशहरे या विजयादशमी के दिन बंगाली लोग माँ दुर्गा की प्रतिमा के आगे धुँधूची लेकर नृत्य करने और औरतों के आपसी सिन्दूर-खेला के बाद नदी में प्रतिमा के विसर्जन के आयोजन में व्यस्त रहते हैं। किसी तरह के वीरत्व का आह्वान नहीं होता। संयोग से बंगाली पंजिका में दुर्गापूजा की तिथि

खोजते हुए सरला को पता चला कि दुर्गा-अष्टमी को 'वीराष्टमी' भी कहा जाता है। पुरानी परम्परा में इसे माँ दुर्गा के अस्त्रों के पूजन से मनाया जाता था।

सरला ने अपने घर के बग़ीचे में अष्टमी के दिन कलकत्ता के मोहल्लों के युवा क्लबों को आमन्त्रित किया कि वे शारीरिक क्षमता की प्रतियोगिताओं में हिस्सा लें। उत्सव की शुरुआत फूलों से सजी एक तलवार के चारों ओर घेरा बनाकर देशप्रेम की कविताएँ गाते हुए करनी थी। एक-एक वीर का नाम लेना था और फूल चढ़ाकर तलवार की पूजा करनी थी। महाकाव्यों से राम, कृष्ण, भीष्म, द्रोणाचार्य, कर्ण के साथ पंजाब के सूरमा रणजीत सिंह, बंगाल के प्रतापादित्य, मराठाओं के शिवाजी और राजपूताना के महाराणा प्रताप को स्मरण कर तलवार पर फूलों की वर्षा की गयी। हर नाम के साथ उपस्थित श्रोताओं में जैसे एक बिजली की लहर दौड़ जाती।

बड़ौदा के महाराज गायकवाड़ कलकत्ते में उनके घर आये तो सरला ने उन्हें बताया कि कैसे उनके साथ देखे दशहरे के समारोह से प्रेरणा लेकर वे लोग वीराष्टमी मनाने लगे हैं। बड़ौदा महाराज उनके घर की दीवार पर एक जापानी चित्रकार द्वारा बनायी गयी काली के चित्र को देख रहे थे। दूसरी दीवार पर सरला के परिवार की तस्वीर में खुले घने बालोंवाली सरला को देखते उन्होंने कहा, "किस काली को देखूँ? उस चित्र की काली को या इस चित्र की काली को?"

सरला ने अपने घर के पिछवाड़े में तालाब के पास की जगह पर एक व्यायामशाला खोली। तलवारबाज़ी में निपुण, प्रसिद्ध लठियाल मुर्तज़ा को उसने काफ़ी ऊँची फ़ीस पर अपने मोहल्ले के लड़कों को प्रशिक्षण देने के लिए रखा। मुक्केबाज़ी के दस्ताने, चाकू, ढाल-तलवार, बाँस की बड़ी-छोटी लाठी-इन सबका ख़र्च सरला ने उठाया। वह घर के पिछवाड़े में कुर्सी लगाकर बैठ जाती और सबकी हाज़िरी खाते में लिखती। धीरे-धीरे आसपास के मुहल्लों से लोग आने लगे। क्लब का नाम फैलता गया। दूर-दराज़ से भी लड़के आने लगे। फिर इस तरह के क्लब कलकत्ता के मोहल्ले-मोहल्ले में खुलते गये। सरला ने उन्हें भी आर्थिक मदद दी। लठियाल मुर्तज़ा प्रशिक्षण देने वहाँ भी जाने लगे। ढाका से 'अनुशीलन समिति' के पुलिन दास आये। उन्हें भी सरला की मदद मिली।

●●●

'अनुशीलन समिति' का नाम सुन गांधी ने गला खँखारा। सरला को पता है कि व्यायाम के अखाड़े से शुरू होकर बाद में 'अनुशीलन समिति' के सदस्य

सशस्त्र क्रान्ति के ज़रिये देश को आज़ादी दिलाने के रास्ते पर चल पड़े थे। उन्होंने रेल की पटरियाँ उखाड़कर रेल-दुर्घटनाएँ कीं, ढाका के डिस्ट्रिक्ट मैजिस्ट्रेट के अलावा ग्यारह और ख़ून किये और बहुत-सी बमबाज़ी और डकैती की घटनाओं को अंजाम दिया। आगे चलकर खुदीराम बोस को फाँसी की सज़ा हुई और अरविन्द घोष, जो बाद में महर्षि अरविन्द बने, को भी फाँसी होती, अगर उनके विरुद्ध गवाही देने वाले साथी मुख़बिर को जेल में गोली न मार दी गयी होती। सरलादेवी गांधी की ओर ताककर रुकीं, तो गांधी ने कहा, "फिर?"

●●●

इस बीच अरविन्द घोष ने सरला को बड़ौदा से जतिन बनर्जी के हाथ पत्र भेजा। जतिन कॉलेज की पढ़ाई छोड़कर बड़ौदा राज्य की सेना में भर्ती हो गया था ताकि देश की आज़ादी के लिए तैयारी कर सके। उसने अपने मित्रों के साथ कलकत्ता में 'भारत उद्धार सोसायटी' बनायी। जतिन वहीं कार्यालय में रहता और नये लोगों की भर्ती करता। वह घुड़सवारी भी सिखाता, जिसके लिए बड़ौदा आर्मी प्रख्यात थी। सरला ने उसकी काफ़ी सहायता की, पर एक दिन उसे पता चला कि वे लोग उस रात किसी अकेली धनी बुढ़िया को लूटने जा रहे हैं ताकि उस धन को देश के काम में लगायें, सरला हक्की-बक्की हो गयी। "चोरी-डकैती से देश का उपकार होगा?" सरला ने पूछा। जतिन ने कहा, "बिलकुल होगा। बाल गंगाधर तिलक ने कहा है कि देश का धन देश के काम में लगाया जाना चाहिए। हमें उनकी अनुमति मिली हुई है।"

सरला को यक़ीन नहीं हुआ। उसने तुरन्त पूना का टिकट लिया और पूना जाकर तिलक से मिली। तिलक ने कहा कि वे ऐसे कारनामों का बिलकुल समर्थन नहीं करते। देशसेवा ख़ातिर धन जुटाने के लिए देशवासियों का क़त्ल करना जायज़ नहीं हो सकता। उसके बाद सरला ने जतिन बनर्जी के समूह से दूरी बना ली।

जापान और रूस का 1904 में युद्ध छिड़ा तो सरला को लगा कि बंगाली चरित्र के बदलने की उसकी कोशिशों को परखने का मौक़ा आ गया है। उसने अख़बार में विज्ञापन दिया कि युद्ध में आहत जापानियों की सेवा करने 'बांग्ला रेड क्रॉस' बनायी जायेगी। जो स्वयंसेवक अपना नाम देना चाहते हैं और जो इस काम के लिए अनुदान देना चाहते हैं, वे आगे आयें। सरला की खुशी का ठिकाना न रहा जब तीन सौ लोगों ने नाम दर्ज करवाया और

मयूरभंज के महाराज ने दस हज़ार रुपयों का चेक भेज दिया। किन्तु बाद में पता चला कि सेंट जॉन एम्बुलेंस जैसी किसी संस्था की ट्रेनिंग के बिना 'बांग्ला रेड क्रॉस' बनाना निरर्थक है। उधर जापान की सरकार ने सब देशों को धन्यवाद देते हुए ऐसी सहायता को ग़ैरज़रूरी बता दिया।

●●●

गांधी ने कथा-प्रवाह को रोकते हुए कहा, "कितने आश्चर्य की बात है सरला कि तुम्हारी तरह मैंने भी दक्षिण अफ़्रीका में डच बोअरों के साथ युद्ध में आहत और बीमार अंग्रेज़ सैनिकों की सेवा के लिए एम्बुलेंस कोर बनायी थी। यह सन् 1900 की बात है। बहुत-से हिन्दुस्तानी अंग्रेज़ों के बुरे व्यवहार के कारण उनकी मदद के ख़िलाफ़ थे, पर मेरा तर्क यह था कि जब हम अपने को ब्रिटिश नागरिक मानकर उनके जैसे अधिकारों की माँग कर रहे हैं, तो हमें उनकी लड़ाई में योगदान भी करना चाहिए। इससे उनकी हमारे बारे में यह धारणा बदलेगी कि हम सिर्फ़ रुपयों का धन्धा करने को दक्षिण अफ़्रीका में रहते हैं। मेरी अपील पर पाँच सौ लोगों ने अपना नाम दर्ज कराया। हम वहाँ सैनिकों के पीछे एक कैम्प से दूसरे कैम्प रोज़ पच्चीस मील चलते, काफ़ी समय तक भूखे-प्यासे रहते और आसपास गिरते बन्दूक़ के छर्रों के बीच घायल सैनिकों को सुरक्षित जगह पहुँचाते। एक दिन मुझे एकदम सुबह एक अंग्रेज़ पत्रकार मिला। मैं सड़क के किनारे बैठा रेगुलेशन आर्मी बिस्कुट खा रहा था। उसने कहा-अंग्रेज़ सैनिक तो थके और हताश से दिख रहे हैं, आप कैसे इतने प्रसन्न और उत्साहित दिखते हैं?

"सरला, मैंने अपनी बात बीच में छेड़ दी। तुम अपनी कहानी आगे कहो।"

●●●

सरलादेवी एक पल आगे बोल नहीं पायीं। गांधी के दुर्बल से शरीर को देख क्या उनसे कोई ऐसे श्रम और साहस की उम्मीद कर सकता है? जब पहली बार गांधी को देखा था, तो वे उनसे ज़रा भी प्रभावित नहीं हुई थीं। गुजराती तरीक़े के वेश में सिर पर बड़ी-सी पगड़ी बाँधे हुए थे। बाद में उनकी ख्याति बढ़ी, तो 'भारती' में दक्षिण अफ़्रीका में हिन्दुस्तानियों की स्थिति पर सरला ने उनके एक लेख का अनुवाद छापा था। वहाँ के काले क़ानून के ख़िलाफ़ गांधी के सत्याग्रह की ख़बरें भी बाद में सुनने को मिली थीं।

गांधी के हिन्दुस्तान लौटने के बाद चम्पारण में दो साल पहले किये गये सत्याग्रह से नील की खेती बन्द कराने की सफलता को लेकर सरला को अचरज हुआ था।

"तो क्या आपकी एम्बुलेंस कोर ने अंग्रेज़ों का दिल जीत लिया? पंजाब ने विश्वयुद्ध लड़ने के लिए अंग्रेज़ी फ़ौज को पन्द्रह लाख सैनिक दिये। कम-से-कम तीस-चालीस हज़ार पंजाबियों का ख़ून विदेश की मिट्टी में मिल गया, पर अंग्रेज़ों ने इस अहसान के बदले क्या दिया? जलियाँवाला बाग़? अमृतसर में हिंसा की एकाध वारदात क्या हुई, आपने सत्याग्रह वापस ले लिया था। उससे क्या आप अंग्रेज़ों को निहत्थे लोगों को गोलियों से भूनने से रोक पाये?" सरलादेवी ने रोष से कहा। गांधी चुपचाप सरलादेवी का मुँह देखते रहे। फिर शान्त स्वर में बोले, "पंजाब में अधिकारियों की नादिरशाही और निरंकुशता की कल्पना से परे की बातें सुनकर मुझे बहुत आश्चर्य और दुःख हो रहा है। लेकिन सरला, सत्याग्रह सच्चे का हथियार है। सत्याग्रह की लड़ाई तभी लड़ी जा सकेगी जब लोग शान्ति रखेंगे। अहिंसा पर भरोसा रखेंगे। हमें दूसरे की नफ़रत को सहनशीलता से जीतना होगा। मैं जानता हूँ कि मैंने जितना सोचा था, लोगों को मेरी बात समझने में उससे ज़्यादा बख़्त लगेगा।

"सरला, तुम अपनी कहानी की लय मत टूटने दो। उसके आगे क्या हुआ? बंगाली रेड क्रॉस में तीन सौ लोगों ने नाम लिखाया था?''

●●●

सरला को यह आभास होने लगा था कि बंगालियों को राजपूत, सिख, मराठाओं की तरह बलवान बनाने के लिए शुरू किये गये क्लब और अखाड़े अराजक हिंसा की ओर बढ़ रहे हैं। बाल गंगाधर तिलक से मिलने के बाद सरला यह समझ रही थी कि उन्हें पता तक नहीं था कि उनके नाम पर किस तरह का दिशाहीन ख़ून-ख़राबा हो सकता है।

'सुहृद समिति' के लड़कों ने सरला से पाँच सौ रुपयों की मदद माँगी, ताकि वे मैमनसिंह के ज़मींदार की दी गयी ज़मीन पर खेती कर जीविका चलायें। स्वदेशी का नारा ज़ोर पकड़ रहा था। युवक सरकारी नौकरी कर अंग्रेज़ों के ग़ुलाम नहीं बनना चाहते थे। सरला को उनकी मदद करना ज़रूरी लगा। उन लोगों ने अपने वार्षिक प्रोग्राम में सरला को बुलाया, जिसमें बंकिमचन्द्र के 'आनन्दमठ' पर नाटक खेला जानेवाला था। सरला के पिता जानकीनाथ घोषाल भी वहाँ आमन्त्रित थे। वहाँ कुछ लोगों ने आपत्ति की कि 'आनन्दमठ'

के मंचन से मुस्लिम दर्शकों को बुरा लगेगा। सरला ने सुझाव दिया कि नाटक से ऐसी बातें हटा दी जायें, जिनसे किसी को एतराज़ हो। पर वे इसी बात पर अड़े रहे कि इस नाटक को खेलने से दंगे हो जायेंगे। तब सरला ने उत्तेजित होकर कहा, "होने दो दंगे। बहने दो ख़ून। मौत लिखी होगी तो मरने से क्या डर!" सरला के पिता ने घबराकर सबसे माफ़ी माँगते हुए कहा कि सरला बेवक़ूफ़ी की बातें कर रही है। नाटक नहीं खेला गया। लौटते समय पिता गुस्से से भरे हुए सरला से एक शब्द भी बिना बोले साथ घर लौटे।

अब तक माता-पिता ने सरला की गतिविधियों पर कभी आपत्ति नहीं जतायी थी। घर के बग़ीचे में वीराष्टमी के आयोजन में माँ स्वर्णकुमारी ख़ुद मंच पर मौजूद थीं। अब सरला को लगने लगा कि माता-पिता उसके क्लब-अखाड़ों को लेकर परेशान हैं। वकील चित्तरंजन दास, जो आगे जाकर कांग्रेस के बड़े नेता बने और 'देशबन्धु' कहलाये, उसे बता चुके थे कि वह पुलिस की निगाह में है। माँ स्वर्णकुमारी उसी रात उसके कमरे में आकर कहने लगीं, "तुम्हें अब सिर्फ़ स्वदेशी के प्रचार पर अपना ध्यान लगाना चाहिए। देखो, लाला लाजपत राय तुमसे मिलने आये, तो यही कह रहे थे न? अब स्वदेशी स्कूल-कॉलेज की स्थापना करना सबसे ज़रूरी काम है। तुम्हारे रवि मामा शान्तिनिकेतन में गुरुकुल जैसा आश्रम शुरू कर ही चुके हैं।" सरला को इन दिनों कई बार लगा था कि क्लब-अखाड़ों के पुरुष एक स्त्री होने के कारण उसकी उपस्थिति बर्दाश्त नहीं कर पा रहे हैं। उसे लगा कि स्वदेशी के प्रचार की माँ की सलाह ही ठीक है।

उन दिनों बहुत-से जापानी चित्रकार और यात्री कलकत्ता आये थे। सरला ने देखा कि वे अपने साथ तमाम छोटी-मोटी काम की चीज़ों के साथ लिखने के ढेर सारे काग़ज़ भी लाते। पूछने पर उन्होंने बताया कि उनकी धारणा थी कि हिन्दुस्तान में कुछ भी नहीं मिलता। सरला को पता था कि 'भारती' पत्रिका के लिए वे लोग इंग्लैंड से आया काग़ज़ ही व्यवहार करते हैं। सचमुच हिन्दुस्तान अपना काग़ज़ तक नहीं बनाता।

सरला के मन में 'लक्ष्मी भण्डार' खोलने की योजना आयी, जिसमें बंगाल के ज़िलों से तरह-तरह की हाथ से बनी चीज़ें, कपड़े और साड़ियाँ बेची जायेंगी। बचपन में देखे टैगोर परिवार के 'हिन्दू मेला' और 'शिल्प मेला' की सरला को स्मृति थी। उन्हीं दिनों बैरिस्टर जोगेश चौधरी ने सरला

के परिवार को हाईकोर्ट के पास अपने दफ़्तर में चाय पर बुलाया। सरला ने देखा कि वहाँ परदों से लेकर कुर्सी, टेबल, सोफ़ा तक सब कुछ स्वदेशी था। सरला जोश में भर गयी। जोगेश चौधरी के साथ एक लिमिटेड कम्पनी बनाकर सरला ने एक स्टोर कलकत्ता के बहूबाज़ार में खोला। यह बंगाल के पार्टिशन के पहले की बात है। सरला शादियों में और ब्रह्मसमाज के माघोत्सव में पूर्ण स्वदेशी कपड़ों और नागरा जूतियाँ पहनकर जाती, तो लोग अचम्भे से देखते रह जाते। लोग सोचते हैं कि 1905 के बंगाल पार्टिशन के ख़िलाफ़ हुए आन्दोलन से स्वदेशी आन्दोलन की शुरुआत हुई, पर उसके दो साल पहले बम्बई में कांग्रेस अधिवेशन में स्वदेशी वस्तुओं की प्रदर्शनी हुई थी, जिसमें 'लक्ष्मी भण्डार' को एक मेडल दिया गया था। उस मेडल को ब्रूच की तरह सरला आज भी लगाती है।

•••

गांधी हँस पड़े। सरलादेवी ने कुछ अचरज से गांधी की ओर देखा। गांधी उनकी साड़ी में बायें कन्धे पर लगे ब्रूच की ओर देखते हुए बोले, "और यह मोहनदास गांधी भी अचम्भे में है कि अभी भी सरला ने वही पन्द्रह साल पहले मिला मेडल-ब्रूच धारण कर रखा है! लेकिन इसकी कहानी तो अब जाकर मालूम हुई। पहले से अनुमान कोई कैसे लगाता? सरला, मुझे दक्षिण अफ़्रीका छोड़कर हिन्दुस्तान आये चार साल हुए। मुझे ख़बर नहीं थी कि स्वदेशी का इतना पुराना इतिहास तुम्हारे जन्म से पहले से आयोजित 'हिन्दू मेला' द्वारा टैगोर परिवार से जुड़ा हुआ है। अब तक मैं अपनी पत्नी कस्तूर को भी खादी पहनने के लिए राज़ी नहीं कर सका हूँ। उसकी शिकायत है कि खादी बहुत मोटी है। इसमें गर्मी लगती है। लोग यदि देखें कि तुम्हारी तरह की शिक्षित और सम्भ्रान्त महिला खादी पहनती है, तो खादी के प्रचार को बहुत बल मिलेगा! हमारे ग़रीब देश से साठ करोड़ रुपया विदेश जाने से रोका जा सकता है!"

सरलादेवी का चेहरा चमक उठा। उन्होंने मन-ही-मन निश्चय किया कि गांधी जब पुलिस और अफ़सरों के अत्याचारों की गवाही बटोरने पंजाब के गाँवों का दौरा करेंगे, तो वे गांधी के साथ जायेंगी। स्वदेशी पहनेंगी और इस ब्रूच की कहानी कहेंगी। खादी के प्रचार में योगदान कर सकें, इससे अच्छी बात और क्या होगी? उनके पति पण्डित रामभज दत्त चौधरी जेल में सुनेंगे, तो बेशक बहुत खुश होंगे।

"तब सरला, क्या तुमने 'भारती' पत्रिका में देशी काग़ज़ का इस्तेमाल करना शुरू किया?" गांधी की बात पर सरला ने इनकार करते हुए सिर हिलाया। "अगर देशी काग़ज़ का आग्रह रखते, तो पत्रिका ही बन्द करनी पड़ती। किन्तु मैंने कपास से बना पीला आवरण 'भारती' के कवर पर इस्तेमाल करना शुरू किया। मैं आपको 'भारती' के सम्पादन की कहानी ही सुनाने जा रही थी।"

●●●

'भारती' का सम्पादन करते हुए सरला ने पत्रिका के स्वर को सुकुमार साहित्य से बदलकर ब्रिटेन के साम्राज्यवाद-विरोध का निनाद बना दिया। पाठकों को सरला ने अमेरिका, अफ़्रीका, वेनेजुएला, क्लीवलैंड और आइरिश स्वतन्त्रता आन्दोलनों के बारे में जानकारी दी जो ब्रिटिश साम्राज्य के घमण्ड को चूर कर रहे थे। सरला की क़लम में क्षोभ था, उग्रता थी और गुलाम होने की यन्त्रणा थी। देशवासियों को 'नेटिव' कहकर उन पर अत्याचार और अपमान करनेवालों के प्रति तीव्र क्रोध था। सरला ने लिखा, "जापानी भी नेटिव है, चीनी नेटिव, बर्मी नेटिव, मंगोल नेटिव, तुर्क, पारसी, अफ़ग़ानी सब नेटिव हैं। अब भारत के सम्प्रदायों और हिन्दू-मुसलमान को ही एक नहीं होना है, सारे एशिया को महा-एकता साधनी होगी।"

'भारती' के सम्पादन में सरला ने अपने को पूरी तरह झोंक दिया। अपनी दीवार पर उसने चालीस लेखकों के नाम काग़ज़ पर लिखकर टाँग दिये, जिन्हें वह महीने में एक बार रचना भेजने के लिए पत्र लिखती। 'भारती' ने पहली बार लेखकों को रचना के लिए पारिश्रमिक देना शुरू किया। पहली बार बांग्ला की कोई पत्रिका समय पर निकलने लगी। सरला खुद गाड़ी में बैठी-बैठी प्रूफ़ जाँचकर प्रिंटर के पास पहुँचा देती। लोग हाथ में पत्रिका आने पर कहते, "अच्छा, आज महीने का पहला दिन होगा!"

शरतचन्द्र ने बर्मा में रहते हुए अपने लेखन के शुरुआती दिनों में 'बड़ी दीदी' लिखकर 'प्रवासी' पत्रिका को भिजवायी थी, पर उन्होंने वह लौटा दी। शरतचन्द्र के मामा उसकी पाण्डुलिपि 'भारती' के दफ़्तर में छोड़ गये। सरला ने उसे पढ़ा, तो आनन्द से भर गयी, "हम 'बड़ी दीदी' को 'भारती' में तीन महीनों के तीन अंक में छापेंगे, पर लेखक के नाम के बिना। लोग सोचेंगे कि यह रवीन्द्रनाथ की रचना है। तीसरे अंक में हम लेखक का नाम देंगे।" सचमुच ऐसा करने से लोगों का ध्यान रचना पर गया।

लोग रवि मामा से 'भारती' में उनकी नयी रचना के बारे में पूछने लगे। रवि मामा सहित कई लोगों को लगा कि यह किसी बड़े लेखक की रचना है। इस तरह शरतचन्द्र पहली रचना से ही पाठकों के प्रिय हो गये।

'भारती' के सम्पादन के दौरान सरला का परिचय स्वामी विवेकानन्द से हुआ। सरला ने बचपन में अपने ममेरे भाई के मित्र विवेकानन्द उर्फ़ नरेन दत्ता को जोड़ासांको में ब्रह्मसमाज के उत्सवों में भजन गाते सुना था। पूरा टैगोर परिवार यह जानकर हैरान रह गया था कि नाना मोशाय महर्षि देवेन्द्रनाथ टैगोर से नरेन दत्ता ने पूछने की हिमाक़त की थी, "क्या आपने ईश्वर को देखा है?" जवाब में महर्षि ने कहा था, "तुम्हारी आँखें एक योगी जैसी हैं।" जब सबने सुना कि नरेन दत्ता बेलूरमठ में काली के पूजक रामकृष्ण परमहंस के शिष्य बन गये हैं, तो मूर्तिपूजा के विरोधी ब्रह्मसमाज को बेहद निराशा हुई। नाना मोशाय के नज़रिये से काली की पूजा वैदिक समय में थी ही नहीं ।

अपने गुरु की मृत्यु के बाद कमण्डलधारी संन्यासी बनकर पाँच साल तक विवेकानन्द भारत-भ्रमण करते रहे और फिर शिकागो चले गये। सबने सुना कि वहाँ 'विश्व धर्मसभा' में दिये उनके भाषण की धूम मच गयी थी और पश्चिम में हिन्दू धर्म में लोगों की दिलचस्पी जाग गयी थी, पर इन बातों को सरला ने कोई महत्त्व नहीं दिया। योग-धर्म की बातों से इस पराधीन देश को क्या फ़ायदा मिलने वाला था!

विवेकानन्द चार साल बाद विदेश रहकर लौटे तो यह ख़बर फैली कि श्रीलंका में हज़ारों लोग उनका भाषण सुनने इकट्ठे हुए और उनके रथ को घोड़ों की जगह इन्सानों ने खींचा। सबसे ज़्यादा आश्चर्य सरला को तब हुआ जब उसने यह सुना कि विवेकानन्द अपने भाषण में कह रहे हैं–"सारे कर्मकाण्ड छोड़ दो। अगले पचास साल तक सिर्फ़ भारतमाता की पूजा करो। हमारे पुराने देवताओं को सोने दो। हमारे नये देवता इस देश के जाग्रत देशवासी होंगे। असली शिवपूजक वह है जो शिव को भूखे देशवासियों में देखता है।" एक संन्यासी और मूर्तिपूजक से देशप्रेम का यह राग सुनना अप्रत्याशित था, किन्तु विवेकानन्द के कलकत्ता में दिये भाषण में यह स्वर न पाकर सरला को निराशा हुई।

विवेकानन्द कलकत्ता आये तो उनका वैसा ही भव्य स्वागत हुआ। शोभाबाज़ार की राजबाड़ी में पाँच हज़ार लोगों के सामने दिये गये भाषण के बारे में सरला का 'भारती' में एक लेख छपा। इसमें सरला ने विवेकानन्द के युवकों को प्रेरणा देनेवाले ओजस्वी भाषण की कड़ी आलोचना की थी।

सरला ने लिखा–"विवेकानन्द देश को संस्कार देने के खुद अपने कर्तव्य की बात क्यों नहीं करते? राममोहन राय और केशवचन्द्र सेन की कोशिशों के बावजूद अब भी हिन्दू धर्म कुरीतियों का पहाड़ है। क्या वे उसके बारे में सिर्फ़ भाषण करके छुट्टी पा लेंगे?"

'भारती' में सरला का लेख पढ़कर स्वामी विवेकानन्द ने सरला को पत्र लिखा। उन्हें सरला द्वारा युवकों में साहस, आस्था और शारीरिक बल जागृत करने की कोशिशों की जानकारी थी। कई पत्रों के आदान-प्रदान के बाद अचानक एक दिन उनकी यूरोपियन शिष्या सिस्टर निवेदिता सरला से मिलने उनके घर आयीं और उसे स्वामी विवेकानन्द का बेलूर मठ आने का निमन्त्रण दिया। उसने बताया कि स्वामी जी दिन-रात गाँवों में जाकर प्लेग के रोगियों की सेवा कर रहे हैं। उनके कई शिष्य समझ नहीं पाते कि संन्यास लेकर भजन-ध्यान करने के बजाय वे क्यों संसारी लोगों की तरह दौड़-भाग में जुटे हैं? सुनकर सरला चकित हुई कि कहीं यह विवेकानन्द के भाषण की उसकी आलोचना का असर तो नहीं?

कलकत्ते के बाग़बाज़ार से नौका लेकर ममेरे भाई सुरेन के साथ गंगा नदी पार कर सरला बेलूर पहुँची। गंगा के किनारे एक बाँस की खटिया पर विवेकानन्द दो अन्य विदेशी महिलाओं और स्वामी स्वरूपानन्द के साथ बैठे थे। विवेकानन्द के चित्र सरला ने देखे थे–भगवा वस्त्र और पगड़ी पहने, छाती पर हाथ कसे एक सीधे-सतर खड़े युवा संन्यासी का एक तरफ़ से लिया चित्र। सरला ने देखा कि आज वे बिना पगड़ी के साधारण भगवा वस्त्रों में कमज़ोर से दिख रहे थे और लगभग मौन थे।

सरला उसके बाद कई बार सुरेन के साथ बेलूर गयी। स्वामी विवेकानन्द ने उसे अपनी सारी किताबें 'प्रेम से, सरला को' हस्ताक्षर करके दीं। एक दिन विवेकानन्द ने 'भारती' में छपी सरला की 'आहिताग्निका' कविता उसके सामने सबको पढ़कर सुनायी। फिर निवेदिता से कहा, "सरला को सही शिक्षा मिली है। काश! इस देश की स्त्रियों को ऐसी शिक्षा मिल पाती।" अचानक सरला की ओर मुड़कर उन्होंने कहा, "सरला, क्या तुम अगली बार मेरे साथ विदेश जाना चाहोगी? तुम्हें भारत की नारियों का प्रतिनिधित्व कर पश्चिम को हमारी प्राचीन संस्कृति और आध्यात्मिकता का सन्देश देना चाहिए।"

सरला सन्न थी। एकबारगी कुछ कह नहीं पायी। उसके सामने अपने माता-पिता के चेहरे घूम गये। नाना मोशाय देवेन्द्रनाथ की इसके लिए स्वीकृति मिलना असम्भव था। काली की पूजा करनेवाले को अपना गुरु बनानेवाले

विवेकानन्द जोड़ासांको के लिए हिक़ारत के पात्र थे। सरला ने एक बार विवेकानन्द से पूछा भी था, "आपका उस अशिक्षित ब्राह्मण पुजारी रामकृष्ण को अवतार मानकर पूजा करना क्या उचित है?"

सरला बहुत बार ब्रह्मधर्म की नीरसता की तुलना बंगाल की दुर्गापूजा के उत्साह और राग-रंग से कर खिन्न होती थी, पर क्या वह स्वयं काली की मूर्तिपूजा से आध्यात्मिकता की यह अपरिचित नयी राह पकड़ सकेगी? सरला अपने स्त्री-मन में बैठे संकोच और भय को भी देख रही थी। दूसरी तरफ़ उसका मन उसे कोंच रहा था, "ऐसा अमूल्य प्रस्ताव क्या जीवन फिर तुम्हें कभी देगा?" बहुत उथल-पुथल के बाद अन्ततः उसने इनकार करते हुए सिर हिला दिया।

कभी उसने तलवार से ब्याह करने के प्रस्ताव को मना किया था, आज उसने संन्यासी की दिखायी राह पर जाने से भी मना कर दिया।

●●●

सरला ने रुककर गांधी की ओर देखा। वह गांधी की प्रतिक्रिया जानना चाहती थी, पर गांधी निर्लिप्त भाव से सुन रहे थे। सरला को चुप देख उन्होंने कहा, "जानती हो सरला, मैंने कांग्रेस के जिस कलकत्ता अधिवेशन में तुम्हें गाते सुना था, उसी बार मैं पैदल चलकर बेलूर मठ गया था। स्वामी विवेकानन्द से मिलने वास्ते मैं बहुत जिज्ञासु था। उनके लेखन ने मेरे देशप्रेम को हज़ार गुना बढ़ा दिया था, पर वहाँ जाकर मुझे पता चला कि वे बहुत बीमार हैं और कलकत्ते के घर में हैं। उनसे किसी को मिलने की आज्ञा नहीं थी। मैं निराश होकर लौट आया। गंगा किनारे दक्षिणेश्वर का भव्य मन्दिर और छोटा-सा मठ मुझे अब भी याद है। कितना दुःखद है कि विवेकानन्द ने चालीस वर्ष की उम्र भी नहीं पायी। लेकिन मैं चौरंगी मैंशन में सिस्टर निवेदिता से जाकर ज़रूर मिला।

उन्हीं दिनों गोखले के घर में एक महीना रहकर मैंने काली मन्दिर की बलि देखी और ब्रह्मसमाज के बारे में जानकारी हासिल की। मैं तुम्हारे नाना मोशाय देवेन्द्रनाथ टैगोर से भी मिलने गया, पर वे उन दिनों किसी से बात नहीं करते थे। मुझे ब्रह्म संगीत के एक कार्यक्रम का आमन्त्रण मिला। तभी से बांग्ला संगीत मुझे बहुत प्रिय है। जहाँ तक मुझे ख़याल है, उस कार्यक्रम के बाद मेरी तुमसे एकाध मिनट बात भी हुई थी। मुझे तभी पता चला था

कि तुम्हारे पिता कांग्रेस के सेक्रेटरी हैं। मैं समझ सकता हूँ कि तुमने स्वामी विवेकानन्द का प्रस्ताव क्यों नहीं स्वीकार किया।

तो सरला, उसके आगे सरला के जीवन में क्या घटित हुआ? सरला की माता स्वर्णकुमारी देवी की इच्छा कैसे पूरी हुई कि सरला शादी करके अपना घर बसा ले?"

●●●

सरला का बचपन जोड़ासांको में बीता था। वही उसकी दुनिया थी। खाना-पीना-खेलना, उत्सव मनाना, दुखी होना-सभी उसी दुनिया में होता था। बाद में जब वे काशियाबाग़ान के अपने घर में चले गये, तो थिओसॉफ़िकल सोसायटी से माँ की नज़दीकी और 'सखी समिति' के कारण वे लोग बहुत-से परिवारों के क़रीब आये। वे जिन औरतों से मिलते थे, वे अधिकतर कायस्थ परिवारों की थीं। सरला को हमेशा यह लगता रहा जैसे उनके लिए वे बाहरी लोग हैं। हिन्दू समाज की यह ख़ासियत है कि बहुत गहरे रिश्ते सिर्फ़ उन लोगों से ही बनाता है जिनसे वह बेटे-बेटी के रिश्ते जोड़ सकता है।

बाद में उनका परिवार बालीगंज रहने आया, तो वह 'इंगो-बंगो' यानी कि अंग्रेज़ीदाँ बंगाली सोसाइटी का हिस्सा बन गया। ऐसा लगा, जैसे उनका परिवार बड़ा हो गया हो। यहाँ ज़्यादातर लोग 'साधारण ब्रह्मसमाज' के थे। ईस्ट बंगालियों की तरह सुबह-सुबह दाल-भात खाने के अलावा वे लोग पूरी तरह अंग्रेज़ बन चुके थे। कई तो कोट-हैट पहनते। सरला ने ऐसे अंग्रेज़ियत प्रेमी बंगालियों के लिए लिखा था-"अब बंगाली अंग्रेज़ों के अपने हाथों से बनाया जीव है, मनुष्य हो या बन्दर...अंग्रेज़ी शिक्षा में शिक्षित, अंग्रेज़ों के मन्त्र में दीक्षित!" सरला ने उन्हें स्वदेशी बनाने के लिए औरतों को माथे पर बंगाली औरतों की लाल टिक्की लगाने, पाँव में आलता लगाने और सरस्वती पूजा में चाय पर पुरुषों सहित सबको पीले-भगवा कपड़े पहनकर आने को कहा। पौष पर्व और नवान्न पर्व पर पारम्परिक बंगाली मिठाइयाँ बनायी जाने लगीं। लड़के-लड़कियों के लिए एक सम्मिलित संगीत क्लब खोला गया। अक्सर ऐसा होता कि आपस में जान-पहचान से प्रेम हो जाता और माँ-बाप रिश्ते तय कर देते।

बहुत बार ऐसा हुआ कि माँ और परिवार के अन्य लोगों को लगा कि सरला का किसी के प्रति आकर्षण है। पत्रिका का सम्पादन करते हुए सरला

बहुत-से लोगों से सम्पर्क में आती थी। माँ ने एक बार उसे एक जापानी शख़्स ओकाकुरा के लिए कहा, "लोग अफ़वाहें फैला रहे हैं। तुम या तो आगे बढ़ो या उसे अलविदा कहो।" सरला ने जब कहा–लोगों की बातों से मुझे फ़र्क़ नहीं पड़ता, तो माँ ने साफ़ कहा, ''लेकिन मुझे और तुम्हारे पिता को फ़र्क़ पड़ता है।" फिर लोगों ने सरला का नाम एक लेखक से जोड़ा। जब वह बैरिस्टर बनने विदेश चला गया, तो यह कहा गया कि उसकी माँ को 'पिराली' ब्राह्मण यानी टैगोर की नातिन से अपने बेटे को नहीं ब्याहना था। ऐसे ही कभी किसी डॉक्टर से, कभी किसी बड़े नेता से सरला का नाम जोड़ा जाता रहा, पर सरला का मन कोई बाँध न सका।

नाना मोशाय की मृत्यु के बाद सरला का मन उचाट रहने लगा। विवेकानन्द सरला के मन में आध्यात्मिकता के बीज छोड़ गये थे। उसने हिमालय के अल्मोड़ा में स्वामी विवेकानन्द के मायावती आश्रम में जाने का निश्चय किया। वह 'भगवद्गीता' का गहराई से अध्ययन करना चाहती थी। वहाँ सामने बद्रीनाथ-केदारनाथ के बर्फ़ से ढके शिखर थे। संन्यासियों के भगवा वस्त्र घने हरे जंगलों के बीच फहराते हुए सरला के हृदय में जाने कैसी बेचैनी पैदा करते थे। वहीं एक मराठी युवा साधु मिला, जिसके भजन मन को लुभाते थे। वह कैलाश-मानसरोवर होते हुए तिब्बत जाने की तैयारी कर रहा था। सरला ने सोचा कि वह भी उसके साथ तिब्बत की यात्रा पर निकल जाये, पर आश्रम की संचालक मिसेज़ सेवियर को यह बात नहीं जँची। उन्होंने सरला की माँ को चिट्ठी लिखकर इसकी सूचना देना ठीक समझा।

तुरन्त ही सरला की बड़ी बहन की एक लम्बी चिट्ठी आयी, जिसमें माँ की बीमारी की सूचना थी। दीदी ने लिखा था–''माँ की अन्तिम इच्छा है कि तुम्हारी शादी हो जाये। हम लोगों ने तुम्हारे लिए पंजाब के प्रसिद्ध ब्राह्मण परिवार से एक व्यक्ति को खोजा है, जिसके जीवन का लक्ष्य तुम्हारे मन से बहुत मेल खाता है। तुम जानती हो कि नाना मोशाय की तमन्ना है कि पूरे देश के ब्राह्मण एक-दूसरे के घरों से वैवाहिक रिश्ते कर एका बनायें। हमारे भाई ने एक अब्राह्मण लड़की से शादी कर उनका दिल दुखाया था। यह सम्भावित वर आर्यसमाजी भी है। आर्यसमाज और ब्रह्मसमाज के विलय की कल्पना भी नाना मोशाय के मन में थी। यह व्यक्ति देशभक्त है और सुदर्शन है। वह विधुर ज़रूर है, पर तुम्हें उससे मिलकर ही कोई फ़ैसला करना चाहिए, वरना माँ को बहुत दु:ख पहुँचेगा।''

सरला पहाड़ों से उतर आयी। माँ स्वास्थ्य लाभ के लिए बिहार के देवघर-वैद्यनाथ में थीं। वहाँ पहुँचकर वह यह देख दंग रह गयी कि स्टेशन पर सरला को लेने दुल्हन की डोली सजी हुई आयी थी। सबको आमन्त्रण भेजा जा चुका था और घर रिश्तेदारों से भरा हुआ था। शहनाई बज रही थी और पूरा घर फूलों से सजा था। बिना उसके जाने, बिना उससे पूछे उसका भविष्य तय किया जा चुका था। मना करने पर माँ-पिता जी पर क्या बीतेगी, यह सोचने पर सरला का दिल दहलता था। तैंतीस साल की सरला के हाथ-पाँव इस तरह बाँध दिये गये थे। अगले दिन हल्दी की रस्म के बाद एक नज़र सुदर्शन दूल्हे पर पड़ी, तो सरला ने सोचा कि दीदी ने इतना तो सही लिखा था। शादी के बाद कलकत्ता में पार्टी हुई। वहाँ से वह लाहौर की ट्रेन पर चढ़ी, जो अब उसके स्थायी प्रवास का मुक़ाम होनेवाला था। स्टेशन पर कलकत्ता से विदा लेते समय सरला ने कहा, "कलकत्ता, तुम्हें यदि सरला को निर्वासन में भेजना ही हो, तो वहीं भेजना, जहाँ देशसेवा का व्रत न छूटे।"

●●●

सरला ने गांधी की तरफ़ देखा। जाने गांधी उसकी मजबूरी पर तरस खा रहे हैं कि इस तरह ज़बरदस्ती उसका विवाह करवाया गया या आश्चर्य में हैं कि उसने अपने साथ ऐसा होने दिया। हो सकता है कि मन में हँस रहे हों कि वीराष्टमी में तलवार की पूजा करानेवाली सरला इतनी निरीह हो सकती है।

गांधी की मुस्कराहट कुछ भी साफ़ नहीं बता रही थी। कुछ देर बाद गांधी ने कहा, "सरला, सहने की शक्ति रखना सत्याग्रह का अंग है। तुमने अपने माता-पिता का सम्मान बचाने के लिए अपने संकल्प को त्याग दिया वरना तुम शादी की तैयारियों के बीच से निकलकर दूर चली जा सकती थी। यह बहुत गहरी आत्मशक्ति से ही सम्भव है। किसी को चोट न पहुँचाकर खुद तकलीफ़ सह लेना सच्ची अहिंसा है।"

4

'मुझे भला केलनबैक से ईर्ष्या क्यों होगी?'

सुबह-सुबह सरलादेवी ने गांधी के सामने खीर का कटोरा रखकर कहा, "यह बकरी के दूध की खीर है। आप इसे ग्रहण कर सकते हैं।" गांधी ने चकित होकर सरलादेवी के मुँह की तरफ़ देखा, "सरला, तुम मेरे वास्ते कितना करती हो? यह खीर तुमने बनायी है?" सरला ने हँसकर कहा, "नहीं, मैं तो कुछ नहीं बनाती। मेरी बंगाली दाई ठाकुरमणि जो पहले कलकत्ता में हमारे घर रहती थी, बहुत अच्छा खाना बनाती है। उसी ने बनायी।"

"तब तो उसका शुक्रिया अदा करना होगा। सरला, तुम रसोई में खुद कुछ क्यों नहीं पकाती? तुमको क्या खाना बनाने का शौक़ नहीं है?"

"जोड़ासांको के घर की औरतें तरह-तरह के नये पकवान बनाने में माहिर थीं। नाना मोशाय इससे ख़ूब खुश होते। मेरी ममेरी बहन प्रज्ञासुन्दरी देवी ने तो पकवान बनाने पर किताबें भी लिखी हैं। प्रज्ञासुन्दरी ने अपने नये व्यंजनों का नाम बड़े-बड़े लोगों के नाम पर रखा जैसे, राममोहन दोलमा पुलाव, द्वारकानाथ फिरनी पुलाव। रवि मामा के पचासवें जन्मदिन पर उसने 'कवि संवर्धना बर्फ़ी' बनायी, जिस पर चाँदी और सोने की वर्क लगी थी। अगर वह आपके लिए यह खीर बनाती, तो निश्चित ही इसका नाम 'गांधी अजा पायस' होता", कहकर सरलादेवी हँसीं, तो इतना कि हँसी रुकी ही नहीं। कुछ पल के लिए रुकती और फिर हँसने लगतीं। गांधी हँसते हुए उन्हें देखते रहे। "संस्कृत में बकरी को 'अजा' कहते हैं", सरला ने हँसी रोककर बताया।

"तुम्हें एक बात बताऊँ, सरला? मैं जब पहली बार कलकत्ता कांग्रेस के अधिवेशन में आया था, तो मैं दफ़्तर में एक पदाधिकारी से कुछ काम माँगने गया। उन्होंने कहा कि उनके पास सिर्फ़ एक क्लर्क का काम है-दफ़्तर में आनेवाली हज़ारों चिट्ठियों के ढेर को सलटाने का काम।

वे परेशान थे कि आनेवाले लोगों से मिलें या चिट्ठियों के जवाब लिखें? मैं पूरी मेहनत से उनकी परेशानी दूर करने में जुट गया। मैं देखता था कि उनकी कमीज़ का बटन बन्द करने एक बेयरा आता। मैंने उनसे कहा कि मैं गुरुजन की सेवा समझ यह काम भी करना चाहता हूँ। वे कुछ झिझके, फिर मान गये। मैं जब बटन लगाता, तो सोचता कि एक देशसेवक को तो सेवा करनी चाहिए, वह दूसरे से सेवा कैसे लेता है?"

सरलादेवी का मुँह आश्चर्य से खुला का खुला रह गया, "उन्हें क्या पता नहीं था कि आप लंदन से पढ़े हुए एक बैरिस्टर हैं? आपसे उन्होंने क्लर्क और बेयरे का काम कैसे करवाया? आपको गुस्सा नहीं आता था यह सब करते?" गांधी हँसने लगे, "तुम्हें क्यों लगता है कि एक पढ़े-लिखे आदमी से यह काम करवाना ग़लत था? तुम्हें यह क्यों नहीं लगता कि अपना काम किसी दूसरे से करवाना ग़लत था? कोई काम, मेरी नज़र में छोटा या बड़ा नहीं होता। पर किसी दूसरे से कोई सेवा लेना मुझे ठीक नहीं लगता।" गांधी बेशक सरला को बतानेवाले नहीं थे कि उनसे बटन बन्द करने की सेवा लेनेवाले कोई और नहीं, सरलादेवी के पिता कांग्रेस के सेक्रेटरी जानकीनाथ घोषाल बाबू थे।

सरलादेवी कुछ पल चुप रहीं। फिर कहा, "आपको लगता है कि खीर मुझे बनानी चाहिए थी, लेकिन हम जिसको किसी काम के लिए वेतन देते हैं, उसके काम को खुद करें, तो क्या हम उसे आलसी और कामचोर नहीं बना रहे हैं?" गांधी मुस्कराते हुए बोले, "मैं जब लंदन से पढ़कर लौटा, तो बम्बई में वकालत करने अकेले गया। वहाँ एक ब्राह्मण रसोइये रविशंकर को मैंने खाना बनाने के लिए रखा, पर उसे ठीक से खाना बनाना आता न था। आधा खाना वह बनाता, आधा मैं बना लेता। मैंने उसे नौकर की तरह कभी रखा ही नहीं। मुसीबत बस यही थी कि वह खुद गन्दा रहता और चौके को भी गन्दा रखता। घर में झाड़ू-पोंछा लगाना तो मेरे ज़िम्मे था ही, चौके की सफ़ाई भी उसने मुझे सौंप दी।" सरलादेवी खिलखिला उठीं, "ठीक यही बात तो मैं कह रही हूँ। उसे रखा ही क्यों जब सब काम खुद करना था? और ऐसा करके आपने उसकी आदतें क्या और ख़राब नहीं कीं?"

गांधी उनकी हँसी देखते हुए मुस्कराते रहे, "सरला, किसी से ऐसा काम करवाना जो हम खुद कर सकते हैं, श्रम की महिमा को नीचे गिराना है। मैं हिन्दुस्तान लौटकर अगले महीने गोखले से मिलने पूना गया। वहाँ 'सर्वेंट्स ऑफ़ इंडिया सोसायटी' के सदस्यों को देखकर दुखी हुआ कि ये 'देश के नौकर'

तो सफ़ाई-धुलाई-खाने के लिए खुद नौकर-चाकरों पर निर्भर थे। फिर शान्तिनिकेतन गया, तो मैंने विद्यार्थियों से कहा कि उन्हें खुद अपना खाना बनाना चाहिए और सफ़ाई करनी चाहिए। देख रहा हूँ, तुम्हें भी समझाने में बख़्त लगेगा।"

"आपने कब से ऐसा सोचना शुरू किया? आप तो पोरबन्दर के दीवान के बेटे थे!" सरलादेवी ने कुछ सोचते हुए पूछा।

"तोलस्तोय की एक किताब ने मुझ पर गहरा असर डाला। ईश्वर के राज्य में प्रवेश का रास्ता कष्ट सहने और सरल ज़िन्दगी जीने में है। ज़मींदार होते हुए भी तोलस्तोय ने अपने हाथों से खेतों में काम करना शुरू किया। जूते बनाना शुरू किया। जॉन रस्किन की एक किताब पढ़कर तो मैं रात भर सो नहीं पाया।"

"अच्छा! क्यों?" सरलादेवी ने आश्चर्य से पूछा। "रस्किन कहता है, मालिक और नौकर के बीच स्नेह और विश्वास का रिश्ता होना चाहिए। उससे भी ज़्यादा बड़ी बात, कि किसान और मज़दूर का काम वकील और मैनेजर से कम मूल्यवान नहीं, बल्कि अपने हाथों से श्रम करनेवाला ज़्यादा सम्मान के योग्य है।"

सरलादेवी भी उस रात सो नहीं पायीं। नाना मोशाय जाड़ा हो या गर्मी, रोज़ सुबह तीन बजे उठकर ध्यान में बैठ जाते थे। ब्रह्म संगीत के माध्यम से सरला ने निराकार ईश्वर की गहरी अनुभूति की थी। संन्यासी विवेकानन्द के शब्दों में सरला ने सेवा और देश-निर्माण में पगी आध्यात्मिकता के दर्शन किये। फिर कृष्ण-राम-शिव के साकार रूपों को जानने की इच्छा जागी। विवेकानन्द के हिमालय के आश्रम में जाकर 'गीता' के कर्मयोग, ज्ञानयोग और भक्तियोग को जानना चाहा, पर गांधी की बातें तो कुछ और ही हैं। अपने पढ़े-लिखे होने के अहंकार को छीलकर, अपने कुछ होने को भूलकर सबसे ग़रीब की तरह आदमी दुनिया में रहे। वह किसी की कोई सेवा न ले, सिर्फ़ सेवा करे। कोई कष्ट या अपमान उसमें क्रोध या वैर न जगाये। मनुष्य के अन्दर ऐसा ईश्वरत्व जगाना क्या सम्भव है? ओह, क्यों यह व्यक्ति उसके जीवन में आया है! यह तो सब कुछ उलट-पलटकर रख देगा। अब तक जो जीवन जिया, जो सही माना, जिन बातों को कोई ख़ास महत्त्व नहीं दिया, उन सब पर फिर से सोचना होगा।

गांधी ने क्या-क्या बताया, रात भर सोचती रहीं सरलादेवी। दक्षिण अफ़्रीका के अपने जर्मन मित्र हरमन केलनबैक के बारे में, जो एक धनी वास्तुशिल्पी है, गांधी ने कहा, "मैंने अपने परिवार को फ़ीनिक्स फ़ार्म में भेज दिया।

उसके बाद मैं जोहांसबर्ग में उसके घर में उसके साथ रहने लगा। उसने वह घर मेरे लिए बनवाया था। मेरे साथ रहते केलनबैक ने अपना बारह सौ रुपये महीने का ख़र्च नब्बे प्रतिशत कम कर लिया। नौकर छोड़ दिये। सुबह पाँच बजे उठकर हम दोनों खाना बनाते और घर की सफ़ाई करते। फिर पैदल या साइकिल पर पाँच मील दूर दफ़्तर जाते। हम दोनों तोलस्तोय के जीवन से प्रभावित थे। केलनबैक ने शाकाहार और ब्रह्मचर्य भी अपना लिया, जबकि उसका यहूदी धर्म ऐसा आचरण करने की सीख नहीं देता।"

गांधी सरलादेवी से उसकी बातों के ज़रिये क्या कहना चाह रहे थे?

उनसे मिलने से पहले केलनबैक बेहद ख़र्चीला था। शहर में गाड़ी ख़रीदनेवाला वह पहला शख़्स था। तोलस्तोय के बताये मुफ़लिसी के रास्ते पर चलना उसके लिए गांधी की तुलना में कहीं ज़्यादा कठिन था। उसे अमीरी में जीने की आदत थी। गांधी जब उसके साथ दक्षिण अफ़्रीका छोड़कर लौट रहे थे, उसने जहाज़ से अपनी महँगी दूरबीन को समुद्र में फेंक दिया। गांधी किसी वस्तु या यन्त्र से इतने लगाव को सही नहीं मानते थे, और कुछ मुश्किल से ही यह बात उसे समझा सके थे। दक्षिण अफ़्रीका में लोग केलनबैक को 'गांधी का हनुमान' कहते थे। गांधी के हर आन्दोलन को सफल बनाने के लिए वह खम्भे की तरह खड़ा रहता। वहाँ तोलस्तोय फ़ार्म के लिए हज़ार एकड़ की ज़मीन उसी ने दी थी।

सरलादेवी को नींद नहीं आ रही थी। बार-बार करवट बदलते अचानक उन्हें भान हुआ कि वे केलनबैक के प्रति, जिससे वे कभी मिली तक नहीं हैं, कुछ ईर्ष्या जैसा महसूस कर रही हैं। सरलादेवी गहरे आश्चर्य से भर गयीं। उन्होंने सोचा–मुझे भला केलनबैक से ईर्ष्या क्यों होगी?

"जानती हो सरला, उसने कहा कि मैं दूध पीने के नुक़सान की बात करता रहता हूँ। तो हम क्यों न दूध छोड़ दें? फिर मैंने कहा कि हम सिर्फ़ फल खायेंगे और वे भी सबसे सस्ते, ताकि हम सबसे ग़रीब आदमी की ज़िन्दगी जी सकें। हर बात में उसने मेरा साथ दिया। तोलस्तोय फार्म पर वह बच्चों को बाग़वानी और बढ़ई का काम सिखाता। किसी ईसाई मठ में वह जूते बनाना सीख आया कि बच्चों को सिखा सके। फ़ार्म पर हर बच्चे को खाना बनाना तो पहले से आता ही था।" गांधी की बतायी बातें सरला के दिमाग़ में घूमती रहीं।

"उन्हीं दिनों की बात है कि फ़ीनिक्स आश्रम में दो व्यक्तियों के भयंकर नैतिक पतन की ख़बर मुझे मिली। इस घटना से मुझ पर जैसे बिजली गिर गयी।

शिक्षक या अभिभावक के रूप में मैंने इस घटना के लिए अपने को ज़िम्मेदार ठहराया। मुझे लगा कि इस पतन के लिए मैं प्रायश्चित्त करूँगा, तो ही वे मेरा दु:ख समझ सकेंगे और उन्हें अपने दोष का अहसास होगा। अतएव मैंने सात दिन के उपवास और साढ़े चार महीने तक एक वक़्त के भोजन का व्रत लिया। केलनबैक ने मुझे रोकने के लिए पूरा ज़ोर लगाया, पर वह निष्फल रहा। तब खुद उसने भी मेरे साथ व्रत रखने का आग्रह किया। उसके निर्मल प्रेम को देखते हुए मैं उसे रोक न सका।"

गांधी की बातें सुनते हुए सरलादेवी को कुछ समझ में नहीं आ रहा था कि वे क्या कहें? पहली बार जीवन में उनके दिमाग़ में शब्द नहीं आ रहे थे। दूसरों की ग़लती की कोई ऐसे ज़िम्मेवारी लेता है? अपने को भूखा मार कर? ऐसा तो कभी पढ़ा न सुना। कितने महाकाव्य, गाथाएँ, ग्रन्थ, किताबें, लेख पढ़े हैं सैंतालीस साल के अब तक के जीवन में। कभी कोई ऐसा पात्र मिला जो इस तरह अपने को कष्ट दे? बुद्ध, महावीर ने तपस्या कर अपने को भूखा-प्यासा रखा होगा, विरह में नायिकाएँ सूखकर कृशकाय हुई होंगी, पर अपने ज्ञान के लिए या अपने प्रेम के लिए। किसी दूसरे की ग़लती के लिए खुद प्रायश्चित्त करने के लिए नहीं। और तो और, क्या कभी किसी पिता ने ऐसा प्रायश्चित किया होगा अपनी सन्तान की किसी ग़लती का?

उसी रात सरलादेवी ने मन-ही-मन निश्चय कर लिया कि वे अपने बारह साल के बेटे दीपक को साबरमती आश्रम में पढ़ने भेजेंगी। लेकिन यदि उनके पति रामभज दत्त को यह बात न जँची तो? अपने बड़े बेटे को उन्होंने हरिद्वार के गुरुकुल काँगड़ी आश्रम में पढ़ने भेजा था। सरलादेवी के मन में दीपक को लेकर कुछ परेशानी रहती है। उसे रवि मामा के पास शान्तिनिकेतन में पढ़ने भेजा है। रामभज की पहली दो शादियों से हुए दोनों पंजाबी बेटों की तुलना में दीपक शारीरिक रूप से कमज़ोर है। इसे लेकर रामभज जब-तब कटाक्ष करने से नहीं चूकते। सरलादेवी को लग रहा है कि शान्तिनिकेतन की जगह साबरमती आश्रम में दीपक के मानसिक और आत्मिक विकास के साथ शारीरिक विकास भी ठीक तरह से होगा। उसे गांधी जैसे शिक्षक का साथ मिलेगा। सरलादेवी के लिए भी साबरमती आश्रम में दीपक के रहने से गांधी का सान्निध्य पाना सरल होगा। आध्यात्मिकता का नया पाठ सीखने के लिए इस नये गुरु के पीछे सरला को चलना होगा।

●●●

नींद ग़ायब है। मन में कैसी उथल-पुथल है। सरलादेवी के अन्दर एक गीत गूँज उठा :

'आजि स्वर्गे आवास तुमि ऐशो छाड़ि'–

आओ आज तुम मेरे घर स्वर्ग-सुख छोड़
आज बरसे बरसात विरह का आलोड़
फूल में नहीं मधु-गन्ध
मृदु हवा है आज मन्द
जीवन में नहीं गीत छन्द
बिन तुम्हारे!

आज सरलादेवी का हृदय भर-भर आ रहा है। पण्डित रामभज दत्त चौधरी साढ़े छह महीने से जेल में न जाने क्या खाते-पीते होंगे? कैसे रहते होंगे? दुनिया के लिए जो नरक है, वही जेल देशभक्त के लिए स्वर्ग है। अभी तक सरलादेवी पति के जेल में रहने से दुःख के बजाय गर्व से भरी थीं। सरलादेवी शादी के कुछ दिन बाद के उस दिन को कभी नहीं भूलीं जब चौधरी जी उन्हें लाहौर अजायबघर के सामने जमजमा तोप दिखाने ले गये थे। किप्लिंग की कहानी 'किम' का वाक़या उन दोनों को याद था; 'जिसके पास जमजमा तोप होगी, उसके पास पंजाब होगा।' कितने ठसके-से चौधरी जी ने कहा था, "अंग्रेज़ों को भगाकर तोप हमारी होगी और पंजाब भी!" सरला को रोमांच हो आया था। ऐसे वीर-पुरुष की पत्नी को क्या ग़म, पर आज न जाने क्या हुआ है? उनके आँसू बह रहे हैं। तकिया गीला हो रहा है, जैसे कोई बाँध टूट गया हो। ब्रिटिश सरकार ने आजीवन कारावास की सज़ा सुनायी है। यदि सच ही कभी वे घर न लौटे तो? पिछले छह महीनों से वकीलों के मार्फ़त सरकार से कितनी अपील की, कितनी दौड़-धूप की, पर रामभज दत्त को सरकार ने 'लाहौर षड्यन्त्र केस' का प्रमुख अभियुक्त क़रार किया है। कोई रास्ता नहीं निकल पाया। सरलादेवी के भी गिरफ़्तार होने की ख़बर हवा में थी। सोचती हैं कि जेल में होतीं, कम-से-कम पति कहीं आसपास ही बन्द होते।

लेकिन वे ख़ुद गिरफ़्तार हो जातीं, तो गांधी से मिलना न होता! यह ख़याल आते ही सरलादेवी जान गयीं उसी पल कि अब जीवन पहले जैसा नहीं रहेगा। केलनबैक को भी क्या ऐसा ही अहसास हुआ होगा? मनुष्य समर्पण करना नहीं चाहता किसी के आगे। ईश्वर को समर्पण के हज़ारों भजन गाकर-सुनकर भी सरलादेवी क्या नहीं जानतीं कि मीराबाई को बस गाया जा सकता है।

जिया नहीं जा सकता। क्यों उनका मन ऐसा हो रहा है कि अब समर्पण कर दें। गांधी के रास्ते पर चल पड़ें? लेकिन पति भी क्या इस रास्ते पर साथ चलने को तैयार होंगे? क्या वे मानेंगे कि हम आत्मा के बल से, सविनय क़ानून तोड़कर, जेल जाकर, उपवास कर, सत्याग्रह कर अंग्रेज़ों को विवश कर सकते हैं कि वे हिन्दुस्तान से चले जायें? क्या वे देखकर खुश होंगे कि सरला ने गले, कान और हाथ से सोने के गहने उतार दिये हैं और सिर्फ़ स्वदेशी कपड़े पहनने लगी है?

रामभज दत्त चौधरी के स्वरूप में जैसे एक ज्वालामुखी सुलगता है। ज़बरदस्ती बनायी गयी दुल्हन सरला ने पहली बार उन्हें देखा, तो चकाचौंध हो गयी थी। उसके मन ने उसे कहा कि यह तो कई जन्मों का रिश्ता है। आर्यसमाज के लोगों ने कलकत्ता से लाहौर तक हर स्टेशन पर नवदम्पति का कैसा भव्य स्वागत किया था! तभी सरला को समझ आया था कि उसका पति कोई मामूली देशसेवक नहीं है। देशभक्ति की प्रचण्ड अग्नि उनके मोहियाल ब्राह्मण वंश के रक्त से उनके अन्दर आयी है। ब्राह्मण होते हुए भी मोहियाल तलवार भाँजनेवाले वीर थे, जिनके पूर्वज राजा जयपाल ने महमूद गजनी को रोकने के लिए उससे युद्ध किया था। सरला का हृदय गर्व से भर उठा था कि उसके पति का परिवार शूरवीरों का परिवार है।

जलियाँवाला बाग़ के काण्ड पर कौन ऐसा हिन्दुस्तानी होगा जो ख़ून के आँसू न रोया होगा। रामभज दत्त के तो कितने परिचित मारे गये थे, पर उन्होंने उस दिन पंजाबी में जो गीत लिखा, वह आज पंजाब के बच्चे-बच्चे की ज़बान पर था। 'कदी नहीं हारना, भावे साड्डी जान जावे'–इस एक पंक्ति ने सबके आँसू सुखा दिये थे। भले ही जान जाये, हिम्मत नहीं हारनी है।

सरला शादी होते ही पति का उर्दू अख़बार 'हिन्दुस्तान' देखने लगी थी। रामभज सबसे कहते, "सरला मेरी शक्ति है।" अख़बार का अंग्रेज़ी संस्करण निकालना सरला की ही योजना थी। वे दोनों आर्यसमाज के कार्यक्रमों में पूरे देश में कहीं भी जाते, लोग उन्हें शिव-शक्ति की जोड़ी कहते। हज़ारों लोगों का शुद्धिकरण कर रामभज उन्हें मुस्लिम-ईसाई से वापस हिन्दू बना चुके हैं। पंजाब की शूद्र जातियों के उत्थान के लिए अथक काम के कारण वे लोग उन्हें भगवान मानते हैं।

ऐसे पति की तीसरी पत्नी होना भी सरला को स्वीकार्य था। एक बार सरला का मन ज़रूर उद्वेलित हुआ था, जब उसे पता चला कि रामभज की दूसरी पत्नी की मृत्यु को एक वर्ष भी नहीं हुआ था। उसके मन में यह प्रश्न

आया था कि एक लम्बे दाम्पत्य जीवन को क्या कोई पुरुष एक साल में भुलाकर फिर से नयी शुरुआत कैसे कर सकता है? पर रामभज के आकर्षक व्यक्तित्व और ओज से भरे देशप्रेम ने उसे सम्मोहित कर लिया था।

ख़ुद लाहौर ने सरला को क्या कम मोह लिया था? रावी नदी के किनारे बसी यह नगरी यों ही 'पूरब का पेरिस' नहीं कहलाती। शादी कर जब लाहौर स्टेशन पर सरला उतरी, तो उसने आश्चर्य से रामभज दत्त चौधरी को सबसे गले मिलकर कहते सुना–"लाहौर लाहौर है!" सामनेवाला जवाब में वही कहता–"लाहौर लाहौर है!" बाद में सरला को पता चला कि यह यहाँ का रिवाज है कि एक-दूसरे का लोग यही कहकर अभिवादन करते हैं। बाद में तो सरला जब भी कहीं से वापस लाहौर लौटती, तो रामभज को हँसकर कहती–"लाहौर लाहौर है!" रामभज जवाब देते, "जिस लाहौर नइ देख्या, ओ जम्याइ नइ!"

वह जानती थी कि बहुत-से लोगों ने उसकी शादी के बारे में बातें बनायी होंगी कि तैंतीस साल की सरला को बंगाल से देशनिकाला देकर पंजाब भेज दिया गया है, वह भी 1905 में, जब पूरा बंगाल पार्टिशन का ज़बरदस्त विरोध कर रहा था और विदेशी वस्तुओं का बॉयकॉट कर स्वदेशी आन्दोलन शुरू हो गया था। एक तरफ़ सरला दुर्गापूजा के बाद शादी कर लाहौर पहुँची और उधर सिर्फ़ दस दिन बाद पार्टिशन लागू होने पर बंगाल में रवीन्द्रनाथ के आह्वान करने से लोगों ने घर में चूल्हा नहीं जलाया। सड़क पर उतर सब एक-दूसरे को लाल सूत की राखी बाँध रहे थे। लेकिन यह राखी तो सबसे पहले सरला ने युवकों को देशप्रेम की शपथ याद दिलाने के लिए बाँधी थी। क्या रवि मामा और सबको सरला की याद आयी होगी? हो सकता है, न भी आयी हो।

सरला को दिखने लगा था कि जिन युवकों और संस्थाओं को उसने मन-प्राण और आर्थिक सहायता देकर आगे बढ़ाया था, वे सिर्फ़ स्त्री होने के कारण उसे दरकिनार करना चाहने लगे थे। दूसरी तरफ़ जोड़ासांको के आभिजात्यपूर्ण परिवार को यह मंज़ूर नहीं था कि उनके परिवार की किसी महिला को पुलिस गिरफ़्तार करे। चित्तरंजन दास जैसे बड़े नेता ऐसी आशंका के प्रति उसे आगाह कर चुके थे।

एक दिन सरला बाहर से घर आयी तो देखा सत्येन्द्रनाथ मामा आये हुए हैं। वे माँ से कुछ कह रहे थे, पर उसे देखकर चुप हो गये थे। उन दोनों की उससे कुछ छिपाने की कोशिश उसने देख ली थी। सरला ने मामा के मुँह से 'मिस्टर सिन्हा' का नाम सुन लिया था। मामा को इंडियन सिविल सर्विस से

रिटायर हुए सात साल बीत गये हैं, पर उनकी ऊँचे सरकारी अफ़सरों से रोज़ की उठ-बैठ है। मिस्टर सिन्हा, जो बाद में लॉर्ड सिन्हा बने, उस समय बंगाल के एडवोकेट जनरल थे। निश्चय ही मामा को उन्होंने सरला की गतिविधियों को रोकने और उसे बंगाल से दूर भेजने की सलाह दी होगी।

सरला का मन अपने प्रति लोगों की बेरुख़ी से राजनीति से उचाट होने लगा था। क्रान्ति की बात करनेवालों में पुरुषवादी सोच ज्यों-का-त्यों देखकर वह क्षोभ से भर उठी थी। तभी नाना मोशाय देवेन्द्रनाथ टैगोर की मृत्यु हो गयी। सरला उदास रहने लगी। अचानक उसका मन हुआ कि वह कलकत्ता से दूर विवेकानन्द के अल्मोड़ा आश्रम में जाकर 'गीता' का अध्ययन करे। माँ स्वर्णकुमारी ने इसके लिए तुरन्त हामी भर दी थी। शायद उसे बंगाल से दूर भेजने की योजना पहले से तैयार की जा रही थी। कहाँ तो वह आश्रम से कैलाश-मानसरोवर होकर तिब्बत जानेवाली थी, और जाने कैसे माँ स्वर्णकुमारी ने उसको शादी के बन्धन में बाँधकर उसकी सारी योजनाओं पर अपनी योजना चस्पाँ कर दी थी।

बंगाल से दूर पंजाब का हवा-पानी अलग, भाषा अलग, संस्कार अलग। ग़नीमत थी कि सरला ने शादी से पहले उर्दू पढ़ी थी। वैसे बंगाल और लाहौर के सम्बन्ध इतने पुराने होंगे, इसकी सरला को कोई थाह नहीं थी। शाहजहाँ द्वारा लाहौर क़िले में बनवाये नौलखा महल की दो-चाला ढलवाँ छत बंगाल की वास्तुकला से ली गयी थी। लाहौर में अच्छा-ख़ासा ब्रह्मसमाज था और ब्रह्मसमाज के बंगालियों का कलकत्ता बराबर आना-जाना था। लाला लाजपत राय से कलकत्ते से सरला का परिचय था ही।

सरला ने लाहौर-प्रवास को स्वीकार कर यह निश्चय किया था कि वह 'अपराजिता' ही रहेगी। साहित्य, संगीत और देशसेवा का रास्ता उसके लिए कोई बन्द नहीं कर सकता। पंजाब में उसने लड़कियों और औरतों को पढ़ाने की मुहिम चलायी थी। पंजाब की लड़कियों के गीतों में उनकी प्रेरणा के रूप में सरलादेवी का नाम गूँजता था। क्या यह कोई छोटी-मोटी बात थी?

सरला मुस्कराने लगी। क्या माँ की योजना उसे 'पंजाब की शेरनी' कहलवाने के लिए ऐसे वर से बाँधने की रही होगी? क्या माँ ने सोचा होगा कि बंगाल से दूर जाकर भी सरला के सिर पर फिर गिरफ़्तारी की तलवार लटकेगी? कि सरला का जीवन ऐसा होगा जैसे सेना के युद्ध कैम्प का होता है कि जब-तब पुराने काग़ज़-चिट्ठियाँ जलाते रहना होगा ताकि पुलिस ज़ब्त न कर ले?

अब तो ख़ैर उसकी शादी के चौदह साल बीत चुके हैं। जो कुछ जीवन में घटता है, उसके पीछे ईश्वर की ही बड़ी योजना होती है।

गांधी शायद यही याद दिलाने उनके जीवन में, उनके घर में आये हैं कि पाँच नदियों के देश में अब ख़ून की नदियाँ और न बहें। जलियाँवाला काण्ड और न हों। मन की ताक़त से, सत्याग्रह से, शान्ति और अहिंसा से बन्दूक़ की ताक़त को ख़ारिज कर दिया जाये। रामभज दत्त ने भी इन साढ़े छह महीनों की जेल में बहुत कुछ सोचा होगा। आख़िर ठहरे वे भी गांधी की तरह एक सफल वकील! गांधी की दलील में ज़्यादा दम लगेगा, तो वे गांधी की बात मान ही लेंगे। केलनबैक ने गांधी की दलील मान ली। सरला ने मान ली। क्या रामभज दत्त बिना माने रह पायेंगे?

5

'तुम सचमुच शक्ति हो, सरला!'

सरलादेवी को लग रहा है कि रसोई को लेकर इतनी व्यस्त वे ज़िन्दगी में कभी नहीं रहीं। सुबह से दौड़ लगा रही हैं कि फल काटकर तश्तरी में रख गांधी को समय से दे दें। कभी साबूदाना भिगो रही हैं कि शायद उसकी नमकीन खिचड़ी या मीठा डालकर हलवा बना सकें। ठाकुरमणि दाई से सीखकर बना लेंगी। बचपन से माँ को रसोई में कभी कोई काम करते नहीं देखा, न ही माँ का आग्रह रहा कि सरला खाना बनाना सीखे। पहली बार किसी के लिए रसोई में जाकर खुद कुछ नया बनाने का ख़याल सरलादेवी के मन में आया है। दीपक को उसका मनपसन्द खाना ठाकुरमणि ही बनाकर देती आयी है। रसोई से बाहर निकलते हुए सास के चेहरे पर आश्चर्य देखकर सरलादेवी एक पल के लिए हिचक उठीं, फिर आगे बढ़ गयीं। सबको सब कुछ समझाया तो नहीं जा सकता।

गांधी ने हिन्दुस्तान लौटने के बाद नियम बना लिया है कि दिन भर में पाँच चीज़ों से ज़्यादा नहीं खायेंगे, न ही सूर्यास्त के बाद खायेंगे। "हुआ यह सरला, कि दक्षिण अफ़्रीका से लौटकर मैं कलकत्ते में भूपेन बाबू के घर रुका। पता चला, उन्होंने बीस तरह के फल जुगाड़ किये थे ताकि मेरा फलाहार ठीक से हो सके। रात भर उनके घर की औरतें मूँगफली-बादाम छीलती रही थीं। इसलिए मुझे यह नियम लेना पड़ा। मेरे कारण मेज़बान को ऐसी परेशानी न हो।" सरलादेवी हँसते हुए गांधी की बात काटती हैं, "लेकिन सिर्फ़ पाँच चीज़ें खाने से तो मेज़बान को ज़्यादा परेशानी होगी। ऐसे तो कुछ भी खिला सकते थे न!" गांधी इस बेतुकी-सी बात पर हँसकर रह जाते हैं।

गांधी से मिलनेवालों का हुजूम चला आ रहा है। दरवाज़े के बाहर सैकड़ों लोग बैठे हैं। घर के बाहर मुजांग रोड पर तो सुनते हैं कि मेला लगा है। गांधी से मिलने आनेवाले नेताओं और गांधी की हरेक बात सरलादेवी सुनना चाहती हैं। वे जानती हैं कि गांधी भी यही चाहते हैं। पाँच मिनट भी न दिखें, तो किसी को खोजने भेज देते हैं कि सरलादेवी को कहो कि बुला रहे हैं। हर बात पर गांधी उनकी राय जानना चाहते हैं। "गांधी जी बुला रहे हैं", सुनते ही सरलादेवी तीर की तरह भागकर तुरन्त वहाँ पहुँच जाती हैं। वैसे भी कुछ भी करते हुए गांधी का ख़याल बना ही रहता है। दीपक आजकल कहता रहता है, "माँ, तुमने सुना, मैंने क्या कहा? आजकल तुम कोई बात सुनती ही नहीं हो!"

शाम साढ़े तीन बजे सरलादेवी के घर पर कॉलेज के विद्यार्थी गांधी से मिलने आये थे। दिन भर लोग आते हैं और अपनी आपबीती सुनाते हैं। सरलादेवी देखती हैं कि गांधी में अपार धीरज है, सबकी बातें सुनने का। गांधी ने लड़कों से वही कहा, जो सबसे कहते हैं...सत्य पर टिके रहो...संयम रहे...अदब रखो...निर्भय रहो। पर आश्चर्य कि सरला को गांधी के मुँह से बार-बार सुनकर भी इन बातों में कोई दोहराव नहीं लग रहा। हर बार लगता है, जैसे बातों का नया अर्थ खुल रहा हो। बंगाली जाति को अभय रहने का सन्देश सरला ने भी दिया था, पर गांधी के अहिंसा-दर्शन में निडरता के मायने बिलकुल अलग हैं।

नेताओं की मीटिंग कई बार आधी रात के बाद भी ख़त्म नहीं होती। दिन भर लोगों से मिलने के बीच में गांधी पत्र लिखते रहते हैं। अपने अख़बारों 'यंग इंडिया' और गुजराती 'नवजीवन' के लिए लेख या टिप्पणी भी लिखते हैं। कई बार सरलादेवी सोचती हैं कि यह शख़्स बिना कुछ खाये-पिये कैसे इतना काम करता है, जैसे हवा-पानी पर जी रहा हो। इतना सब कुछ करके भी गांधी सरलादेवी से बातें करने, उनसे संगीत सुनने और अपनी बातें बताने का समय निकाल लेते हैं। रोज़ उनके बेटे दीपक को पास बैठाकर उससे उसकी पढ़ाई के बारे में सवाल करते हैं। कभी उनके सौतेले पुत्र धीरसेन से बातें करते हैं। सबकी छोटी-से-छोटी बातों में भी पूरी दिलचस्पी रखते हैं।

गांधी को पत्र लिखते देख सरलादेवी लौट रही थीं कि गांधी ने कहा, "आओ सरला" और मुस्कराते हुए अपना पत्र उनकी तरफ़ बढ़ाया। सरलादेवी ने देखा कि किसी को लिखे तीन-चार पंक्तियों के पत्र के नीचे हस्ताक्षर में लिखा था, 'वन्देमातरम्, मोहनदास गांधी।' सरलादेवी खिल पड़ीं। "आज

वन्देमातरम् का पूरा गीत सुनाना पड़ेगा", गांधी ने कहा। सरलादेवी को वैसा ही आनन्द हुआ जैसा शादी के दो महीने बाद बनारस में गोखले की अध्यक्षता में हुए कांग्रेस के अधिवेशन में 'वन्देमातरम्' सुनने की फ़रमाइश से हुआ था। तब इस गीत को गाने पर सरकार का प्रतिबन्ध था। इसलिए मंच पर साथ बैठे गोखले एक मिनट के लिए हिचकिचाये थे। फिर उन्होंने कहा था, "गाइए"।

गांधी पाँच दिन लाहौर ठहरकर कांग्रेस कमेटी की बैठक के लिए दिल्ली चले गये। वे नौ दिन में वापस लौटनेवाले हैं, पता होते हुए भी सरलादेवी आँखों में आयी हल्की-सी पानी की परत को रोक न सकीं। ये पाँच दिन कैसे पंख लगाकर उड़ गये। सरलादेवी को पता है, गांधी ने उनकी गीली आँखें देख ली हैं। अचानक सरला को लग रहा है कि पति रामभज दत्त चौधरी के बिना घर इतना ख़ाली अभी तक नहीं लगा था। कांग्रेस की बैठक में फ़ैसला हुआ है कि यदि ब्रिटिश सरकार सारे बन्दी नेताओं को जेल से रिहा नहीं करती, तो वे लोग 'हंटर कमिटी' का बहिष्कार करेंगे। सरलादेवी के मन में उम्मीद जाग उठी है कि कांग्रेस के दबाव से सरकार उनके पति को जल्दी छोड़ देगी।

सुना कि गांधी दिल्ली में खड़े होकर नहीं बोले। बैठे-बैठे बोले। सरलादेवी को झुँझलाहट होती है। पचास साल की उम्र में इतनी कमज़ोरी का कारण जब-तब किया गया उपवास नहीं तो और क्या है? अहमदाबाद में मिल-मज़दूरों की हड़ताल के दौरान किसी मज़दूर ने तंज़ कस दिया कि गांधी भूखे मरकर हड़ताल करने का कष्ट क्या जानें, तो गांधी आमरण अनशन पर बैठ गये। कभी सिर्फ़ मूँगफली का मक्खन और नींबू खाकर रहने लगे और पेचिश से मौत के दरवाज़े जाकर लौटे। खड़े होकर बोलने से गांधी का पूरा शरीर काँपने लगता है। ऐसा शरीर लेकर क्या ख़ाक देशसेवा होगी! इस बार लौटेंगे तो सरलादेवी एक न सुनेंगी। जो खिलायेंगी, वही खाना होगा।

गांधी नौ दिन बाद लौटे, तो सरलादेवी पहली बार की तरह दरवाज़े पर स्वागत के लिए पुत्र सहित मिलीं। सरला को पता है कि 'दर्शन' के लिए आये लोगों से गांधी को परेशानी होती है। वे कहते हैं, "जो ख़ुद एक सेवक है, उसका क्या 'दर्शन'? लोग मुझे कहते हैं, 'उपदेश' दीजिए।" सरलादेवी ने उनसे हँसकर पूछ लिया था, "क्या सचमुच लोगों की ऐसी बातों से आपको अपनी महानता का अहसास नहीं होता?" गांधी ने कहा था, "ईश्वर बचाये मुझे!"

मकान के दरवाज़े पर सरलादेवी ने गांधी से कहा, "आपके पुनः दर्शन होना इस घर का सौभाग्य है।" गांधी 'दर्शन' शब्द के पीछे का मज़ाक़ समझ हँसते हैं। "पंजाब के लोगों का इतना स्नेह देखकर सोच रहा हूँ कि इसके लायक़ मैं हूँ क्या?" सरलादेवी उनका इंगित समझ हँसकर आँखें झुका लेती हैं।

गांधी से मिलने औरतों का झुण्ड-का-झुण्ड आता है। गांधी सबसे चरख़ा चलाने को कहते हैं और उनसे काता हुआ सूत माँगते हैं। औरतें सूत की मालाएँ बनाकर लाती हैं। गांधी कहते हैं, "पंजाब की हर औरत को चरख़ा चलाना आता है। पंजाब के हर पुरुष को पंजाब के सूत से बना कपड़ा पहनने का व्रत लेना होगा। हमारे देश के लाखों लोगों को खाना और कपड़ा नसीब नहीं है। यह ग़रीबी स्वदेशी से ही मिटेगी।" सरलादेवी के जैसी पढ़ी-लिखी समृद्ध महिला अब हथकरघे की ही साड़ियाँ पहनती हैं, इस बात का ज़िक्र गांधी हर जगह करते हैं। पन्द्रह साल पहले खोले उनके 'लक्ष्मी भण्डार' को स्वदेशी चीज़ों के लिए कांग्रेस से मिले मेडल की बात बताते हैं। देश से साठ करोड़ रुपया हर साल मिल के कपड़े पहनने से विदेश चला जाता है, गांधी की इस बात से सरलादेवी के मन में हर बार नया जोश जाग उठता है। चरख़ा और खादी का आन्दोलन कैसे आगे बढ़े, बस अब रात-दिन उनके मन में यही ख़याल एक जुनून की तरह दौड़ता रहता है।

•••

शाम को सबके चले जाने के बाद गांधी बैठकर कुछ चिट्ठियाँ लिख रहे हैं। सरला को देखकर मुस्कराते हुए कहते हैं, "अब सरला की कहानी आगे सुननी है। आज मैंने वही सब खाया जो तुमने खिलाया। तुम मेरा ऐसे ख़याल रखती हो जैसे की कोई नर्स रखती है। आज सचमुच शरीर अच्छा लग रहा है। अब कहानी आगे चलेगी तो मेरी ताक़त और बढ़ेगी।"

सरलादेवी भी मुस्कराती हैं। कहती हैं, "आपको लगभग पूरी कहानी तो सुना ही चुकी हूँ।"

गांधी कहते हैं, "तुमने बताया कि कैसे तुम्हारी शादी तुमसे बिना पूछे ज़बरदस्ती करवायी गयी। पर जहाँ तक मैं देख रहा हूँ, उसका नतीजा तो बहुत अच्छा हुआ। पण्डित रामभज दत्त चौधरी के साथ मिलकर तुमने देशसेवा के उनके भी काम को आगे बढ़ाया है।"

सरलादेवी कुछ देर चुप रहती हैं। बहुत-सी बातें गांधी जान ही चुके हैं। बाक़ी की जाने क्या जानना चाहते हैं? क्या कोई स्त्री अपने दिल की

सारी बातें किसी गहरी सखी को भी बता पाती है? यहाँ तो सुननेवाला एक पुरुष है। क्या सरलादेवी गांधी को बतायेंगी कि उन्होंने एक अधूरा उपन्यास लिख रखा है, जिसका नाम है 'अपराजिता'। उसमें एक चौदह वर्षीय लड़की शिखा की शादी चालीस के पार दो बार विधुर हुए एक ज़मींदार से करवा दी जाती है, जिसके दो बेटे लगभग शिखा के बराबर की उम्र के हैं। शिखा जब पहली बार पति को देखती है तो उसका दिल भयभीत होकर कह उठता है, "नहीं-नहीं! यह नहीं हो सकता। कहीं कोई भारी भूल हुई है। कोई उससे मज़ाक़ कर रहा है। अभी उस मज़ाक़ से पर्दा उठ जायेगा और सब ठीक हो जायेगा।" बेशक सरला के साथ ऐसा कुछ नहीं घटा था। विवाह के समय सरला तैंतीस साल की थी और रामभज चौधरी उससे सिर्फ़ छह साल बड़े थे। पर सरलादेवी अगर गांधी को यह पढ़ायें, तो क्या वे नहीं समझ लेंगे कि शिखा के दिल की अनुभूति में कहीं सरला के दिल की अनुभूति छिपी है?

क्या सरला ने सत्रह-अठारह साल की उम्र में सोचा था कि उसका विवाह ऐसे व्यक्ति से होगा जो दो-दो पत्नियों के साथ बच्चे पैदा कर चुका होगा? क्या उसने उन औरतों को अपने दिल से प्रेम नहीं किया होगा? प्रेम करना और भूल जाना क्या इतना आसान होता है? तीसरा विवाह करना क्यों ज़रूरी था? घर का भार सँभालने? बच्चों को देखने या शरीर की ज़रूरतों को पूरा करने के लिए? सरलादेवी के प्रेम का आदर्श तो उसकी लिखी कहानी का वह नवयुवक था जो अपने सपने की प्रियतमा के बिछड़ने पर आजीवन अविवाहित रहने का संकल्प लेता है। लोगों ने उस कहानी को पढ़कर कहा था कि यह कहानी उस लेखक के बारे में है, जो 'पिराली' ब्राह्मण परिवार की होने के कारण सरला के प्रेम को अपनी माँ के एतराज़ के कारण ठुकरा गया था। लोगों ने एक-दूसरे के कानों में कह डाला था, "देखना, अब सरला सदा अविवाहित रहेगी।"

सरला के लिए अपनी कहानी के पात्र की तरह प्रेम की उस अतल गहराई का स्पर्श ही काफ़ी है, जिसके लिए कोई जीव इस जगत् में जन्म लेता है। आदमी एक बार उस प्रेम का अनुभव कर ले, तो क्या वह उसे फिर दोहरा सकता है? उसकी कहानी का युवक कहता है-"प्रेम में धोखा खाकर भी प्रेम की महिमा मेरे लिए कम नहीं हुई। प्रेम कोई सुविधा नहीं है। साथ निभाने की गारंटी नहीं है। यह कोई रूमानी कल्पना नहीं है, यह तो अन्तहीन दुःख और प्यास है, पर उसका पहला आभास इतना अतिशय मधुर है कि बाद की वेदना उसके सामने कोई महत्त्व नहीं रखती।"

गांधी सरला का मुँह देख रहे हैं। सरला ने मुस्कराकर कहा, "आप सोच रहे होंगे कि मैं क्या सोचने लगी? आपकी बात का क्या जवाब दूँ कि मेरी ज़बरदस्ती करवायी शादी का नतीजा तो अच्छा निकला! अक्सर जीवन इतना उलझा हुआ और जटिल होता है कि हम सोचते रह जाते हैं कि ऐसा न होता तो ज़्यादा अच्छा होता या कि और बुरा होता!" सरला ने 'भारती' पत्रिका के एक अंक में छपी अपनी कहानी निकाली। "मैं आपको इसमें एक पात्र का मनोभाव पढ़कर बताती हूँ जिस पर शादी करने के लिए दबाव डाला जा रहा है। वह कहता है, "विवाह तो कर दोगे, किन्तु प्रेम ग़ायब हो गया तो बचेगा क्या? लम्बे जीवन तक चलता खटराग? झगड़ा और ग़ुस्सा? आँसू और अपमान? चटनी पीसते हुए पत्नी की अंगुली पिस गयी तो तुरन्त अंगुली पर सावधानी से आर्निका का मरहम लगाना? पति की काली चपकन में बटन लगाती पत्नी-धर्म में प्रशिक्षित नारी या ऑफ़िस में कुछ देर होने पर दुनिया भर का हाहाकार और तमाशा? नहीं बापू, शादी करना मेरे बूते का काम नहीं।"

अन्तिम पंक्ति बोलते-बोलते सरला की हँसी फूट पड़ी। गांधी भी साथ-साथ हँस रहे थे। फिर हँसते-हँसते दोनों अपनी ज़िन्दगियों में झाँकने लगे और चुप हो गये। शादी और प्रेम में कोई सम्बन्ध क्या कभी था वहाँ? कुछ देर रुककर सरला बोलने लगी, "घर के रखरखाव में ज़्यादा ध्यान देने की मेरी आदत नहीं है। मेरी ममेरी बहन इन्दिरा पंजाब आयी तो एक दिन चौधरी जी की कोई बात सुनकर मुझसे कहने लगी, "सरला, तुम्हारा घर कितना बिखरा हुआ अस्त-व्यस्त रहता है? जमाई बाबू को जो पसन्द हो, वैसा करना चाहिए।" मैंने कहा, "बिखरा रहता है तो क्या? मेरे दिमाग़ में ज़्यादा ज़रूरी काम रहते हैं। घर का क्या है, थोड़ा कम साफ़ रहे तो क्या?" वह अनमनी होकर चुप रही। फिर उसी के सामने एक घटना घटी। एक दिन चौधरी जी के एक मित्र घर में अन्दर तक घुसे चले आये। वे घर पर थे नहीं। ये जनाब बिना पूछे-बताये हमारी गाड़ी लेकर चले गये। मुझे यह बेतक़ल्लुफ़ी बहुत अखरी। जान न पहचान, मैं तेरा मेहमान! मैंने पतिदेव से शिकायत की तो वे इन्दिरा के सामने ही मेरा मज़ाक़ बनाने लगे, "जान न पहचान? यह क्या कह रही हो! भला मेरे ही दोस्त से मेरी जान-पहचान कैसे न होगी?" तब इन्दिरा ने मुझसे कहा, "तुम्हारी तरह का अन्तरजातीय विवाह भारतवर्ष की एकता का बहुत आसान रास्ता तो है, किन्तु विवाहित जीवन के सुख के अनुकूल है कि नहीं, इसमें सन्देह है।"

"यहाँ लाहौर में बहुत-से लोगों का घर में आना-जाना लगा रहता है, किन्तु कोई व्यक्ति ज़बरदस्ती अन्तरंग होना चाहे, स्त्रियों के अन्तर्महल में घुस आये, तो मुझे चिढ़ होती है। दरअसल, यहाँ लोगों को शिष्टाचार की समझ में फ़र्क़ है। पंजाब और बंगाल में सोच में ही बहुत अन्तर है। बंगाल में कोई ऐसे किसी के घर बिना पूछे कभी न जायेगा। मालिक की अनुपस्थिति में उसका सामान बिना पूछे ले जाने का तो ख़ैर सवाल ही नहीं उठता! इन्दिरा मेरी परेशानी अच्छी तरह समझ रही थी, पर चौधरी जी तो समझ नहीं सकते थे।"

सरलादेवी चुप होकर गांधी की ओर देखने लगीं। अपनी बात पर उनका मत जानना चाहती थीं। गांधी का जीवन तो और भी अधिक सार्वजनिक रहा है। तो क्या उनकी पत्नी को भी इस तरह की परेशानी झेलनी पड़ी थी?

गांधी कुछ पल स्तम्भित से बैठे रहे। उन पलों में वे दक्षिण अफ़्रीका के डरबन के घर में बीता एक दृश्य देखने लगे। आँखों से मोती की बूँदें टपकाती, हाथ में पेशाब का बर्तन उठाये, लाल आँखों से उन्हें उलाहना देकर सीढ़ियाँ उतरती कस्तूर का चित्र उनकी आँखों के सामने आ खड़ा हुआ। डरबन में उनके घर में एक मद्रासी ईसाई क्लर्क साथ रहता था। ईसाई बनने से पहले वह पंचम जाति का यानी शूद्र था। गांधी के लिए वह कुटुम्बी की तरह था। वे जानते थे कि कस्तूर को उसका पेशाब का बर्तन उठाना असह्य लगता था। कस्तूर का तमतमाया मुँह देख गांधी गुस्से से कह उठे, "यह कलह मेरे घर में नहीं चलेगा।" तब कस्तूर ने भड़ककर कहा, "तो अपना घर अपने पास रखो। मैं यह चली।" तब गांधी गुस्से से उसका हाथ पकड़कर बाहर निकालने दरवाज़े तक खींचकर ले गये थे। बाद में अपनी क्रूरता पर शर्मिन्दा ज़रूर हुए थे। सरला को क्या कहें? उसके पति पण्डित रामभज दत्त चौधरी की उदारता की आलोचना नहीं कर सकते। सरला को समझाने में उन्हें बखत लगेगा। गांधी देख पा रहे थे।

सरलादेवी ने गांधी को कुछ न कहते देख आगे कहना शुरू किया, "एक औरत को एक संस्कृति से निकालकर, शादी रचाकर दूसरी जगह कहीं दूर भेज देना वैसा ही है, जैसे एक फलते-फूलते पेड़ को कहीं और रोप देना। एक बार चौधरी जी की मौसी जन्माष्टमी के दिन सरला को लाहौर के मूलचन्द राय के कृष्ण मन्दिर में हिंडोला दिखाने ले गयीं। भारी भीड़ में पुरुषों से ठेला-ठेली कर औरतें बिना संकोच के ठाकुर के दर्शन कर रही थीं। आँगन में जहाँ दरी बिछाकर पुरुषों को बैठाया जा रहा था, वहाँ एक रागी राग में आलाप कर रहा था,

किन्तु किसे फ़ुरसत की कोई कुछ सुने? सब एक-दूसरे को पुकार रहे थे... 'नी सरस्वतीए'...'नी लीलो'...'बे सुन्दरा'...'भाई मन्ने नू पानी पिला!' कहाँ थी इस भीड़ में भक्ति की गम्भीरता और शोभनता? सरला को ठाकुरबाड़ी का माघ-महोत्सव याद आया। वहाँ आनेवालों का निःशब्द मौन याद आया। ब्रह्म संगीत का अन्तर्तम तक पहुँचने वाला माधुर्य और गाम्भीर्य याद आया।

यह सही है कि पण्डित रामभज दत्त चौधरी के साथ सरला को कन्धे से कन्धा मिलाकर काम करने का मौक़ा मिला। आर्यसमाज की सभाओं में, 'हिन्दुस्तान' अख़बार के सम्पादन में, कांग्रेस के अधिवेशनों में दोनों की भागीदारी एक साथ रही, किन्तु सरला ने देखा कि बहुत बार उसे सभाओं में चुप रह जाना पड़ता था ताकि लोगों को उसका बोलना न अखरे। औरतों की प्रतिभा को सब जगह कुण्ठित किया जाता है। जन्म से ही उन्हें ऐसे मन्त्र से हिन्दू माँ-बाप बाँध देते हैं कि कभी उस मन्त्र के झूठ का तिरस्कार करने का उनका साहस नहीं होता। अपने को तुच्छ और मूर्ख समझकर जीते हुए वे सच में वही हो जाती हैं। सरला पंजाब की औरतों की आँखों में सपने देखना चाहती थी-पढ़कर कुछ बनने का सपना। जिस दिन सरला ने उनके मुँह से यह गाना सुना, उसकी आँखों में खुशी के आँसू भर आये...

मैंनूँ बी.ए. पढ़ना माँ ए,
मैंनूँ सरलादेवी बनना माँ ए।

सरला ने शादी के पाँच साल बाद इलाहाबाद के कांग्रेस अधिवेशन में 'भारत स्त्री महामण्डल' की शुरुआत की। क्रिश्चियन औरतों की संस्था वाई.डब्ल्यू.सी.ए. की तरह सरला हिन्दुस्तान की तमाम औरतों को एक विराट् बहनापे में नारी-कल्याण और शिक्षा के अधिकार के प्रति सचेत करना चाहती थी। सरला को लगा कि पुरुषों की संस्थाओं से जुड़कर नहीं, बल्कि औरतों की एक स्वतन्त्र संस्था से ही यह हासिल होगा। 'मनुस्मृति' लिखकर मनु ने औरतों को जीवन भर के लिए पिता-पति-पुत्र किसी न किसी पुरुष के अधीन रख दिया है। जो पुरुष अपने भाषण में औरतों की आज़ादी और समान अधिकार देने की बातें करने के शौक़ीन होते हैं, वे भी हक़ीक़त में मनुवादी ही होते हैं।

•••

सरलादेवी ने आँखें उठाकर गांधी की ओर देखा। गांधी मुस्करा रहे थे। 'शौक़ीन?' गांधी ने सरला का शब्द दोहराया। गांधी भारत की तेजस्विनी नारियों में सीता,

द्रौपदी, दमयन्ती को गिनाते रहे हैं। 'मनुस्मृति' के नियमों को भूल बताते रहे हैं। सरला के शब्द जैसे खुद उन्हें ही चुनौती दे रहे थे। सरला ने इस तनाव को महसूस किया। वह धीमे स्वर में आगे कहने लगी...

●●●

''सरला को मालूम था कि औरत को तभी आज़ादी मिलेगी जब वह शिक्षित होगी। 'भारत स्त्री महामण्डल' का लक्ष्य साफ़ था। घरों के अन्दर बन्द औरतों को जाकर पढ़ाने के लिए घर-घर जाकर पढ़ानेवाली शिक्षिकाएँ तैयार करनी होंगी। उन्हें किताबें देनी होंगी। हाथ से बनाये उनके सामान को बेचकर उनकी कमाई का रास्ता बनाना होगा। उनमें आत्मसम्मान जगाना होगा, ताकि वे समाज का नेतृत्व करने आगे आ सकें। औरतों के किसी लिबास में जेब नहीं होती क्योंकि औरत हमेशा ख़ाली हाथ रहती है। पति की जेब में ही सब कुछ भरा रहता है। औरत की सेहत पर भी उसकी आर्थिक गुलामी के कारण कोई ध्यान नहीं देता। वे यूँ ही खटती-मरती रहती हैं और बच्चे पैदा करती-करती एक दिन मर-खप जाती हैं। इन सब सवालों को उठाने और सुलझाने के लिए 'भारत स्त्री महामण्डल' की शाखाएँ लाहौर, कराची, दिल्ली से इलाहाबाद, कानपुर, हज़ारीबाग़, कलकत्ता और हैदराबाद तक खोली गयीं।''

सरलादेवी ने देखा कि गांधी कुछ कहना चाह रहे थे। वे रुक गयीं। गांधी ने कहा, "दक्षिण अफ़्रीका के जोहांसबर्ग में मेरे यूरोपियन मित्र हेनरी पोलक और उनकी पत्नी मीली शादी करने के बाद मेरे घर में रहने लगे थे। मीली ने कुछ दिन बाद मुझसे कहा–भारतीय पुरुषों को आराम का वक़्त मिलता है, पर औरतों को काम से एक घड़ी मरने की भी फ़ुरसत नहीं मिलती। वे पुरुषों की दासी मात्र हैं । उनका अपना स्वतन्त्र अस्तित्व ही नहीं है। मैंने कहा कि वह ग़लत सोचती है। हमने स्त्री को पूजा की देवी बनाया है। मैंने सत्यवान-सावित्री की कहानी उसे सुनायी कि किस गहरे प्रेम, बुद्धि, धीरज और अपार साहस से सावित्री ने यम से अपने पति को छुड़ाया था। तब मीली ने कहा–अच्छा! तो पति की सेवा में उसे यम से भी लड़ना होता है! आपकी कहानी तो मेरी बात को प्रमाणित ही करती है।"

सरलादेवी हँस पड़ीं। गांधी भी तो उसी समाज के अंग रहे हैं जो सीता और सावित्री के त्याग की कहानियों के ज़रिये औरत को कभी अपने लिए जीने का सोच ही नहीं बनाने देता। वैसे खुद सरलादेवी क्या ब्रिटिश यमराज

से पति को बचाने की लड़ाई नहीं लड़ रही हैं? इन छह महीनों में दर-दर अपील की, वकीलों के आगे गिड़गिड़ायीं, अंग्रेज़ों में जिनसे दोस्ती थी, उनसे पति को छुड़ाने का रास्ता पूछा, कितनी दरख़ास्तें लिखीं। कोई रास्ता नहीं निकला है अभी तक। पर अगर सरलादेवी ख़ुद पढ़ी-लिखी न होतीं, तो क्या यह सब कर सकती थीं?

लोग डरते हैं कि शिक्षित होकर औरतें बेक़ाबू हो जायेंगी और समाज का ढाँचा बिखर जायेगा। उन्हें दिखना चाहिए कि एक शिक्षित औरत पुरुष को कितना सहारा देती है? क्या एक सरलादेवी का ही उदाहरण काफ़ी नहीं? पर आलम यह है कि सरलादेवी को बार-बार स्त्री-शिक्षा के विरोधियों को भरोसा देना पड़ता है कि शिक्षित माता ही वीर योद्धाओं और देशसेवकों की प्रेरणा बन सकेगी। कहना पड़ता है कि वह अपने पति की आज्ञानुसार चलेगी और पति का नैतिक बल बढ़ायेगी।

गांधी सरला को जैसे उसी के मन की बात बोल पड़े, "तुम भी तो सावित्री की तरह पण्डित रामभज दत्त को जेल से छुड़वाने में लगी हो। मैंने सुना कि नामी वकील सर मोहम्मद शफ़ी, जो इम्पीरियल काउंसिल के मेम्बर हैं, से तुमने पण्डित जी का केस लेने की दरख़ास्त की है।" सरला ने हामी भरते हुए कहा, "वे चौधरी जी के पुराने दोस्त ठहरे। मैं जब शादी कर लाहौर पहुँची थी, तो उनकी ही गाड़ी में स्टेशन से बैठकर ससुराल गयी थी।" गांधी ने मुस्कराते हुए कहा, "मुझे अमृतसर में मिलने आयी एक औरत ने बताया था कि तुमने पंजाबी औरतों को रवीन्द्रनाथ के 'एकला चोलो रे' गीत का पंजाबी अनुवाद कर गाना सिखाया है। सरला, तुममें सचमुच अकेले चलने की शक्ति है!"

सरला की आँखें झुक गयीं। उसने अपने मन की तरंग को छिपाने के लिए कहा, "वैसे पंजाब में औरतें बंगाल से ज़्यादा आज़ादी से सड़कों और मन्दिरों में चलती दिखायी पड़ती हैं। मुझे लगता है, यहाँ बस एक बंकिमचन्द्र जैसे लेखक की प्रतीक्षा है!" गांधी ने हँसते हुए कहा, "जो देवी चौधरानी जैसा पात्र गढ़े? मैंने यह भी सुना है कि तुमने बहुत-सी पंजाबी औरतों को साड़ी पहनना सिखाया है।" सरला ने मुस्कराकर कहा, "मैं यहाँ आयी तो मुझे लगता था पंजाबी औरतों की वेशभूषा किसी नाटक की सज्जा जैसी है। जरी से जड़ा घाघरा, कुर्ता, ओढ़नी, गोटा-सलमा की किनारी, सब एकदम झकमक-झकमक। बंगाल में इनसे कितने ही नाटकों की वेशभूषा का सरंजाम हो जाये! अब आप आराम कीजिए। मेरे पंजाब आने और 'भारत स्त्री महामण्डल' बनाने की कथा पूरी हुई।"

गांधी ने सरला से मज़ाक़ करते हुए पूछा, ''भारत स्त्री महामण्डल में कोई पुरुष तो सदस्य नहीं बन सकता न?'' सरला खिलखिला उठी। "नहीं, नहीं। मैंने तो कहा था इस देश में औरतों की समस्या पुरुषों की भी समस्या है। हमें राममोहन राय, विद्यासागर, शिवनाथ शास्त्री जैसे सहृदय, संवेदनशील संरक्षकों की सूची में और नाम चाहिए जो औरतों के प्रति गहरा सम्मान और उदारता रखते हों।"

गांधी मौन रहकर सोचते रहे। सरला को क्या कहें? ब्रह्मचर्य लेने के बाद ही स्त्री को पुरुष एक सखी-सहचरी और बराबर के इन्सान के रूप में देख पाता है। ब्रह्मचर्य का महत्त्व सरला को बांद में समझाना होगा। गांधी ने कहा, "औरतों में कष्ट सहने की क्षमता अधिक है। वे सत्याग्रह को सही नेतृत्व दे सकती हैं। उनमें न बुद्धि पुरुषों से कम है और न काम करने की क़ाबिलियत। स्त्रियों को राजनीति में आकर समाज को बदलने की पहल करनी होगी। चम्पारण सत्याग्रह के समय मेरी पत्नी कस्तूर ने वहाँ गाँव के लोगों को सफ़ाई और स्वास्थ्य के नियमों को सिखाने का अच्छा काम किया था।"

सरला ने कहा, "कस्तूरबाई दक्षिण अफ़्रीका में जेल भी गयी थीं न?" गांधी ने कहा, "हाँ, बिलकुल स्व-इच्छा से गयी थी। तुमने 'मनुस्मृति' का ज़िक्र किया था। मेरा मत है कि पुरानी स्मृतियों में औरतों को 'मनुस्मृति' की तरह अबला और असहाय नहीं बताया गया है। पुरुष की मुक्ति तब होगी जब औरतें हमारे लिए वैसी हों जैसी देवी उमा शिव के लिए थी, सीता राम के लिए थी, दमयन्ती नल के लिए थी...जब वे हर निर्णय में भागीदार होंगी और हमसे बहस करेंगी।" गांधी ने मज़ाक़ करते हुए कहा, "वैसे देखो तो, स्वदेशी की सौगन्ध लेना और पुरुषों को लेने के लिए मजबूर करना तुम स्त्रियों के हाथों में ही है। तुम्हारा क्या ख़याल है? तुम कहोगी, तो पण्डित रामभज दत्त चौधरी क्या तुम्हारी हर बात नहीं मान लेंगे?"

दोनों एक साथ हँस पड़े। यह एक साथ हँसने का आनन्द बतरस के आनन्द को कितने ही गुणा बढ़ा देता है।

●●●

जेल में बन्द नेताओं को सरकार ने 'हंटर कमीशन' के सामने गवाही देने के लिए पेरोल पर भी रिहा करने से मना कर दिया है। इसलिए अब 'हंटर कमीशन' का बहिष्कार करना पूरी तरह तय है। सरलादेवी के मन में जगी आस कि पति छूट जायेंगे, फिर धुँधली हो गयी है। दिल पर जैसे एक पत्थर रखा रहता है।

अंग्रेज़ों के प्रति नफ़रत मन में सुलगती रहती है। पहले जलियाँवाला हत्याकाण्ड किया। फिर बेक़सूर नेताओं को जेल में ठूँस दिया कि कोई विद्रोह न हो। पर गांधी कहते हैं कि अगर अंग्रेज़ों में एक भी एंड्रूज है, तो हम उनसे नफ़रत नहीं कर सकते। एंड्रूज का अंग्रेज़ों के प्रति भाव वैसा ही है जैसा भक्त प्रह्लाद का अपने पिता के प्रति था। हमें उनके प्रेम को अपनाना चाहिए, क्योंकि वह अन्धा प्रेम न होकर ज्ञान से उपजा प्रेम है।

सरलादेवी सोचती हैं, जलियाँवाला बाग़ जैसा हत्याकाण्ड हुए छह महीने हुए हैं। अंग्रेज़ सैनिक लोगों को जब-तब लात-घूँसे मारते हैं, गालियाँ देते हैं, धक्के देते हैं, उनके व्यापारी देश को लूटकर नंगा कर रहे हैं, तब अंग्रेज़ों से प्रेम कोई कैसे कर सकता है? कल गांधी से इस बात पर उनकी बहस हो चुकी है। गांधी ने अगले भाषण में सरलादेवी की आपत्ति का मानो जवाब देते हुए कहा, "एंड्रूज अपने देश के लिए प्रायश्चित्त कर रहे हैं। तपस्या कर रहे हैं। एक एंड्रूज का होना ही काफ़ी है, अंग्रेज़ों से प्रेम सीखने के लिए।" सरलादेवी सोचती हैं, जाने गांधी किस मिट्टी के बने हैं। पर असली सवाल तो यह है कि कितने लोगों को गांधी अपने जैसा बना पायेंगे?

गांधी सरकार के अत्याचारों की गवाही बटोरने गुजराँवाला होकर वापस लाहौर लौट आये। वे खुद कह रहे हैं कि पंजाब में अंग्रेज़ों ने अपने ख़िलाफ़ हुई कुछ हिंसक घटनाओं का बदला लेने में क्रूरता की हद पार कर दी। गांधी पंजाब के वज़ीराबाद, निज़ामाबाद, अकालगढ़, रामनगर और न जाने कितने सूबों में जाकर लोगों से बातचीत कर रपट तैयार कर रहे हैं। हर जगह ऐसे ही अत्याचारों की गाथाएँ हैं। जिन औरतों के पति या बेटे जेल में हैं, वे गांधी के सामने ज़ार-ज़ार रोती हैं। गांधी उन्हें एक ही बात कहते हैं, "दुखी न होकर आप सेवा में लग जाइए। सरलादेवी को देखिए, किस बहादुरी से वे मुसीबत का सामना कर रही हैं?"

सरलादेवी अक्सर गांधी के साथ लाहौर की सभाओं में जाती हैं। गांधी हर जगह सरलादेवी के बचपन से स्वदेशी से जुड़े होने का बात बताते हैं। उनकी साड़ी पर लगे ब्रूच की कहानी कहते हैं। कभी कहते हैं कि सरलादेवी का विशद ज्ञान और उनकी देशसेवा की लगन अपूर्व है। कभी उनकी मेहमाँनवाज़ी की तारीफ़ करते हैं। उनकी पंजाबी में बात करने की क्षमता पर मुग्ध होते हैं। कभी सरलादेवी को पंजाबी में 'एकला चलो रे' गाने के लिए कहते हैं।

सरलादेवी गांधी के प्रति हज़ारों लोगों के प्रेम और उत्साह को देखकर चकित हैं। गांधी बोलते हुए जल्दी ही थक जाते हैं। औरतों की सभा में हर बार दो मिनट खुद बोलकर सरलादेवी को भाषण देने को बोलते हैं। सरला के भाषण देने की क्षमता पर बेहद प्रसन्न होते हैं। मज़ाक़ में कहते हैं, तुम तो मुर्दे को भी जगा सकती हो। सरलादेवी को सभाओं में लोग 'माताजी-माताजी' कहकर पुकारते हैं। सरला का मन इस आदर से अभिभूत है।

सरलादेवी गांधी की बातें पंजाबी में अनुवाद कर बोलती हैं। गांधी चकित होकर कहते हैं कि सरला की धाराप्रवाह पंजाबी को सुन कौन मानेगा कि वह बंगाल की लड़की है। गांधी कहते हैं, "सरला, तुम्हारे साथ रहने से औरतों की संख्या सभाओं में बढ़ती जा रही है।" गांधी की गोद में औरतें सूत के गोले फेंक देती हैं। उन्हें फूलों की माला की जगह सूत की माला पहनायी जाती है। गांधी सूत की मालाएँ सरला को थमाते हुए कहते हैं, ''गुजरात की औरतों को पंजाबिनों से सीख लेकर चरख़ा फिर चलाना शुरू करना चाहिए। सबको सिर्फ़ इसी सूत का बुना कपड़ा पहनना चाहिए। स्वदेशी से ही स्वराज मिलेगा।'' सब कुछ सुनते और दोहराते कई सवाल सरला के मन को मथते रहते हैं। उसे गांधी से अपने मन की बात पूछनी है—लेकिन स्वराज क्या सिर्फ़ पुरुषों को मिलेगा? चरख़ा कातनेवाली अशिक्षित औरतों की स्वराज में क्या हिस्सेदारी होगी? सरला ने एक दिन मौक़ा देख गांधी से कहा, "दो साल पहले मैं सरोजिनी नायडू के साथ 'मोंटेगू-चेम्सफ़ोर्ड सुधार आयोग' से मिली थी। मैंने माँग की थी कि औरतों को वोट का अधिकार मिलने से पहले उनकी शिक्षा की व्यवस्था हो। भला एक अनपढ़ औरत को क्या पता कि किसे वोट डालना चाहिए?"

गांधी जवाब में कहते हैं—मोंटेगू-चेम्सफ़ोर्ड वोट का अधिकार स्त्री-पुरुषों को भले दिलवा दें, पर सभी को असली स्वराज खादी से ही मिलेगा। देश का दसवाँ हिस्सा भूखों मर रहा है, मध्यवित्त तक आधे पेट खाते हैं, बच्चों को दूध नहीं मिलता। अगर हर मर्द अपनी औरत को एक चरख़ा दे और उसे सूत कातना सीखने दे, तो हालात तुरन्त ठीक हो सकते हैं। विदेश जाता साठ करोड़ रुपया देश के ग़रीबों को मिल जायेगा। 'चप्पा-चप्पा चरख़ा चले'—इसी क्रान्ति से स्वराज का रास्ता स्त्रियों के लिए भी निकलेगा। सरलादेवी को गांधी का तर्क समझ में आता है कि स्वदेशी में औरतों की हिस्सेदारी से जो आर्थिक फ़ायदा होगा, उससे परिवार में उनका सम्मान बढ़ेगा, पर औरतों की शिक्षा की बात गांधी के लिए मानो ज़रूरी मुद्दा नहीं है।

गांधी की सभाओं में सचमुच औरतों की संख्या बढ़ती जा रही है। सरलादेवी के भाषण के बाद लाहौर, सियालकोट, अमृतसर, लुधियाना की सभाओं में सैकड़ों औरतें चरख़ा कातने और सिर्फ़ खादी पहनने की सौगन्ध ले रही हैं। एक जगह तो हज़ार से ऊपर औरतों ने खादी पहनने की क़सम ली। गांधी यह देख चकित होकर कह उठे, "तुम सचमुच शक्ति हो, सरला!"

●●●

गांधी के रहते ज़िन्दगी कीं रेलगाड़ी इतनी तेज़ रफ़्तार से चल रही है कि कुछ ठहरकर देखने-सोचने का समय ही नहीं है। सरलादेवी गहरी थकान के साथ जल्दी सो जाती हैं, पर तीन बजे अँधेरे में उनकी आँख खुल जाती है। जिस औरत का पति कड़ाके की सर्दी में जेल की ठण्डी ज़मीन पर ठिठुर रहा हो, उसे नींद कैसे आये, वे सोचती हैं। शादी के बाद से अब तक के जीवन के पन्ने बार-बार खुलते और बन्द होते हैं। चौधरी जी ने पहले स्पर्श से लेकर हर जगह सरला की मन-मर्ज़ी का सम्मान किया है। जोड़ासांको के टैगोर परिवार की नातिन के पति होने पर फ़ख़्र महसूस करते रहे हैं।

सरलादेवी के मन में पति को लेकर गांधी को कही गयी बातें याद कर पश्चात्ताप-सा हो रहा है। चौधरी जी से शिकायत के मौक़े नहीं रहे, यह तो नहीं कह सकतीं, पर सरलादेवी की स्वतन्त्रता में उन्होंने कभी बाधा नहीं डाली। बदले में सरलादेवी ने उनके परिवार–माँ, दो-दो सौतेले पुत्रों और रिश्तेदारों को प्रेमपूर्वक निभाया है। सब कहते हैं कि उन दोनों की जोड़ी विधाता ने सोच-समझकर बनायी है। दोनों के मन में देशसेवा की आग समान रूप से जलती है। सरला के पिता जानकीनाथ घोषाल ने कांग्रेस के अधिवेशनों में रामभज दत्त चौधरी में यही गुण देखकर सरला से उनके विवाह का मन बनाया होगा। उन्होंने आर्यसमाजी दामाद का ब्रह्मसमाज के आधुनिक विचारों से मेल भी देखा होगा।

आर्यसमाज के जलसों में स्त्री-शिक्षा और समाज-सुधार के मुद्दों पर बोलने के लिए सरला की हमेशा पूछ रहती। हर जगह दोनों साथ जाते। लाहौर में अखाड़ा खोलने का सरला का मन देखकर पति ने पूरी मदद की। सरला की शादी के दो साल बाद उनके उर्दू अख़बार 'हिन्दुस्तान' में पत्रकार सूफ़ी अम्बाप्रसाद को जेल से छूटते ही सम्पादक बनाने की पति की हिम्मत पर सरला कितना रीझी थी। सात साल पहले लॉर्ड हार्डिंग पर बम फेंककर फाँसी पर चढ़नेवाले अमीरचन्द जैसे कितने क्रान्तिकारी उनके घर शरण और मदद पाते थे।

भगत सिंह के चाचा सरदार अजीत सिंह लाहौर के मुजांग रोड पर उनके पड़ोसी और गहरे मित्र थे। वे सूफ़ी अम्बाप्रसाद के साथ ही ईरान भागकर वहाँ से विद्रोह का रास्ता निकालने में लग गये थे।

लाला लाजपत राय से उनकी दोस्ती के कारण सरकार को यह सन्देह हो चला था कि रामभज दत्त चौधरी अमेरिका के पंजाबियों की ग़दर पार्टी से जुड़े हैं। रामभज दत्त की पत्नी सहित गिरफ़्तारी की बात हवा में थी। डिप्टी कमिश्नर बटलर कलकत्ता से टैगोर परिवार की सरला को जानते थे। उन्होंने एक दिन रामभज को बुलाकर कहा, "मैं चेतावनी दे रहा हूँ कि आपकी पत्नी जैसी सम्भ्रान्त महिला के ख़िलाफ़ कोई क़दम उठाने का कारण न बने।" रामभज पर इस बात से कोई फ़र्क़ नहीं पड़ा था, पर उन दिनों रामभज के क्रान्तिकारी मित्रों को लगने लगा था कि उन दोनों पति-पत्नी ने अंग्रेज़ों के प्रति नरम रुख़ अपना लिया है।

बंगभंग के 1911 में रद्द किये जाने पर सरला अपने लेखों में सरकार के प्रति कृतज्ञता ज़ाहिर कर रही थी। इसी साल उसने इंग्लैंड के नये राजा-रानी के अभिषेक के उपलक्ष्य में लाहौर में 'भारत स्त्री महामण्डल' की तीन हज़ार औरतों का समारोह किया। 'दिल्ली दरबार' में पुत्र के साथ भाग लेकर उसका वर्णन भी पत्रिकाओं में किया। कांग्रेस ने अपने अधिवेशन में नये सम्राट् का अभिनन्दन करने का निश्चय किया था। रामभज ने उसके लिए 'बादशाह हमारा' नाम से एक गीत लिखा। प्रथम विश्वयुद्ध के बाद अंग्रेज़ी सरकार खुश होकर होमरूल दे देगी, इस आशा से सरला ने बंगाल रेजिमेंट में शामिल होने के लिए युवकों का आह्वान किया था। इसके लिए सरला को सरकार से 'क़ैसर-ए-हिन्द' का तमगा मिला। बंगाल रेजिमेंट की ट्रेनिंग लाहौर के पास नौशेरा में होती थी। सरला खुद लाहौर स्टेशन से बंगाल रेजिमेंट के सिपाहियों को अपने घर लाकर उनकी ख़ातिर करती। सरला ने उनके लिए गीत लिखा–'बंगाली सिपाहिरा, आमार माणिक भाईरा।'

लोग कुछ भी सोच रहे हों कि उनमें अंग्रेज़ों के प्रति राजभक्ति जाग गयी है, पर रामभज और सरला के मन में ये सब अंग्रेज़ों के उन पर सन्देह को ख़ारिज करने की तरक़ीबें थीं। सरला के मामा सत्येन्द्रनाथ रिटायर हो चुके थे, पर भाई ज्योत्स्नानाथ डिस्ट्रिक्ट कलेक्टर के पद पर थे। इन सूत्रों का फ़ायदा लेते सरला अंग्रेज़ों की पार्टियों में बराबर हिस्सा लेती रही ताकि सरकार को उस पर नज़रबन्दी रखने में ऊहापोह और परेशानी होती रहे। पर रॉलेट ऐक्ट आने पर ब्रिटिश सरकार से कोई उम्मीद की खुरचन भी नहीं बची थी।

विश्वयुद्ध में भाग लेने का ऐसा बेमुरव्वत तोहफ़ा मिलने पर अब ज़बरदस्त विरोध ही एकमात्र रास्ता था।

सरला का दिल गर्व से भर उठता है जब रामभज दत्त चौधरी का 6 अप्रैल को लाहौर के ब्रेडले हॉल में दिया गया भाषण याद आता है। उसी सप्ताह लाहौर क़िले के सामने तीन विशाल गुम्बद और आठ मीनारों वाली बादशाही मस्जिद में उन्होंने पच्चीस हज़ार लोगों के सामने सरकार को चुनौती देकर कहा था, "हमारी तकलीफ़ें दूर करो वरना हम अपनी दुकानें बन्द कर देंगे, व्यापार बन्द कर देंगे और भूखे मर जायेंगे।" यह कहने के लिए दंगे करवाने का आरोप लगा जलियाँवाला काण्ड के अगले दिन उन्हें गिरफ़्तार कर डेरा ग़ाज़ी ख़ान जेल में भेज दिया गया। डिफ़ेंस ऑफ़ इंडिया ऐक्ट के तहत आजीवन कारावास और उनकी सारी सम्पत्ति को ज़ब्त करने का आदेश दिया गया। गांधी ने 'यंग इंडिया' में रामभज दत्त के इस कथन का समर्थन करते हुए लिखा था कि रामभज दत्त चौधरी के इस कथन को हज़ारों मंच से दोहराया जायेगा जब जनता सत्याग्रह शुरू करेगी। ऐसे पति पर कौन औरत फ़ख़्र न करेगी–सरला ने मुस्कराते हुए बग़ल में सोये बेटे दीपक के सिर पर हाथ फिराते हुए सोचा।

•••

रामभज दत्त चौधरी को गांधी के लाहौर आने के दो महीने बाद सेक्रेटरी ऑफ़ स्टेट मोंटेगू ने पंजाब का माहौल सुधारने के लिए रिहा कर दिया। "सरला, आज तुम्हारे चेहरे से चिन्ता की सारी रेखाएँ मिट गयी हैं", गांधी ने सरला को छेड़ते हुए कहा, "आज तो तुम्हारा चेहरा ख़ुशी से दमक रहा है।" रामभज दत्त हँस पड़े थे, "मेरी बीबी तो पंजाब की शेरनी है। इसके चेहरे पर चिन्ता का क्या काम?"

उसी साल कांग्रेस के अमृतसर के दिसम्बर अधिवेशन में रामभज दत्त चौधरी शामिल हुए। वहाँ नेताओं में मतभेद हुआ। शुरू में रामभज दत्त चौधरी गांधी के विरुद्ध चित्तरंजन दास और तिलक के ख़ेमे के समर्थन में थे। गांधी कह रहे थे कि अंग्रेज़ों के नये 'गवर्नमेंट ऑफ़ इंडिया' ऐक्ट 1919 को 'निराशाजनक' बताना ठीक नहीं है। अंग्रेज़ों से इसमें सहयोग किया जाना चाहिए। दूसरा ख़ेमा नये ऐक्ट के विरोध में था। यह सरला का पति को मनाने का ही करतब था कि पण्डित रामभज दत्त चौधरी ने बीच में पड़कर गांधी और दूसरे ख़ेमे में सुलह करा दी। सरला ने कहा, "चौधरी जी! इसी ऐक्ट के चलते पंजाब का माहौल सुधारने के लिए आपको रिहाई मिली है

वरना सोचिए, आपको कालापानी भेज दिया जाता तो?" रामभज ने कांग्रेस के दोनों पक्षों को मना लिया था कि वे शब्दों को लेकर आपस में मतभेद न करें।

सरला ने अपने पुत्र दीपक को साबरमती आश्रम भेजने के लिए भी पति को मना लिया था। रामभज उसे वहाँ भेजने के पक्ष में नहीं थे। सरला की सास भी दीपक को साबरमती भेजने के बिलकुल ख़िलाफ़ थीं। गांधी इस तनाव के मूक दर्शक थे। रामभज ने अन्तत: पत्नी की इच्छा के आगे हथियार डाल दिये थे। पंजाब से पूरे दो महीने बाद विदाई लेते हुए गांधी ने हँसकर सरला से कहा, "आज तक मेरे घर में भी कस्तूर की मर्ज़ी से ही सब कुछ होता आया है।" सरला का भी हँसते हुए दन से जवाब आया था, "सारे पुरुषवादी सोच वाले लोग मज़ाक़ में ऐसा ही कहते रहते हैं जैसे कि, मैं घर का मालिक हूँ क्योंकि मेरी पत्नी ने मुझे ऐसा कहने की अनुमति दे रखी है।"

दोनों साथ हँस पड़े थे।

6

'तुम गांधी का तोता बन गयी हो, सरला!'

सरलादेवी अन्दर से एकदम ख़ाली हो गयी हैं मानो उनके अन्दर दिल-जिगर-गुर्दा न होकर हवा भर गयी हो। चलती हैं तो लगता है, हवा में तैर रही हैं। खाने बैठती हैं तो गले में जैसे कुछ अटक जाता है। हर जगह उन्हें अपना बेटा दीपक नज़र आता है। कहें भी कुछ तो किससे कहें? सास दीपक को साबरमती भेजने के कारण पहले ही मुँह फुलाये बैठी हैं। रामभज दत्त चौधरी जेल से आने के बाद कमज़ोर-से हो गये हैं। उन्होंने सरला जैसी पढ़ी-लिखी, देशप्रेमी, साहसी महिला से शादी की थी, तभी सोच लिया था कि उसे किसी काम से रोकेंगे नहीं। दीपक को इसीलिए जाने से नहीं रोका था। देख रहे हैं कि सरला बेटे के वियोग में किस क़दर सिकुड़ती जा रही है। अमृतसर कांग्रेस का अधिवेशन पहली जनवरी, उन्नीस सौ बीस को ख़त्म हुआ। उसी सप्ताह वे लोग दीपक के साथ साबरमती के लिए निकल गये थे। जब तक दीपक को छोड़कर लौटे नहीं थे, तब तक शायद सरला को मालूम नहीं था कि दीपक के बिना जीना उसके लिए किस क़दर कठिन होगा।

रामभज देख रहे हैं कि सरला की हर बात में गांधी का ज़िक्र होता है। खाने की बात हो तो गांधी का फलाहार, कपड़ों की बात हो तो गांधी का चरख़ा। एक सप्ताह के बाद एक बार उन्होंने टोक दिया, "लगता है, तुम गांधी का तोता बन गयी हो, सरला! उनकी हर बात दोहराती रहती हो।" सरला चौंक गयी थी। उसके बाद एक-दो दिन तक उसकी बातों से गांधी ग़ायब रहे। दो दिन बाद शायद सरला ने निश्चय किया कि इस तरह अपने सोच और बोली पर वह किसी का दबाव नहीं सहेगी। वह फिर उन्हें गांधी की बातें बताने लगी। चरख़ा-सत्याग्रह-अहिंसा-सादा जीवन-फलाहार-ब्रह्मचर्य वग़ैरह-वग़ैरह।

रामभज सरला की बातों से कभी-कभी कुछ घुटन-सी महसूस करते हैं, ख़ासकर ब्रह्मचर्य की बात से उन्हें खीझ होती है। देख रहे हैं कि सरला बहुत देर रात तक लिखती-पढ़ती रहती है। उनके गहरी नींद में जाने के बाद ही सोने आती है। सुबह कितनी भी जल्दी नींद खुले, देखते हैं कि सरला बग़ल में नहीं है। तो अब क्या रामभज दत्त चौधरी को भी मजबूरन ब्रह्मचारी बनना होगा?

एक दिन सुबह नींद खुली तो रामभज दत्त लेटे-लेटे माँ की बात पर सोचते रहे। माँ ने देखा है कि सरला कैसे बेटे के वियोग में घुल रही है। "पुत्तर! पेट की आग ऐसी ही होती है। जिसे पेट से जनम दिया, उसके बिना खाना-पीना छूट जाता है। तू जेल गया तो मेरा ऐसा ही हाल न हुआ? सरला ने तेरे लिए बेहद दौड़-भाग की, पर खाना तो न छूटा। कहते ही हैं न, पेट की आग जैसी सिन्दूर की आग हो जाये तो औरत सौ ख़सम करे। और देख पुत्तर! वो गांधी होगा महात्मा-ब्रह्मचारी, पर हमें न जँचा। महात्माओं का गिरहस्थी में क्या काम? उसके खाने-पीने के लिए सरला ने जो किया, सो तो अपने बेटे के लिए तक कभी न किया। बकरी का दूध तो बकरी का दूध। फल हो तो फल। साबूदाना तो साबूदाना। खाने-पीने के इतने चोंचले तो कहाँ के महात्मा हुए? और वे दीपक को क्या बकरी के दूध पर शेर बनायेंगे?"

रामभज दत्त हँस पड़े थे। माँ को क्या समझायें? गांधी के प्रति रामभज के मन में गहरी श्रद्धा है। उनका सौभाग्य है कि गांधी उनके घर मेहमान बनकर आये। सरला ने उन्हें कोई तकलीफ़ नहीं होने दी, इसके पीछे उसका बचपन से पाया सुन्दर संस्कार है। अतिथि देवता होता है और वह भी ऐसा अतिथि तो साक्षात् देवता है। इंग्लैंड में पढ़े हुए वकील ने सारी सम्पत्ति-जायदाद त्याग दी। अपना पेशा छोड़कर देश की सेवा में लग गये। पहले सूट-बूट की फ़ोटो से अभी के सीधे-सादे पहनावे की तुलना करें तो पहचान में ही न आयें। ऐसा त्यागी तो कोई सन्त-महात्मा भी नहीं होता। लोग साधु बनकर घर भले ही त्याग दें, आश्रमों के चौकीदार होकर रह जाते हैं। महामण्डलेश्वर बनने के लिए ख़ून-ख़राबे तक कर लेते हैं।

भले ही रामभज दत्त ने गुरदासपुर में अछूतों के उद्धार के लिए बहुत काम किया है, पर गांधी तो अछूत को घर में रखकर ख़ुद उसकी भी सेवा कर सकते हैं। माँ को बस इतना ही कह पाये रामभज, "माँ, वह कोई साधारण, महात्मा नहीं है। वैसा नहीं, जैसे भगवा कपड़े पहन लोग दुनिया के लिए और ख़ुद के लिए बन जाते हैं। वह तो इस देश के उद्धार के लिए आया है।

वह न आता तो शायद अंग्रेज़ लोग मुझे हमेशा के लिए अण्डमान में कालापानी की सज़ा काटने भेज देते।" रामभज ने जान-बूझकर यह बात जोड़ दी, ताकि गांधी के प्रति माँ के भाव बदल जायें। गांधी 23 जनवरी को फिर लाहौर आनेवाले हैं। यह इस घर का सौभाग्य है, यह अहसास सबको होना चाहिए।

गांधी की कई बातें रामभज चौधरी के मिज़ाज के मुआफ़िक़ नहीं हैं। गांधी अमृतसर के कांग्रेस अधिवेशन में ब्रिटेन के सम्राट् को धन्यवाद देने का प्रस्ताव ले आये। वे कहते हैं कि भले ही लोगों को बेमतलब जेल में डाला गया, पर उन्हें छोड़ देना सम्राट् की सज्जनता है। नये क़ानून में पहले की तुलना में हिन्दुस्तानियों के प्रति उदारता है जिसके पीछे मोंटेग्यू और लॉर्ड सिन्हा की मेहनत है। इसलिए हमारा फ़र्ज़ बनता है कि कांग्रेस सम्राट् को धन्यवाद दे। रामभज का ख़ून खौलता है जब जलियाँवाला बाग़ के बारे में सोचते हैं। जेल में काटे आठ महीने की एक-एक घड़ी कैसे बीती, वे ही जानते हैं, पर आजीवन जेल में रहने की आशंका और अचानक रिहाई की राहत भी वे जानते हैं। इसलिए उन्होंने गांधी के इस प्रस्ताव के प्रति मन-ही-मन विरोध होते हुए भी कुछ नहीं कहा था।

गांधी के सत्याग्रह को पहले रामभज एक असम्भव कल्पना से अधिक नहीं मानते थे। पर जब गांधी कांग्रेस के अधिवेशन में बोल रहे थे, तो रामभज के अन्दर कुछ बदलने लगा। गांधी ने कहा कि अहमदाबाद, अमृतसर, गुजराँवाला और कितनी जगहों पर हिन्दुस्तानियों ने मकानों में आग लगायी, पुल जला डाले, रेल की पटरियाँ उखाड़ीं और तार काटे यानी हमने अपना ही घर जलाया। हम बुराई का बदला बुराई से नहीं ले सकते। इससे हमारी बुराई से लड़ने की ताक़त नहीं बचेगी। यदि 10 अप्रैल को ये ग़लतियाँ न की जातीं, तो तीन दिन बाद जलियाँवाला बाग़ में हज़ारों लोगों की जान नहीं जाती। बेक़सूर लोगों को जेल में न सड़ना पड़ता। यदि हम अपने लोगों की द्वारा की गयी हिंसा की निन्दा नहीं करते, तो जब हम स्वतन्त्र होंगे तब हम बर्बर लोगों के हाथों में होंगे। अपनी हिंसा को सही मानते हुए कि हमें उत्तेजित कर दिया गया था, हम जनरल डायर के ख़िलाफ़ कार्रवाई की माँग का नैतिक बल कहाँ से लायेंगे?

रामभज जेल से लौटने के बाद ऐसी थकान महसूस करते हैं मानो कोई अजीब-सी चीज़ आत्मा में घुसकर उसे खोखला कर गयी हो। हिंसा का परिणाम अधिक प्रबल हिंसा है, यह वे देख चुके हैं। फिर दुश्मन के पास तो हिंसा करने की अपरिमित ताक़त है। जलियाँवाला में बच्चों का मिट्टी

में मिला खून पूछता है, हमारे जीने का अधिकार क्यों छीन लिया गया? रामभज का दोस्त मोहनलाल और उसका ग्यारह साल का लड़का वैशाखी मेले से लौटते हुए वहाँ शहीद हो गये। ऐसा नहीं है कि रामभज पहले भी हिंसा के समर्थक रहे हों। भले ही क्रान्तिकारियों के साथ उनकी सहानुभूति रही हो और उनकी मदद करते आये हों, पर बीस साल पहले लाहौर कांग्रेस के अधिवेशन से लेकर आज तक कांग्रेस के हर अधिवेशन में सरकार के आगे लिखित प्रस्ताव ही पेश करते रहे हैं। गांधी की अहिंसा के प्रति दृढ़ता देखकर और मोहनलाल के बेटे की मौत की याद आने से रामभज को कुछ विश्वास होने लगा है कि सत्याग्रह का रास्ता सही है। देख रहे हैं कि सरला का झुकाव भी खादी, स्वदेशी, चरख़ा के प्रति बढ़ता जा रहा है। वह पंजाब में गाँव-गाँव घूमकर प्रचार करना चाहती है। आख़िर अंग्रेज़ व्यापार करने ही तो हिन्दुस्तान आये थे। स्वदेशी से उनके व्यापार को नष्ट कर स्वराज का रास्ता ज़रूर निकल सकता है।

अपने पुत्र दीपक के प्रति गांधी के स्नेह ने रामभज को मोह लिया है। गांधी ने उन्हें पत्र लिखा है जिसमें दीपक के बारे में ढेर सारी सूचनाएँ हैं—दीपक साबरमती के आश्रम में बहुत ख़ुश है। उसके लिए दूध की पूरी व्यवस्था है। उसका मनपसन्द भोजन उसे दिया जा रहा है। अपने मामा ज्योत्स्नानाथ घोषाल जो अहमदाबाद में डिस्ट्रिक्ट कलेक्टर हैं, से दीपक को हर रविवार को मिलने जाने की अनुमति है। उसको अंग्रेज़ी सिखाने की ज़िम्मेदारी मिस फेयरिंग को सौंपी गयी है। दीपक को मातृभाषा बांग्ला सिखाने के लिए आश्रम में मनिन्द्रनाथ मौजूद हैं। गांधी को मालूम है कि सरला के लिए दीपक से दूर रहना बहुत तकलीफ़देह है। इसलिए उन्होंने दीपक से अपनी माँ को रोज़ पत्र लिखने को कहा है। ख़ुद गांधी ने सरला को तक़रीबन रोज़ एक पत्र लिखने का वादा किया है। ऐसी सहृदयता कहाँ देखने को मिलती है?

सरला धीरे-धीरे बेटे से बिछड़ने की पीड़ा से उबर रही है। रामभज कुछ राहत से देखते हैं कि उसके दिमाग़ में चरख़ा और स्वदेशी के प्रचार के लिए नित नयी योजनाएँ आती रहती हैं। अक्सर उसे मेज़ पर बैठकर भाषण लिखते हुए देखते हैं। सरला जब मंच से बोलती है तो ख़ुद रामभज उसके ओज से प्रेरित हो जाते हैं। आर्यसमाज के भाषणों में भी पत्नी पर फ़ख़्र महसूस करते थे, पर अब तो सरला कोई और ही सरला हो गयी है। जाने चरख़े पर उसने कितने गीत लिख लिये हैं। जलियाँवाला बाग़ के बाद लोगों

का दु:ख, गुस्सा और अफ़सोस सरला के शब्दों से जैसे कपूर की तरह उड़ जाता है और चरख़ा चलाने, स्वदेशी पहनने के जोश में बदल जाता है। खुद गांधी ने साबरमती में रामभज से कहा कि सरला में भाषण देने की अद्‌भुत क्षमता है। उसकी प्रतिभा को किसी क़ीमत पर नष्ट नहीं होने देना है। गांधी ने साफ़ कहा कि सरला-रामभज की जोड़ी से देश को फ़ायदा उठाने का पूरा अधिकार है। सत्याग्रह और स्वदेशी के कार्यक्रमों को आगे ले जाने में उनकी बड़ी भूमिका होनी चाहिए।

गांधी ने सरला को लिखा है कि 23 जनवरी को उनके साथ उनका सबसे छोटा बेटा देवदास और उनका सेक्रेटरी मथुरादास लाहौर आयेंगे। रामभज को यह बताते हुए सरला मुस्कराती है कि गांधी के डॉक्टर जीवराज मेहता खुद भी बीमार हैं, पर गांधी का इलाज करने उनके साथ लाहौर आयेंगे। पर वे उनके घर पर नहीं ठहरेंगे। रामभज सरला के मुस्कराने का कारण जानते हैं। गांधी ने खुद उन्हें साबरमती में बताया था कि सरला की देखभाल से उनकी कमज़ोरी काफ़ी कम हुई है। सरला जो भी उन्हें खाने देती है, वे बग़ैर आनाकानी के खा लेते हैं। इस बात पर रामभज गांधी के साथ-साथ ज़ोर से हँसे थे। रामभज बहुत ख़ुश हैं कि सरला दीपक के न रहने के ख़ालीपन से परेशान न होकर गांधी और उनके क़ाफ़िले के स्वागत की तैयारियों में लग गयी है।

●●●

गांधी के दो नम्बर मुजांग रोड में पाँव रखते ही जैसे घर की आबोहवा बदल गयी। इस बार रामभज ख़ुद सरला के हाथ से काते हुए सूत की माला लिये गांधी का स्वागत करने के लिए दरवाज़े पर खड़े थे। वे गांधी को सीधे सरला के पास ले गये, जो बड़े-से चरख़े पर बैठी सूत कात रही थी। सरला ने पारसी बॉर्डर की गहरे रंग की साड़ी पहनी थी जो बायें कन्धे पर ब्रूच से इकट्ठी की हुई थी। उसने पूरी बाँह का ब्लाउज़ पहना था। उसके शरीर पर कोई गहना नहीं था। बायें हाथ को ऊँचा किये सूत का एक सिरा पकड़े हुए उसने कुछ अचकचायी हुई निगाहों से उन लोगों की तरफ़ देखा। रामभज इस क्षण को तुरन्त क़ैद करने के लिए फ़ोटोग्राफ़र को साथ लाये थे। गांधी की प्रसन्नता को भी फ़ोटोग्राफ़र अपने कैमरे में क़ैद करना चाहता था, पर उन्होंने हाथ के इशारे से उसे सरला की और तस्वीरें लेने के लिए कहा।

लाहौर के 'बसन्त' उत्सव में 26 जनवरी को गांधी शहर में होंगे, जब पूरा आकाश इन्द्रधनुषी पतंगों से भर जाता है। पूरे शहर की छतों पर, बग़ीचों-पार्कों में पीले कपड़े पहने, पीली पगड़ी बाँधे लोग कितने आकारों और रंगों की गुड्डियाँ लिये 'बो काटा' चिल्लाते पगलाये रहते हैं। गांधी के लिए सरला इस उत्सव को स्वदेशी के रंग में रँग देगी। इंग्लैंड की जेपी कोट्स कम्पनी के आठ, दस और अठारह ग्रेड के सूते की जगह पतंग उड़ाने में अब देसी सूत का इस्तेमाल होगा। लाहौर के ब्रह्मसमाज और 'भारत स्त्री महामण्डल' की शाखाओं के ज़रिये सरला ने विदेशी सूते के बॉयकॉट का सन्देश फैला दिया है। लाहौर की 'बंगाली बिल्डिंग' में सौ लोगों ने वचन दिया है कि पतंग उड़ेगी तो देशी सूते की डोर वाली! "कभी हमारा सूत दुनिया में सर्वश्रेष्ठ माना जाता था। दुनिया के तमाम राजे-महाराजे हिन्दोस्तान के सूत के कपड़े पहनते थे। अब क्या हम गुड्डियों के सूते बनाने लायक़ भी नहीं रहे?" सरला की बातों ने लोगों में जोश जगा दिया है। गांधी सुनेंगे और देखेंगे तो दंग रह जायेंगे।

गांधी से मिलने के लिए लोगों का ताँता लगा रहता है। शाम को सूर्यास्त के पहले तक ही गांधी खाते हैं। उसके बाद रामभज और सरला उनके पास बैठ जाते हैं। रामभज से गांधी ने हँसकर पूछा कि क्या सरलादेवी ने उन्हें सरला की जीवन-गाथा पूरी सुनायी है? रामभज ने कुछ आश्चर्य से सरला की ओर देखा। सरला लजायी हुई-सी नज़र आयी। रामभज ने ऐसा भाव सरला के चेहरे पर बरसों बाद देखा है। "कुछ नहीं। गांधी जी मेरे बचपन, पढ़ाई-लिखाई, 'भारती' पत्रिका के सम्पादन...इन सबके बारे में जानना चाहते थे। शाम को भोजन के बाद सरला की कथा सुनाने का नियम मुझ पर लागू किया गया था" सरला ने कुछ झेंपकर कहा। रामभज ठहाका लगाकर हँस पड़े, "नहीं गांधी जी, मैंने सरलादेवी की कहानियाँ नहीं पढ़ी हैं। बांग्ला तो मैं पढ़ नहीं पाता। सुनकर समझ ज़रूर लेता हूँ, पर सरला ने अपनी जिन रचनाओं का अनुवाद पंजाबी या अंग्रेज़ी में किया है, उन्हें मैंने ज़रूर पढ़ा है। पर वे सब तो राजनीतिक बातें हैं, कथा-कहानी नहीं।"

गांधी ने अपने भतीजे मगनलाल गांधी को पत्र लिखकर रामभज की तरह बढ़ाया। रामभज उसे पढ़कर मुस्कराये, "आपने तो मेरे पूरे परिवार को सिखाने-पढ़ाने का ज़िम्मा ले लिया है।" रामभज ने सरला की तरफ़ मुड़कर कहा, "चरखे़ पर सूत कातने के लिए तुम्हारे लिए मगनलाल जी को आश्रम के सबसे कुशल कारीगर कान्तिलाल को लाहौर भेजने के लिए गांधी जी ने लिखा है। साथ ही दीपक को आदेश कि तुम्हें पत्र लिखे। दीपक का ख़ास ख़याल

रखने के लिए उन्हें कहा है। और–" कहकर रामभज चुप हो गये। सरला ने उत्सुकता से उनकी तरफ़ देखा और पूछा, "और?" रामभज गांधी की तरफ़ देखकर हल्के-से हँसकर बोल, "और यही लिखा है कि सरलादेवी हर तरह से मेरे ऊपर प्रेम की वर्षा कर रही हैं। मगनलाल भी सरलादेवी को पत्र लिख दें कि दीपक की चिन्ता करने की उन्हें बिलकुल ज़रूरत नहीं है।"

रामभज देख रहे हैं कि गांधी से कुछ भी कहा जा सकता है। उनसे कुछ भी पूछा जा सकता है। गांधी अपना काम करते हुए किसी के आने से भी उसी में लगे रहते हैं जब तक कि आनेवाला उनसे कुछ न कहे। सरला ने यूँ ही गांधी से पूछ लिया, "आज आप किसे इतनी लम्बी चिट्ठी लिख रहे हैं?" गांधी लिखते हुए रुक गये, "डेनमार्क से एक विदेशी लड़की एस्थर फ़ेयरिंग साबरमती आश्रम में आकर रहने लगी है। मैंने दीपक को अंग्रेज़ी सिखाने का काम उसे ही सौंपा है। उसने अपने पत्र में श्रीमती गांधी के व्यवहार की क्षुद्रता का ज़िक्र किया है। मैंने उसे इस बारे में पहले ही चेतावनी दे दी थी। अब मैं उसे लिख रहा हूँ कि त्याग की भावना इतनी नहीं होनी चाहिए कि आदमी में कड़वाहट आ जाये और आसपास के माहौल से उसे चिढ़ होने लगे। उसे श्रीमती गांधी को खुश करने के लिए अपनी आत्मा पर बोझ डालने की कोई ज़रूरत नहीं है। मैंने उसे अपनी रसोई अलग करने की सलाह दी है।"

गांधी पुनः पत्र लिखने लग गये। सरला और रामभज ने एक-दूसरे की तरफ़ देखा। दोनों स्तब्ध थे कि गांधी इतनी सहजता से अपनी पत्नी के बारे में ऐसी बातें उन्हें बता रहे हैं। रामभज सोच में पड़ गये। दुनिया में प्रायः सभी लोग और ख़ासकर पति-पत्नी एक-दूसरे की हर क्षुद्रता से वाक़िफ़ होते हैं। गांधी के लिए 'स्व' या स्वार्थ हमेशा सबसे बाद में आता होगा या शायद आता ही नहीं होगा, पर हर व्यक्ति उनके जैसा कैसे हो सकता है? रामभज को याद है कि एक बार सरला ने अपनी सास को रात में दूध माँगने पर कह दिया था कि आज दूध ख़त्म हो गया है, पर बाद में उन्होंने देखा कि वह दीपक को दूध दे रही थी। उन्हें सरला का ऐसा करना बुरा लगा था, पर यह भी सच है कि एक बच्चे को दूध की ज़रूरत एक बूढ़े आदमी से ज़्यादा होती है। सरला का ऐसा करना बहुत ग़लत नहीं था। गांधी अपनी पत्नी कस्तूर के स्वभाव की किन क्षुद्रताओं को जानते होंगे या जिन्हें उनकी क्षुद्रता समझते होंगे, वे क्या सही कसौटी पर जाँचने पर वैसी ही ठहरेंगी? कुछ भी कहना मुश्किल है। उन्हें और सरला को बहुत सतर्क रहना होगा कि गांधी उनके व्यवहार में कोई क्षुद्रता न देख लें।

गांधी सत्य के आग्रही हैं, पर क्या अपनी पत्नी कस्तूरबाई के लिए किसी को ऐसा लिखना और कहना भी सत्याग्रह का स्वरूप है? शायद गांधी रामभज के दिल की बात समझ गये। पत्र लिखना छोड़कर उन्होंने रामभज से कहा, "पण्डित जी, सत्य ही अन्तिम लक्ष्य है। सत्याग्रह कमज़ोर के बस की बात नहीं है। हम सत्याग्रह इसलिए नहीं करते कि हमारे पास इसके अलावा रास्ता नहीं है। सत्याग्रही के अन्दर शक्ति की कमी नहीं होनी चाहिए। वह कभी भी हिंसा का सहारा नहीं लेगा और न सत्य को कम करके बोलेगा।" गांधी की बात से सरला को बंकिम बाबू और रवि मामा के बीच सत्य को लेकर हुई बहस याद आ गयी। उसने गांधी के पास रखी 'गीता' की ओर इशारा करते हुए कहा, ''लेकिन आपके कृष्ण तो कई बार सत्य बोलने से बच निकले और कई बार उन्होंने असत्य को सत्य के भ्रम की तरह पेश किया।" गांधी ने हँसकर कहा, "अब तक मेरे जीवन में ऐसी कोई परिस्थिति नहीं बनी, जब मुझे लगा कि सत्य न बोलने से देश पर आनेवाली कोई बड़ी विपदा टल सकती है।"

●●●

गांधी जब तक उनके घर पर रहे, रामभज को लगा कि पृथ्वी सूरज के चारों ओर न घूमकर गांधी के चारों ओर घूम रही है। कम-से-कम उनके पूरे घर की हर साँस गांधी के प्रति मुख़ातिब है। जलियाँवाला बाग़ की ज़मीन हासिल करने के लिए तीन महीनों में पाँच लाख रुपयों की ज़रूरत है, ताकि उस पर शहीदों का स्मारक बनवाया जा सके। सरलादेवी ने अपनी शादी का एक कंगन 'जलियाँवाला बाग़ मेमोरियल फ़ंड' में अमृतसर कांग्रेस के दौरान ही दान कर दिया था। अब सरला शायद अपने पास के सारे रुपये दान करना चाहती है। रामभज सरला से कहना चाहते हैं कि फ़िलहाल अख़बार और वकालत का धन्धा, दोनों बन्द हैं। उन्हें अपने बड़े बेटे जगदीश की इसी साल शादी भी करनी है, पर सरला की देशसेवा की धुन देखकर कुछ कह नहीं पाते। एक दिन सरला को कुछ कहनेवाले थे कि सरला ने कहा, ''पता है, गांधी कहते हैं कि हरिद्वार सिर्फ़ हिन्दुओं के लिए तीर्थ है, पर जलियाँवाला बाग़ तो हिन्दू-मुस्लिम-सिख-ईसाई सबके लिए तीर्थ होगा।"

रामभज देखते हैं कि गांधी इतने कम पर जीते हैं कि कोई चाहकर भी उनके लिए कुछ ख़ास नहीं कर सकता। सरला इस कमी को गांधी के साथ आये उनके बेटे देवदास और मथुरादास को कभी गाजर का हलवा,

तो कभी सोहन हलवा खिलाकर पूरी करती है। गांधी के जाने के बाद भी देवदास लाहौर में उनके साथ कुछ दिन और रहेंगे। गांधी से मिलने आनेवालों के लिए शरबत-पानी-नमकीन का पूरा इन्तज़ाम रहता है। सरला के जीवन में एकदम सादगी और कर्मठता उतर आयी है। वज़न जाने कितना गिर गया है। एक बार रामभज से रहा नहीं गया, तो उन्होंने सरला से कह डाला, "अब तो लगता है, तुम भी गांधी जी जितना ही कम खाने लगी हो। अगर जोगिया कपड़े पहन लो तो तुम्हारे मामा अवनीन्द्रनाथ की भारतमाता की तस्वीर जैसी लगने लगो। चार हाथ तो तुम्हारे उग ही आये हैं।" यह कहने से रामभज को सरला की सिक्कों-सी खनखनाती हुई पुरानी हँसी सुनने को मिली। रामभज के ऐसा कहने में थोड़ी शिकायत थी, इसका सरला को बिलकुल अहसास नहीं हुआ था। वह बहुत खुश होकर देर तक हँसती चली गयी।

गांधी 11 फरवरी से पाँच दिन पंजाब के गुजरात, सरगोधा आदि सूबों में सरकारी अत्याचारों की रिपोर्ट तैयार करने जायेंगे। गांधी चाहते हैं कि रामभज और सरला उनके साथ जायें, पर जेल से आने के बाद रामभज के अन्दर की कमज़ोरी कम नहीं हुई है। "आप सरला को साथ ले जायें। पंजाब की औरतों में चरख़ा और स्वदेशी के प्रचार के लिए सरला की ख़ातिर यह मौक़ा माकूल रहेगा। मुझे इधर कुछ लोगों के कोर्ट के कागज़ात भी जमा करवाने हैं।" गांधी इस बात को सहजता से मान लेते हैं। पहले विश्वयुद्ध में ज़बरन पंजाबी युवकों को सेना में भर्ती करने के लिए पुलिस ने बहुत अत्याचार किये थे। रामभज ने जेल में रहने के दौरान बहुत-से क़ैदियों से ऐसी गाथाएँ सुनी थीं। न जाने यह शरीर की कमज़ोरी है या मन की, पर रामभज को लगता है कि वे ऐसी और कहानियाँ अब सुनना नहीं चाहते या सुन नहीं पायेंगे। यदि सुनेंगे तो गुस्से, नफ़रत और बदले की आग से झुलसे बिना नहीं रह पायेंगे।

गांधी कहते हैं कि जलियाँवाला बाग़ पर स्मारक हम इसलिए नहीं बनाना चाहते कि हमें जनरल डायर की क्रूरता याद रहे। हमारा स्मारक देश के लिए समर्पित निर्दोष स्त्री-पुरुषों की कुर्बानी के प्रति श्रद्धांजलि होगी। यह हिन्दू-मुस्लिम एकता का भी स्मारक होगा। इससे हमारी राष्ट्रीय चेतना एक करिश्मे की तरह जाग उठेगी। रामभज गांधी की बातें सुन तो लेते हैं, पर उन्हें बार-बार लगता है कि जनरल डायर के क्रूर अपराध के लिए उसे फाँसी पर न चढ़ानेवाले अंग्रेज़ों से वे नफ़रत किये बिना नहीं रह सकते। उनके दिल में कभी जनरल डायर के लिए क्षमा का भाव पैदा नहीं हो सकता। 'कदी नहीं हारना, भावे साड्डी जान जावे'–यह गीत रामभज ने जलियाँवाला बाग़ काण्ड

के तुरन्त बाद उसी रात को लिखा था। गांधी इस गीत से बहुत प्रेरणा लेते हैं। सरला से कई बार सुन चुके हैं, पर रामभज जानते हैं कि उनका गीत उन लोगों के घरवालों के अन्दर बदले की आग जलाये रखने के लिए लिखा गया था, जिनके रिश्तेदारों ने उस दिन प्राण गँवाये थे। अपने दोस्त मोहनलाल और उसके बेटे का ख़याल आता है, तो लगता है जनरल डायर को ज़िन्दा रहने का कोई हक़ नहीं है।

रामभज इन दिनों सरला के चेहरे को कई बार ग़ौर से देखते हैं। सरला के चेहरे पर कुछ और ही आँच उन्हें दिखती है। देशप्रेम की आग तो वहाँ हमेशा से जलती रही है। सरला की 'आहिताग्निका' कविता को पहली बार पढ़ा था तो उन्हें रोमांच हो उठा था। ऐसी तेजस्विनी स्त्री से भी तीसरी शादी रचाने जा रहे हैं। पहली दोनों पत्नियाँ तो साधारण औरतें थीं। रामभज के अख़बार निकालने, अंग्रेज़ों का विरोध करने और कांग्रेस के अधिवेशनों में अपने को खपाये रखने का मन-ही-मन उनका विरोध करना वे अच्छी तरह समझते थे। शायद इस देश के भविष्य में लिखे जानेवाले इतिहास की मर्ज़ी है कि वे ब्रह्मसमाज के महर्षि देवेन्द्रनाथ टैगोर की नातिन से गठबन्धन करने जा रहे हैं, जो देशसेवा के लिए इतनी समर्पित थी कि तैंतीस साल की उम्र तक उसने शादी नहीं की थी। उसके पिता जानकीनाथ घोषाल से रामभज बरसों से कांग्रेस के अधिवेशन में मिलते रहे हैं।

रामभज ने सरला को देखने से पहले ही यह प्रण कर लिया था कि वे उसे कभी किसी काम से नहीं रोकेंगे। फिर भी गांधी के अपने घर में रहते हुए वे बार-बार आश्चर्य से सरला को देखते हैं। क्या सरला जैसी दबंग औरत गांधी की बातों से इस क़दर प्रभावित हो सकती है कि क्रान्तिकारियों से उसकी सारे जीवन भर की सहानुभूति ख़त्म हो जाये?...कि वह यह मान ले कि जलियाँवाला बाग़ का स्मारक अंग्रेज़ों से नफ़रत का स्मारक नहीं होगा?...कि अपने को भूखा-नंगा रखकर, अंग्रेज़ों के क़ानून तोड़कर और जेल जाकर हम उन पर दबाव डाल सकते हैं कि वे हिन्दुस्तान छोड़कर चले जायें? रामभज जानते हैं कि गांधी की उपस्थिति और उनकी बातों के जादू से वे भी अछूते नहीं हैं, पर मन-ही-मन वे नहीं मान पाते कि जलियाँवाला काण्ड के तीन दिन पहले अमृतसर में दो अंग्रेज़ों का ख़ून और मिशनरी औरत पर हमला न होता, तो जलियाँवाला काण्ड ही न होता। इसका मतलब तो गांधी के अनुसार जलियाँवाला हत्याकाण्ड के लिए हम खुद ही ज़िम्मेदार हैं!

रामभज अपने बेटे दीपक को साबरमती आश्रम भेजने के पक्ष में भी नहीं थे। दीपक पंजाब और बंगाल का मिश्रित ख़ून है। इस देश के दो प्रान्त ऐसे हैं जिनकी रगों में क्रान्ति दौड़ रही है। अंग्रेज़ सबसे ज़्यादा इन्हीं प्रान्तों से परेशान रहते हैं। गांधी कहते हैं कि अहिंसा माध्यम है और सत्य उसका लक्ष्य, पर ये सब बातें क्या अंग्रेज़ों पर कोई असर डालने वाली हैं? रामभज को गांधी की स्वदेशी की बात ही सबसे ज़्यादा जँचती है। इनका माल कोई न ख़रीदे और न पहने, तो इनकी कमर टूट जायेगी। तब भले ही ये यहाँ से भागने की सोचें। यह तो एक व्यावहारिक बात है। असहयोग और सविनय क़ानून भंग जैसी बातें तो ख़ाली थूक बिलोना है। लोगों की अन्तरात्मा पर भरोसा कर क्या कोई आन्दोलन हो सकता है?

गांधी मुसलमानों के 'ख़िलाफ़त आन्दोलन' में उनका साथ दे रहे हैं, पर जहाँ उन लोगों से गोहत्या के ख़िलाफ़ क़ानून बनाने की बात आती है तो वे कहते हैं कि हम 'ख़िलाफ़त' में मुसलमानों का साथ देने के लिए सौदेबाज़ी नहीं कर सकते। हिन्दुस्तान के मुसलमानों को अपने पड़ोसियों की भावनाओं का सम्मान करते हुए खुद गाय खाना छोड़ देना चाहिए। अरे, सब गांधी की तरह महात्मा हो जाते, तो फिर रोना ही क्यों होता?

"सरला, तुमसे एक बात पूछूँ?" रामभज सरला का रात को देर तक इन्तज़ार करने के बाद उसके आने पर कहते हैं।

"जी चौधरी जी, एक क्यों, दस पूछिए।" सरला के कहने से साफ़ ज़ाहिर है कि वह इस बात के लिए तैयार थी।

"मेरे दिल में गांधी जी के प्रति श्रद्धा है, पर बहुत सारे सवाल भी हैं। क्या तुम्हें लगता है कि देश की आज़ादी का यही सही रास्ता है? सत्याग्रह क्या आम लोग कर सकेंगे? अगर कहीं हिंसा हुई, तो गांधी आन्दोलन वापस ले लेंगे। और क्या तुम्हें भरोसा है कि इन ख़ूँख़ार अंग्रेज़ों पर सत्याग्रह का कोई असर होगा?" रामभज दत्त ने कहा।

"चौधरी जी, आपने देखा है न कि हज़ारों-लाखों लोग कैसे उनके पीछे चलने को तैयार हैं? आप कांग्रेस से बीस साल से जुड़े हैं। क्या डोमिनियन स्टेटस दिला पाये हिन्दुस्तान को? क्या होमरूल मिला हमें? कितने लोगों ने बम-बन्दूक़ से जान गँवायी है अब तक। मिला क्या उससे? गांधी कांग्रेस में ही नहीं, अवाम में भी नयी जान फूँक रहे हैं। तक़दीर से वे हमारे घर आये हैं, हमें साथ लेने के लिए। क्या हम इतिहास के इस बुलावे को ठुकरा सकते हैं? अभी तो मुझे आज़ादी का यही रास्ता दिख रहा है। आगे की कौन जाने?"

7

‘अब तुम्हारे बिना मेरा काम नहीं चल सकता!’

अक्तूबर की 24 तारीख़ को गांधी पहली बार पंजाब क्या आये, अगले साढ़े तीन महीनों के लिए वे पंजाब के होकर रह गये। सरला अंगुलियाँ पर गिनती है कि पहली भेंट से फरवरी 1920 तक कितने दिन गांधी के बिना बीते होंगे। बीच-बीच में मुश्किल से बस सप्ताह भर ऐसा गुज़रा! उसमें भी गांधी के आने का इन्तज़ार या उनके पास साबरमती जाने का इन्तज़ार उन दिनों को भरता रहा।

गांधी ने लाहौर से विदा लेते समय सरला को रोज़ पत्र लिखने का वादा किया था। गांधी अपने वादे के पक्के न हों, तो दुनिया में और कौन होगा? पत्र लिखने का समय नहीं मिलता तो टेलिग्राम डाल देते हैं। ऐसी करुणा, ऐसी सहृदयता–जाने इसके योग्य भी हूँ क्या, सरलादेवी सोचती हैं। थोड़ा-सा उनका ख़याल रखा, खाने-पीने से उनकी ताक़त थोड़ी-सी क्या बढ़ी, उनकी कृतज्ञता तो बंगाल के मानसून की तरह बरस रही है। पूरे देश में जहाँ-जहाँ ‘यंग इंडिया’ अख़बार पढ़ा जाता होगा और गुजराती में छपने वाला ‘नवजीवन’, वहाँ लोग जान गये होंगे कि सरलादेवी चौधरानी कौन हैं, जिनके घर पर गांधी लाहौर में ठहरते हैं। यह भी कि सरलादेवी प्रसिद्ध टैगोर परिवार की अत्यधिक शिक्षित महिला हैं और उनकी मेहमाँनवाज़ी अतुलनीय है।

क्या सपने में भी सोचा था कि काठियावाड़ी बड़ी पगड़ी पहने जिस मामूली-से दिखते गांधी से उन्नीस साल पहले कांग्रेस के अधिवेशन में मिलना हुआ था, वे किसी दिन इस तरह ज़िन्दगी पर छा जायेंगे? परिवार में सबकी मर्ज़ी के ख़िलाफ़ जाकर अपने बेटे दीपक को भी सरला उनके हवाले कर देगी? गांधी ने लाहौर से जाते वक़्त सरला से पूछा, क्या वे अपने बेटे देवदास

को वहीं उसके पास छोड़ जायें? जैसे कि सरला के बजाय उन्हें ही पता हो कि दीपक और उनके चले जाने के बाद सरला के हृदय में कैसी शून्यता होगी? वाक़ई सरला को ऐसा कोई आभास नहीं था। जबसे गांधी लाहौर आये, पण्डित रामभज दत्त के जेल में होने की पीड़ा कम होती गयी थी। फिर क़रिश्मे की तरह पण्डित रामभज दत्त सचमुच घर आ गये। सरला को बिलकुल अन्दाज़ा नहीं था कि दीपक और गांधी के जाने के बाद समय पत्थर बनकर इस तरह उसके सीने में अटक जायेगा। गांधी को पता रहा होगा। इसलिए देवदास को लाहौर में छोड़ा और रोज़ एक पत्र लिखने का वादा कर गये।

सरला के पास समय को पिघलाने की एक ही जुगत है—गांधी के साथ बिताये समय को पल-पल फिर जीना। गांधी के साथ जनवरी में पाँच दिन की पंजाब के सरगोधा आदि सूबों की यात्रा सिनेमा की रील की तरह उठते-बैठते चलते-फिरते याद आती रहती है; सरगोधा में आर्यसमाज की औरतों की सभा में चरख़ा कातने का अनुरोध करते हुए सरलादेवी का उदाहरण देना। वहाँ के म्युनिसिपल गार्डन में प्रेम की व्याख्या करते हुए गांधी का सरला की तरफ़ देखना। यह कहना कि प्रेम हृदय का गुण है। बिना स्वधर्म का परित्याग किये एक-दूसरे के सुखों और दुःखों में सम्मिलित होकर प्रेम किया जा सकता है।

गांधी की कही कौन सी बात, कौन सी मुद्रा कब सरला की आँखों के सामने फिर घटित होने लगे, कोई ठीक नहीं। कभी-कभी तो नींद में ही जाने कैसे कोई बात याद आ जाती है और नींद खुल जाती है। रात भर गांधी की कही कोई बात पर वह मुस्कराती रहती है—सरला, तुम्हारे भाषण से तो मुर्दे भी जाग जायें। कभी कोई बात दिल में चुभकर रात भर टीसती है—हिन्दुस्तान संसार का सबसे ग़रीब देश है। यहाँ प्रति व्यक्ति औसत वार्षिक आय सिर्फ़ पच्चीस रुपये है। इसीलिए गांधी ग़रीब के वेशभूषा में ग़रीब का खाना खाकर जीना चाहते हैं।

वे लोग जलालपुर जट्टाँ में बुनकरों के छोटे-से गाँव में गये। पूरी गली लाल रँगी हुई खादी के कपड़ों से सजी हुई थी जिस पर रेशम से काम किया गया था। ऐसे वस्त्रों को यहाँ 'फुलकारी' कहते हैं—सरला के बताने पर गांधी मुग्ध होकर उस सजावट को देर तक देखते रहे। औरतों ने फुलकारी के दुपट्टे दुपट्टे ओढ़ रखे थे। सरला को भी किसी ने एक दुपट्टा ओढ़ा दिया। गांधी के जीवन में आने के बाद सरला को हल्के रंग ही अच्छे लग रहे हैं। चटक रंग का दुपट्टा पहली बार ओढ़ने से कुछ लज्जा-सी लगी। गांधी कुछ गम्भीर से दिखते क्या सोच रहे हैं, सरला जानती है। इस सुन्दर कला को विलायती

मिलों के कपड़े ख़त्म होने की स्थिति पर पहुँचा देंगे जबकि इसी से हमारे घरों में सिर्फ़ बरक़त ही नहीं, शोभा और पवित्रता भी है। गांधी अपने भाषण में यही बातें बोलते हैं तो सरला मुस्कराती है। कैसे इन्सान एकात्म हो जाता है। दूसरे के शब्दों तक को पहले से भाँप लेता है।

सरगोधा में वे लोग अँधेरे में देर रात तक पहुँचे थे, पर हज़ारों लोग वहाँ इकट्ठे थे। पूरा बाज़ार असंख्य बत्तियों से जगमगा रहा था। गांधी के स्वागत के लिए लोगों का सैलाब रात भर उमड़ता रहा। सुबह-सुबह बाजों के बजने से सबकी नींद खुली। घर के बाहर की अपार भीड़ को गांधी पास के मैदान में ले गये, वरना किसी से बात करके कांग्रेस की रिपोर्ट के लिए सरकारी अत्याचार की गवाही जुटाना नामुमकिन था।

सब जगह औरतों की तादाद बढ़ती जा रही है। सब सरला को 'माताजी-माताजी' कहकर पुकारते हैं। सरला को पति रामभज की बात याद आती है तो वह बेसाख़्ता हँस उठती है। गांधी प्रश्न-भरी निगाह से देखते हैं। सरला कैसे बताये, कि रामभज दत्त मज़ाक़ में कहते रहते हैं-"अब तो तुम जगत-माता बन गयी हो! जिसे देखो 'माताजी-माताजी' पुकारता चला आता है।" गांधी हर बार मंच से लोगों को सरला का परिचय देते हैं और भाषण देने के लिए बुलाते हैं। वे बहुत जल्दी थक जाते हैं। यदि सरला न हो तो सभा जल्दी ख़त्म करनी पड़े। हर छोटे-बड़े स्टेशनों पर सैकड़ों लोग इकट्ठे रहते हैं। कहीं-कहीं तो जहाँ तक आँखें देख सकती हैं, लोग जमा रहते हैं। सरला सोचती है-गांधी के प्रति लोगों की भावनाओं का जो ज्वार उठा हुआ है, काश! पण्डित रामभज दत्त उसे देखते। ऐसा लगता है कि लोगों की तकलीफ़ें सुननेवाला और मेटनेवाला कोई अवतार उनके बीच आ गया हो।

अक्सर औरतें गांधी तक पहुँचने के लिए पुरुषों को धकियाकर आगे आती हैं। गांधी पर अपने काते हुए सूत के गोलों की बारिश करती हैं। गांधी सरला से कहते हैं कि यक़ीनन पंजाब की औरतों ने यह सन्देश दिल में बैठा लिया है कि स्वदेशी से सिर्फ़ देश का धन ही सुरक्षित नहीं रहेगा, बल्कि औरतों का घर-बाहर में सम्मान भी बना रहेगा। ईश्वर की पूजा यही है और इसी में देश की आज़ादी का सुन्दर सपना है। सरला उनकी प्रसन्नता देख खिल जाती है। गांधी फिर कहते हैं, "पंजाब ने हिंसा-रहित सत्याग्रह को भी समझ लिया है कि इससे देश में शान्ति रहेगी। लोग समझ गये हैं कि यही शान्ति विश्व भर में फैलकर 'सतयुग' लायेगी।"

सतयुग? सरला सुनती है और हैरान रह जाती है। गांधी की बातों से सम्मोहित मन के किसी कोने में दबा चोर पूछता है, क्या सतयुग आना इतना आसान है? अंग्रेज़ों से देश को आज़ाद करने का सपना भला सतयुग की कल्पना तक कैसे पहुँच गया? क्या सचमुच गांधी ने सोच लिया है कि वे समूची दुनिया का मन बदल सकते हैं? आदमी के मन से हिंसा पूरी तरह ख़त्म कर सकते हैं? सरला अपने मन के सवालों को परे ठेल देती है। ऐसा सपना देख पाना ही क्या किसी चमत्कार से कम है?

सरगोधा और दूसरी जगहों पर विश्वयुद्ध के दौरान मार्शल लॉ लगाकर सरकारी अत्याचारों की दिल दहलानेवाली कहानियाँ सुनकर भी गांधी जाने कैसे यक़ीन कर पाते हैं कि अहिंसात्मक असहयोग से सतयुग आ जायेगा। पूरे के पूरे गाँव को एक जगह जमा करके उन्हें नंगा करके कूल्हों पर कोड़ों से पीटा गया, जिससे वे अठारह साल से ऊपर के लड़कों को सेना में भर्ती करवा दें। जहाँ पुरुष छिप गये थे, वहाँ औरतों को नंगा कर उनकी बेइज़्ज़ती की गयी ताकि वे लोग पुरुषों का पता बता दें।

कांग्रेस के नेताओं ने मिलकर क़रीब सत्रह सौ लोगों की ऐसी गवाहियाँ इकट्ठी की हैं जिनमें छह सौ को कांग्रेस की पंजाब रिपोर्ट में शामिल किया जायेगा। गांधी 15 फरवरी को लाहौर से बनारस गये हैं। वहाँ मोतीलाल नेहरू, चित्तरंजन दास, मालवीय जी आदि नेता उनसे मिलेंगे। गांधी के ऊपर कांग्रेस की पूरी रिपोर्ट तैयार करने के भारी काम की ज़िम्मेदारी है। बनारस से गांधी दिल्ली होते हुए अहमदाबाद जायेंगे। सरला को उन्होंने वहाँ आमन्त्रित किया है ताकि वह आश्रम के जीवन का अनुभव कर सके। सरला हर साँस में उस घड़ी की प्रतीक्षा कर रही है जब वह दिल्ली में गांधी से मिलेगी और उनके साथ अहमदाबाद जाकर दीपक से। भविष्य में मिलने का दिलासा वर्तमान को सहारा दे रहा है, वरना जीना किस क़दर कठिन हो गया है!

●●●

गांधी बनारस से दिल्ली आये और सरलादेवी लाहौर से। वे साथ ही रेलयात्रा कर दिल्ली से अहमदाबाद पहुँचे। बीस घण्टों की यात्रा सरलादेवी के कारण गांधी ने तीसरे दर्जे में न कर दूसरे दर्जे में की और सरलादेवी ने पहले दर्जे में न कर दूसरे दर्जे में। गांधी दक्षिण अफ़्रीका से लौटने के बाद रेल के तीसरे दर्जे में अढ़ाई साल तक हिन्दुस्तान को लगभग पूरा नापते हुए की गयी यात्राओं के बारे में सरलादेवी को बताते रहे। भेड़-बकरी की तरह ठुँसे डिब्बे

में कैसे कुली ने उन्हें खिड़की से अन्दर किस तरह घुसाया था, किस तरह चारों ओर छितरायी गन्दगी के बीच तीसरे दर्जे का नरक लोग झेलते हैं, किस तरह पहले दर्जे में किराया पाँच गुना है, पर तीसरे दर्जे में सुविधा उसकी दस प्रतिशत भी नहीं है। सरलादेवी समझ रही थीं कि गांधी उन्हें फिर एक नया पाठ पढ़ा रहे हैं और भविष्य की रेलयात्रा के लिए तैयार कर रहे हैं।

अगले दिन साबरमती नदी के सूखे हुए तल में तीन हज़ार लोगों की सभा में सरलादेवी का हिन्दी में भाषण हुआ। गांधी साथ-साथ गुजराती में अनुवाद करते जा रहे थे। सरला के लिए बिलकुल नया अनुभव था कि वह इतने लोगों के बीच एकदम नयी जगह पर बोल रही थी। लोग पंजाब की हालत जानना चाहते थे। जलियाँवाला काण्ड ने सबकी आत्मा को रोष और दुःख से भर दिया था। सरला ने अन्त में जब पण्डित रामभज दत्त चौधरी की कविता पंजाबी में और फिर हिन्दी में अनुवाद करके सुनायी, तो साबरमती की गोद में बैठा जनसैलाब कई मिनट तक तालियाँ बजाता रहा–'कदी नहीं हारना, भावे साड्डी जान जावे।' हमारी जान भी चली जाये तो भी हम हार नहीं मानेंगे। गांधी ने खुद को सरला का ऋणी बताते हुए कहा कि सरला ने एक बहन की तरह लाहौर में अपने घर में उनका ख़याल रखा। अहमदाबाद में अनसूया साराभाई के बाद अब पंजाब में भी उन्हें सरला के रूप में एक बहन मिल गयी है। बिना बहनों के आशीर्वाद के हिन्दुस्तान आगे नहीं बढ़ सकता। दीपक ने सरलादेवी को अकेले पाते ही कहा, "माँ, गांधी मेरे मामा हो गये न?" सरला खिलखिलाकर हँस पड़ी।

साबरमती आश्रम में दीपक के पास होने की खुशी सरला के चेहरे पर छलकती रहती है। साथ ही गांधी का जितना साथ मिल सके, सरला को उतना कम लगता है। गांधी भी सुबह की सैर से लेकर रात्रि में देर तक बातचीत में सरला को अपने पास उलझाये रखना चाहते हैं। गांधी ने अपने अख़बार 'नवजीवन' में सरलादेवी चौधरानी के नाम से टिप्पणी छापी है। दीपक उसे लेकर माँ के पास आया, पर दोनों गुजराती नहीं पढ़ सकते। महादेव देसाई सरला के प्रति बड़े स्नेही हैं। वे माँ-बेटे को हिन्दी में अनुवाद कर सुनाते हैं–"सरलादेवी कई दिन से अहमदाबाद में हैं। इसलिए 'नवजीवन' के पाठकों को उनका परिचय देना अनुचित नहीं होगा..." सरलादेवी सुनते हुए दीपक की ओर देखती हैं। दीपक तन्मय होकर सुन रहा है– "उच्च-शिक्षित, समाज-सेविका,

रवीन्द्रनाथ ठाकुर की भांजी, कांग्रेस के भूतपूर्व सेक्रेटरी घोषाल बाबू की पुत्री और पंजाब के विख्यात नेता रामभज दत्त चौधरी की पत्नी...” दीपक बीच-बीच में आँखें उठाकर माँ को देखता है। उसके चेहरे पर गौरव के भाव सरला की मुस्कान बढ़ाते जाते हैं। “बांग्ला पत्रिका ‘भारती’ का सम्पादन, स्वयं कविताएँ लिखना, स्वरचित ‘नमो हिन्दुस्तान’ का कांग्रेस अधिवेशन में गायन, बंगाल में व्यायाम समितियों का गठन और प्रथम विश्वयुद्ध के समय बंगालियों को सेना में भर्ती होकर कर्तव्य निभाने का आह्वान...” महादेव देसाई अन्त में कहते हैं, “कविताएँ रचने से भी ज़्यादा संगीत की प्रतिभा के कारण हर कांग्रेस अधिवेशन में सरलादेवी की माँग रहती है।”

सरलादेवी जैसे खुद अपना परिचय नये सिरे से पा रही हैं। एक जीवन बंगाल में था, जिसमें टैगोर परिवार का गौरव और कलात्मक-सांस्कृतिक-साहित्यिक माहौल था। दूसरा जीवन पंजाब में, जहाँ अलग तरह की ऊर्जा है। पर गांधी उसके पंजाब के जीवन के बारे में भला इतना कम क्यों कहते हैं; सरला का स्त्रियों के लिए देशव्यापी महामण्डल बनाना, पंजाब की गली-गली में स्त्री-शिक्षा के लिए सरंजाम जुटाना, उनमें मुक्ति-चेतना जगाना और रामभज दत्त के साथ आर्यसमाज और अख़बार के कामों में कन्धे-से-कन्धा मिला कर सहयोग देना...यह सब क्या नहीं लिखा जाना चाहिए? शायद गांधी के लिए सरला का बंगालवाला जीवन ज़्यादा अर्थवान है। पति की छाया में किये गये कार्यों का श्रेय पति के ही खाते में जमा हो जाता है।

जीवन के इस तीसरे मुक़ाम पर, सरलादेवी का एक स्वतन्त्र अस्तित्व होगा। गांधी कहते हैं कि स्त्रियों के आगे आये बिना देश का कल्याण नहीं हो सकता। गांधी स्त्रियों को राजनीति में आगे लाने और उनके नेतृत्व की भूमिका के लिए सरला को तैयार करना चाहते हैं। सच में उन्हें सरला के गुणों की जितनी क़द्र है, उतनी आज तक किसी को नहीं हुई। स्वामी विवेकानन्द ने ज़रूर सरला को पहचाना था और उसे अपने साथ आगे लिये चलना चाहते थे, पर उस समय तक सरला ने खुद ही अपने को नहीं जाना था। ऊपर से टैगोर परिवार की नातिन होने की बेड़ियाँ उसके पाँव को जकड़े हुए थीं। अब सचमुच समय आ गया है कि सरला खुद को यज्ञ की ‘आहिताग्निका’ बनाकर देश के लिए अपने को समर्पित कर दे। अपने विवाह के ठीक पहले सरला ने अल्मोड़ा आश्रम की मिसेज़ सेवियर को अपना सपना बताया था कि वह एक चारण दल बनाकर देश के प्रान्त-प्रान्त में घूमकर देश-मुक्ति की अलख जगाना चाहती है। अब जाकर उसका यह सपना पूरा होगा।

"माँ, गांधी जी ने फिर तुम्हारे बारे में लिखा है" बारह साल के दीपक की उल्लास-भरी आवाज़ से सरलादेवी चौंक गयीं। दीपक के हाथ में 'यंग इंडिया' का अख़बार था। "क्या लिखा है?" सरलादेवी ने अपनी आवाज़ को सामान्य रखने की कोशिश करते हुए कहा। "पिता जी की गिरफ़्तारी के बाद तुम्हें 'लाहौर पर्दा क्लब' से हटाने के लिए कुछ औरतों ने चिट्ठीबाज़ी की थी न? वही लिखा है गांधी जी ने।"

अच्छा, तो पिछले सप्ताह बातों-बातों में सरला ने गांधी को जो बताया, उन्होंने अख़बार में लिख डाला? 'लाहौर पर्दा क्लब' लाहौर के उच्च वर्ग की स्त्रियों और अंग्रेज़ अधिकारियों की पत्नियों का क्लब है। रामभज दत्त की गिरफ़्तारी के बाद लेफ्टिनेंट गवर्नर ओ'डायर की पत्नी ने मैनेजिंग कमेटी को पत्र लिखा था कि सरलादेवी चौधरानी–जिसके पति को रॉलेट सत्याग्रह में गिरफ़्तार किया गया है–के साथ लेफ्टिनेंट गवर्नर की पत्नी एक ही क्लब की सदस्य नहीं रह सकती। मैनेजिंग कमेटी ने सरलादेवी से त्याग-पत्र माँगा, जिस पर कई भारतीय सदस्याओं के भी हस्ताक्षर थे। इस पर आश्चर्य प्रकट करते हुए गांधी ने अख़बार में लिखा है, "उन डरपोक भारतीय महिलाओं ने सरलादेवी का नहीं बल्कि खुद का अपमान किया है। सरलादेवी जैसी उच्च शिक्षित और प्रतिभाशाली महिलाएँ हिन्दुस्तान में बहुत कम हैं। उनके सदस्य होने से 'लाहौर पर्दा क्लब' ही गौरवान्वित था, सरलादेवी नहीं।"

इसे कहते हैं, सुख और दुःख की साझेदारी, सरला ने सोचा। वरना देश की इतनी बड़ी-बड़ी समस्याओं के बीच 'लाहौर पर्दा क्लब' जैसी किसी मामूली संस्था पर गांधी को लिखने की क्या ज़रूरत?

•••

सरलादेवी साबरमती आश्रम में दीपक को छोड़कर लाहौर लौटीं, तो इस बार उनका मन काफ़ी व्यवस्थित था। दीपक जहाँ है, वहाँ उसे हर तरह से अच्छी शिक्षा मिल रही है। उसके बारे में चिन्ता करने की कोई ज़रूरत नहीं है। अब सरला के लिए देशहित का काम अपने परिवार से ज़्यादा ज़रूरी होना चाहिए। चरख़ा और स्वदेशी का काम आगे बढ़ाना है। किसी तरह की ढील पहले किये गये काम को भी निरर्थक बना देगी।

गांधी का बम्बई से पत्र आया है। सरला पत्र खोलते हुए कमरे की खिड़की के बाहर सुर्ख़ लाल फूलों से लद गये अपने प्रिय सेमल के पेड़ को देखती है।

काश, हर साल मार्च में खिलनेवाले इस वितान को गांधी उसके साथ देखते। गांधी बम्बई में कोर्ट की अवमानना के मामले में हाज़िरी देने गये हैं। उसके बीच में समय निकालकर उन्होंने यह पत्र लिखा है। सरला निहाल है, यह सोचकर कि गांधी इतने सारे ज़रूरी कामों के बीच उसे पत्र लिखने के लिए वक़्त निकाल लेते हैं।

कोर्ट में जज के दिलचस्प सवाल-जवाबों के बारे में गांधी सरला को बताना चाहते हैं। जब मिलेंगे, तब सरला को तफ़सील से बतायेंगे। तब तक सरला अच्छी तरह पंजाब की स्थितियों का अध्ययन करती रहे और सब बातों और घटनाओं का ब्योरा उन्हें देती रहे। सरला को महसूस होता है कि गांधी उसके जीवन के हर पल में जैसे पत्रों के मार्फ़त शामिल होना चाहते हों। वह मुस्कराती है। शब्दों से दूरियाँ कैसे नज़दीकियाँ बन जाती हैं? जो साफ़ लिखा नहीं जाता, उसे भी ये शब्द पहुँचा देते हैं। गांधी का छोटा बेटा, उन्नीस साल का देवदास अभी लाहौर में सरला के पास है। गांधी पत्र में लिखते हैं कि वे इस बात से राहत महसूस करते हैं कि उसकी देखभाल सरला कर रही है। 'ठीक वैसे ही, जैसे दीपक के साबरमती में होने से मैं महसूस करती हूँ', सरला उमंग से भरकर सोचती है। इस भरोसे को गांधी के शब्द और मज़बूत बना दे रहे हैं।

गांधी ने सरला से गुजराती 'नवजीवन' के लिए उसका लिखा हुआ कुछ माँगा था। गांधी अपने पत्र में 'बन्धु' नाम से छपी सरला की उस टिप्पणी का ज़िक्र करते हुए बताते हैं कि उन्होंने अपने पाठकों को लिखा है कि उसकी अक्षय मधुरता के आस्वाद के लिए लोगों को उसे कई-कई बार पढ़ना चाहिए। हर बार पढ़ने पर उन्हें नया रस मिलता रहेगा।

सरला को अपने लेख की गांधी की यह सराहना उतना ही आनन्दित करती है जितनी रवि मामा की सराहना करती थी। उसने तुरन्त दराज से अपना लेख फिर निकाला और उसे बार-बार पढ़ती गयी। इसका पहला भाग बहुत पहले शान्तिनिकेतन में जंगल के विस्तार को देखते हुए लिखा गया था। गांधी के आग्रह पर सरला ने उसी पुराने लेख को पूरा करके गांधी को दे दिया था। अब सरला को लगने लगा कि वह लेख वाक़ई बहुत सुन्दर बन पड़ा है और उसके कई अर्थ निकाले जा सकते हैं। सरला हँस पड़ी। ऐसा कोई क़दरदान पाठक मिले तो लेखक खुद अपनी रचना को उसकी निगाह से पढ़ने लगता है।

रामभज सरला की बहुत क़दर करते रहे हैं। उसे अपनी शक्ति मानते आये हैं, पर इधर के चार महीनों में सरला को कई बार लगा है जैसे वह

और रामभज दत्त समानान्तर रेखाओं पर जीवन जीने लगे हैं। सरला चाहती है कि रामभज सत्याग्रह पर बात करें, उस पर लिखें और गांधी के सामने अपने तर्क रखकर उनसे बहस-मुसाहिबा करें। पर रामभज जैसे इस बात से बचना चाहते हैं। यह जेल में आठ महीने रहने की थकान है या बौद्धिक आलस, यह सरला को समझ में नहीं आता।

सरला ने निश्चय किया कि वह गांधी के अख़बार 'यंग इंडिया' के लिए 'पंजाब और गांधी' पर एक लेख लिखेगी। शायद रामभज उसे पढ़कर अपने मन की बात बोलें। सरला ने लिखा–"गुजरात से एक अज्ञात व्यक्ति आया और उसने सोये हुए पंजाब को नींद से जगा दिया। उसने कभी पंजाब देखा नहीं था, पर उसके पास बाक़ी हिन्दुस्तान की तरह ही पंचनद के लिए भी एक सन्देश था"–सरला ने आगे लिखा–"भले ही पंजाब के लोगों ने उसकी अपील पर दस्तख़त नहीं किये, भले ही उन्होंने सत्याग्रह के मर्म को नहीं पकड़ा, पर फिर भी पंजाब की हवा में आज़ादी की आत्मा उतर आयी और पंजाब की ऊर्जा उमड़ पड़ी। यह एक नयी शक्ति थी–पीड़ा को झेलने की शक्ति–और इसलिए लाहौर के निवासियों ने अपने सीने में गोली खाने का संकल्प लिया, बजाय इसके कि वे अत्याचार का बदला लेते।" सरला ने पण्डित रामभज दत्त चौधरी को अपना लेख पढ़ने को दिया तो वे पढ़कर मुस्कराये और कहा, "बंगालियों की भावुकता का न कोई मुक़ाबला कर सकता है, न उसे सुधार सकता है।" और ठठाकर हँस पड़े।

सरलादेवी ने पति की हँसी पर कोई प्रतिक्रिया नहीं जतायी। जब सामने बड़ा लक्ष्य हो, तो छोटी-मोटी बातों पर नाराज़ होकर अपनी शक्ति को क्यों ख़र्च किया जाये? गांधी सरला के बारे में क्या सोच और लिख रहे हैं, यह ज़्यादा महत्त्व रखता है। बंगाली भावुकता के पीछे शिक्षा से आया संस्कार और संवेदनशीलता है। अंग्रेज़ कहते हैं कि बंगालियों को हमने पढ़ाया, पर अब वे बिगड़ गये हैं। अरे, शेक्सपियर, मिल्टन, बेकन, मिल को पढ़कर अगर हम बिगड़ गये हैं, तो अब बताइए किसे पढ़कर सुधरेंगे? सरला का मन एक तरंग में है। बहुत भूला-सा एक राग उसके अन्दर जाग रहा है। कोई उसे भावुकता कहे तो कहता रहे!

गांधी का पत्र फिर आया है। एकदम मुँह-अँधेरे गांधी ने लिखा है कि सरला का ख़याल उठते ही सबसे पहले उनके मन में आया है। सरला उनके लिए एक क़ीमती रत्न की तरह है। गांधी चाहते हैं कि उसका यही मूल्य उनके लिए हमेशा रहे, बल्कि पूरे देश भर के लिए रहे, पर यह तो तभी

सम्भव होगा जब सरला खुद इस बात को समझेगी और पण्डित रामभज दत्त चौधरी उसे ऐसा करने देंगे।

सरला के मन में उस भूले हुए राग का द्रुत ख़याल बज रहा है। उसके कानों से जैसे भाप निकल रही है। सरला गांधी के लिए एक क़ीमती रत्न है। क़ीमती रत्न? क्या किसी ने कभी सरला को जीवन में इन शब्दों में ऐसा कुछ कहा था? सरला जैसे दो घण्टे के रियाज़ के बाद की तरह हाँफते हुए आगे पढ़ती है—गांधी जानते हैं कि सरला ने चरख़े की कविता और चरख़े की आध्यात्मिकता का हृदय में अनुभव कर लिया है। अब सरला को तुरन्त चरख़े को अपनाना होगा। अच्छी तरह कातना सीखना होगा। जो लोग इस दिशा में प्रयोग कर रहे हैं, उनकी जानकारी कर गांधी को ख़बर करनी होगी। गांधी ने अन्त में लिखा है कि उन्होंने सरला के लिए जो कार्यक्रम तय किया था, यदि सरला को वह अब भी जँचता हो, तो उसे पण्डित रामभज को दिखाकर उनकी सहमति लेकर उसमें पूरी शक्ति से जुट जाना होगा।

सरलादेवी ने पत्र पढ़कर लम्बी साँस छोड़ी। गांधी के यज्ञ की अग्नि में कूदने से पहले पति की आज्ञा लेनी होगी, गांधी बार-बार इशारा कर रहे हैं। इशारा भी क्या, साफ़-साफ़ लिख ही रहे हैं। वे अच्छी तरह जानते हैं कि रामभज दत्त के मन में उनकी बातों को लेकर बहुत ऊहापोह है। यह भी जानते हैं कि सरला को पति का सहयोग नहीं मिला, तो उसके लिए देशहित का काम करना आसान नहीं होगा। गांधी खुद रामभज दत्त चौधरी को कह चुके हैं कि देश का आप दोनों पर पूरा अधिकार है। रामभज दत्त चौधरी क्यों नहीं समझ रहे? सरला ज़्यादा कुछ कहने लगे तो मज़ाक़ में बात उड़ा देते हैं, "गांधी की आँधी लाहौर में बड़ी तेज़ हो रही है। सबको उड़ा ले जायेगी, लगता है।"

गांधी की सरल-सच्ची, हृदय से पत्र में लिखी बातें सरला को जैसे वाक़ई उड़ाये लिये जाती हैं—"सरला, तुमने मेरे हृदय में एक ऐसी शून्यता छोड़ दी है, जिसको मैं भर नहीं पाता। तुम्हारे अप्रतिम स्नेह का मुझे विश्लेषण करना होगा। हिन्दुस्तान में सिर्फ़ मालवीय जी ऐसे बन्दे हैं जिनके सामने मैं अपनी आत्मा के द्वार खोल सकता हूँ और उनकी बातों को वहाँ रख सकता हूँ, पर उनके व्यस्त जीवन में मेरे नये ख़यालों और प्रयोगों को सुनने का वक़्त नहीं है। तुम मेरे विचारों को पूरे दिलोदिमाग़ से, पूरी दिलचस्पी से सुनती हो। तुम्हारे पास एक साफ़, सुलझा हुआ, तेज़ दिमाग़ है। इसलिए तुमसे अपने प्रयोगों के बारे में बात करने का बहुत आनन्द है।

तुम्हारी आलोचना से भी मुझे बहुत मदद मिलती है। तुम्हारा संगीत मेरे लिए टॉनिक है। जैसा कि आश्रम के दो दिनों के अनुभव से तुमने जान लिया होगा कि तुम सेक्रेटरी के रूप में भी बुरी नहीं हो। तुम मेरे खाने-पीने का इतना ख़याल रखती हो। मेरे शरीर की सुरक्षा की तुम्हें इतनी फ़िक्र है। अब तुम्हारे बिना मेरा काम नहीं चल सकता।"

सरला अभिभूत है, इस आत्मनिवेदन से। गांधी के ये शब्द उसके अन्दर जो भाव जगाते हैं, उनको शब्द देना उसके लिए मुश्किल है। ईश्वर ने सरला को जो रूप-गुण दिये, परिवार ने सरला को जो संस्कार और शिक्षा दी और पंजाब की धरती पर देशसेवा के व्रत का पालन करते हुए सरला ने परिवार को जैसे निभाया, जीवन के उन सारे वर्षों को ये शब्द अपार गरिमा देते हैं। इस विराट् धरती पर कोई एक ऐसा पारखी शख़्स है, जिसे 'इस' सरला की ज़रूरत है। वह शख़्स भी कोई मामूली व्यक्ति नहीं है। उसकी आध्यात्मिक गहराई की कोई थाह नहीं है। वह देशसेवा का ऐसा व्रती है कि उसने अपने लिए अपना कुछ भी नहीं रखा है बल्कि कहना चाहिए कि वह मनुष्यता का ऐसा सेवक है जो सत्य, अहिंसा और शान्ति के पाठ से धरती पर सतयुग लाना चाहता है। वह कष्ट सहने में विश्वास रखता है और सबका कष्ट दूर करने में जीवन लगाना चाहता है। सरला, यदि तुम ऐसे व्यक्ति के दिये सम्मान का महत्त्व नहीं समझोगी तो तुम अपने से बड़ा धोखा करोगी।

सरला पूरा पत्र पढ़े बिना उसे हाथ में लिये ख़यालों में डूब गयी थी। अब उसने आगे पढ़ा तो उसका दिल ज़ोर-ज़ोर से धड़कने लगा...सरला के बिना गांधी का काम नहीं चल सकता, इसलिए गांधी पण्डित रामभज चौधरी की तरफ़ देख रहे हैं कि पण्डित जी उनकी ज़रूरत को समझेंगे। इसके लिए गांधी ईश्वर से प्रार्थना करेंगे और ज़रूरत पड़ने पर उपवास भी करेंगे। ऐसा नहीं कि वह पण्डित जी के दरवाज़े पर धरना देकर बैठेंगे, बल्कि यह उपवास अपनी आत्मा की शुद्धि के लिए होगा।

गांधी ने शायद सोचा होगा कि सरला उनके उपवास करने की बात से घबरा जायेगी। इसलिए उन्होंने आश्वासन दिया है कि वह बहुत ज़रूरत महसूस होने पर ही ऐसा करेंगे। गांधी ने आदतन मज़ाक़ करते हुए आगे लिखा था– पण्डित रामभज साबरमती से चले क्या गये, उनकी नर्स के बिना गांधी को अकेला छोड़ गये हैं और देवदास को उसकी गोद ली हुई माँ के बिना उदास कर गये हैं। ऊपर से देवदास के पास सरला की चाभी भूल से रह गयी है। इसके लिए वह बहुत परेशान है।

सरला बहुत देर तक बार-बार गांधी का पत्र पढ़ती रही। वह कभी चकित होती, कभी हल्के-से हँसती और कभी चिन्ता में डूब जाती। गांधी बच्चे की तरह सरल हैं और एक तपस्वी की तरह हठी भी। कितनी आसानी से लिख गये हैं कि सरला के बिना उनका काम नहीं चल सकता। क्या उन्होंने सोचा है कि ऐसी बात पढ़कर सरला के मन की क्या हालत होगी? और रामभज दत्त चौधरी? वे गांधी की बात मान लेंगे? पत्र ने सरला के अन्दर एक तूफ़ान-सा उठा दिया। रामभज दत्त ने उससे दिन में दो बार पूछा, "सब ठीक है न? सरला" "और नहीं तो क्या", कहकर अपने को सँभालने की कोशिश करती रही।

गांधी का उसी दिन का लिखा हुआ अगला पत्र फिर अगले दिन आ गया। सरला ने बहुत उत्सुकता से उसे खोला, पर पढ़कर पत्र को बेमन से दराज में डाल दिया। यह भी कोई पत्र है! वह भी ठीक पहले के आत्मनिवेदन के बाद? इस पत्र में गांधी ने सरला को न सिर्फ़ दीपक को रोज़ पत्र लिखने को कहा था, बल्कि साबरमती आश्रम में सरला से मिले सारे लोगों को पत्र लिखने का आदेश दिया था। सरला ने गिना-अनसूया बहन, साराभाई और गांधी के बड़े बेटे हरिलाल को लेकर कुल ग्यारह लोगों को पत्र लिखने का हुक्म था।

यहाँ तक तो फिर भी बात ठीक थी, पर ऊपर से गांधी ने आरोप लगाया था कि सरला बहुत आत्मकेन्द्रित है। उसे आश्रम के सब परिचितों को अपने सुन्दर भावों को लिखकर साझा करना चाहिए था। बेशक गांधी अपने पत्र की फ़रमान जैसी शैली को जान रहे थे । इसलिए उन्होंने नीचे अपने को 'लॉ गिवर' यानी 'क़ानूनदाता' का हस्ताक्षर किया था। ऊपर से मज़ाक़ में यह भी पूछ रहे थे कि अंग्रेज़ी में एल.जी. उसे कैसा लग रहा है, जिसको लेफ्टिनेंट गवर्नर या 'लॉ गिवर', दोनों में से कुछ भी पढ़ा जा सकता है!

सरला पूरे दिन कुछ-कुछ करती रही कि वह गांधी के पत्र के बारे में न सोचे, पर गांधी के पत्र की बातें उसे चुभती रहीं। रात में सरला ने पत्र को दोबारा दराज से निकाला। इस बार पत्र को पढ़कर उसे बहुत हँसी आयी। पहली बार गांधी का उसे आत्मकेन्द्रित कहना चुभा था। गांधी बिना ऐसा आरोप लगाए भी साबरमती आश्रम में सबको पत्र लिखने के लिए उसे कह सकते थे। पर दुबारा पत्र पढ़ने पर सरला को महसूस हुआ कि उसने गांधी के मज़ाक़िया लहजे को ज़रूरत से ज़्यादा गम्भीर होकर पढ़ा था। इसलिए वह समझ नहीं पायी थी। गांधी अपना ही मज़ाक़ बना रहे थे। एक के बाद एक इतने लोगों का नाम लेकर उनको पत्र लिखने का फ़रमान उन्हें खुद मिलिट्री के हुक्म जैसा लगा

होगा। वे हड़बड़ी में पत्र लिख रहे थे, यह तो उन्होंने लिखा ही था। इसलिए अन्त में अपने को सरला के लिए 'क़ानून बनानेवाला' घोषित कर उसकी राय भी माँग रहे थे कि सरला को यह ठीक लगा या नहीं!

अपने मिज़ाज के मुताबिक़ शब्दों के कितने अलग अर्थ निकाले जा सकते हैं, सरला सोचती हुई मुस्कराती रही। ठीक है गांधी, आप मेरे 'लॉ गिवर' ही सही। उसका प्रयोजन तो देशहित ही है। सरला ने निश्चय किया कि वह अपने 'लॉ गिवर' को लाहौर आने के लिए टेलीग्राम भेजेगी। गांधी दिल्ली में हैं और लाहौर नज़दीक है। अंग्रेज़ों ने सबसे अच्छा काम तो यही किया है कि पिछले साठ सालों में पूरे देश में साठ हज़ार किलोमीटर तक रेल की पटरियाँ बिछा दी हैं। वह आने का अनुरोध करेगी, तो गांधी मान ही लेंगे।

टेलीग्राम के बदले गांधी का एक लम्बा जवाबी ख़त आया है। गांधी पौने पाँच बजे भोर में लिख रहे हैं। ख़िलाफ़त आन्दोलन के मैनिफ़ेस्टो का ज़रूरी काम छोड़कर वे पहले सरला को पत्र लिखने बैठे हैं। गांधी बेशक चाहते हैं कि उन्हें लाहौर में सरला की छत के नीचे फिर उसकी बेजोड़ देखभाल मिले। वे उसे चरख़ा कातते देखें। सरला 'रामायण' के पद गाकर उन्हें सुनाये। वे सरला को अपने हाथ से घर के काम करने की चेष्टा करते देखें, किन्तु समय नहीं है कि वे किसी तरह के आराम का लाभ ले सकें। उन्हें अपने पुराने साथियों और कार्यकर्ताओं से मिलना है। यह भी सच है कि उनका शरीर और दिमाग़ जवाब दे रहा है और उन्हें एकान्त की बहुत ज़रूरत है। सरला उन्हें आराम दे सकती है, यदि वह उनके पास सिंहगढ़ आ जाये, पर तभी जब इसके लिए पण्डित रामभज की रज़ामन्दी हो। सरला वहाँ आकर उनकी देखभाल करे, इससे उन्हें बड़ा सुकून मिलेगा। वहाँ सरला को देशसेवा की ट्रेनिंग देने के बजाय गांधी की देखभाल मुख्य उद्देश्य होगा, पर वे पण्डित रामभज से ऐसा व्यक्तिगत अनुग्रह कैसे माँग सकते हैं? इसलिए सरला वहाँ तभी आ सकती है जब दोनों पति-पत्नी पूरी तरह समर्पित हों। तब सरला का पूरा लाभ वे ले सकेंगे।

सरला ने यहीं तक आधा पत्र बढ़कर बन्द कर दिया। 'मनुस्मृति' के विरोध में सरला ने बहुत बार लिखा है। बहुत बार मंच से बोली है, किन्तु हक़ीक़त में औरत के जीवन का सच यही है। जब स्वामी विवेकानन्द सरला को अपने साथ धर्म-प्रचार के लिए विदेश ले जाना चाहते थे, तब माता-पिता-नाना की रज़ामन्दी मिलना असम्भव था। अब सैंतालीस साल की उम्र में भी गांधी के साथ देशसेवा में जुटने के लिए पति की आज्ञा चाहिए।

आज भी सरला उतनी ही परतन्त्र है, जितनी बीस साल पहले थी। पण्डित रामभज सरला का मन समझ रहे हैं, पर वे कितने मन से उसका और गांधी का साथ देंगे, यह जानना मुश्किल है।

गांधी ने आगे ख़िलाफ़त कमेटी के काम के बारे में अपने पत्र में लिखा है। उसमें भी गांधी लिखते हैं कि सरला और पण्डित जी वहाँ साथ होते तो उन्हें बहुत अच्छा लगता। सरला अपनी तरफ़ से जो सलाह देती, वह उनके बहुत काम की होती। पत्र पढ़ते हुए सरला का मन बेचैन हो रहा है। गांधी को इतने बड़े-बड़े नेताओं से इतना सम्मान मिल रहा है, तब भी गांधी सरला से मशविरा करने की ज़रूरत महसूस करते हैं। यह क्या कोई मामूली बात है? गांधी ने आगे फिर मज़ाक़ करते हुए आगे लिखा है कि सरला के 'लॉ गिवर' को तिलक, पटेल, मालवीय जी और लाला लाजपत राय ने भी अपना 'लॉ गिवर' मंज़ूर कर लिया है। इस पर सरला को कोई आपत्ति तो नहीं?

गांधी के पत्र से आगे यह साफ़ ज़ाहिर है कि वे जानते हैं कि पण्डित रामभज दत्त में सत्याग्रह को लेकर शंकाएँ हैं, वरना वे क्यों लिखते कि यदि पण्डित जी वहाँ होते तो सचमुच मान जाते कि इस जगत में सत्याग्रह का रास्ता ही सही है और तलवार व्यर्थ साधन है। गांधी बार-बार लिखते हैं कि यदि पण्डित जी सरला के साथ इस नये भार को सँभालने के लिए तैयार हों, तो सरला को उनके पास आ जाना चाहिए।

"तुम्हारे पास योग्यता है। तुम्हारे पास दृष्टि है, पर क्या तुम्हारे अन्दर संकल्प है?" गांधी का यह प्रश्न सरला के सामने जैसे एक विराट् प्रश्नचिह्न बनकर खड़ा हो गया है। जीवन के इस मुक़ाम पर जब सरकार ने उनके अख़बार बन्द करवा दिये हैं, 'भारत स्त्री महामण्डल' की बहुत-सी स्कूलों में ताला जड़ दिया गया है, तब गांधी यदि एक नया विकल्प सामने रख रहे हैं, तो उस पर क्या हमें नहीं चलना चाहिए? जलियाँवाला बाग़ की भयंकर हिंसा और क्रूरता क्या फिर दोहरायी नहीं जायेगी, अगर हम हिंसा के मार्ग पर चलकर आज़ादी पाना चाहेंगे? सरला बेचैन है। पण्डित रामभज दत्त चौधरी क्यों नहीं देख पा रहे कि सत्याग्रह ही अब शेष मार्ग है?

गांधी का उसी दिन का लिखा चौथा पत्र सरला को पूना में मिला। वह साबरमती आश्रम होते हुए दीपक से मिलकर पूना आयी है। गांधी ने इस बार सरलादेवी की जगह 'माई डियर सरला' लिखकर उसे सम्बोधित किया है। इसके लिए भी गांधी लिखते हैं कि पण्डित रामभज दत्त से शायद उन्हें ऐसा करने की अनुमति मिल जायेगी। सरला चकित है। एक ही दिन

में गांधी उसे चार-चार पत्र लिख रहे हैं। गांधी आमने-सामने उसे 'सरला' ही कहते रहे हैं। पत्र में यदि सरला लिखते हैं तो इसमें पण्डित रामभज दत्त को क्या एतराज़ हो सकता है? गांधी ने आगे लिखा है—हम ईश्वर और धनपिशाच, दोनों की आराधना एक साथ नहीं कर सकते। सरला और पण्डित रामभज को यह निर्णय करना होगा कि वे गांधी के रास्ते पर चल सकते हैं या नहीं? यदि यह पण्डित रामभज के लिए सम्भव न हो, तो कम-से-कम पण्डित जी सरला को अर्पण कर दें। किन्तु पण्डित जी भी तभी सरला को दे सकेंगे, जब सरला खुद अपने को देने के लिए तैयार हो। गांधी चाहते हैं कि सरला पण्डित जी को उनके सारे पत्र अवश्य पढ़ाये।

गांधी कितनी सरलता से उनके सरला को लिखे पत्र उसके पति को पढ़वाना चाहते हैं। ज़ाहिर है कि स्त्री के मन की गांधी को कोई थाह नहीं है, न ही उन्हें पति-पत्नी के बीच उस हलफ़नामे की ख़बर है जिसमें पत्नी को किसी और को अर्पण करने की कोई इबारत नहीं होती। सरला को वह दिन याद आता है जब जोड़ासांको के तालाब में तैरना सीखते हुए वह पहली बार गहराई में कूदने वाली थी। वह डर रही थी कि गहराई में कूदकर किनारे तक कहीं नहीं जा पायी, तो डूब जायेगी। बाहर खड़ी हुई हिरण्यमय दीदी बार-बार कह रही थी—'कूदो, कूदो! कुछ नहीं होगा! डरो मत!' दीदी इतनी बार कह चुकी थी कि अब सरला के पास कूदने के अलावा कोई रास्ता नहीं बचा था। गांधी एकदम अचानक चाह रहे हैं कि सरला सब कुछ छोड़कर गहराई में कूद जाये। सरला उसी तरह का दबाव महसूस कर रही है जैसा उसने उस दिन तालाब के किनारे खड़े हुए महसूस किया था।

क्या सरला को पण्डित रामभज दत्त को यह पत्र दिखाकर पूछ सकेगी कि अब आगे जीवन को किस दिशा में ले जाना है? क्या वे दोनों घर-बार, काम-काज छोड़कर गांधी के यज्ञ की आहुति बनने को तैयार हैं या क्या रामभज दत्त चौधरी उसे छूट लेने देंगे कि वह अकेले अपने जीवन का निर्णय ले?

सरला ने खादी और स्वदेशी का व्रत तो ले ही लिया है। मिल की बनी कोई साड़ी अब उसकी आलमारी में नहीं है। सिल्क की जो साड़ियाँ हैं, उन्हें अब पहनने का दिल नहीं करता। सरला को मालूम है कि रामभज दत्त उसके सादे होते जाते रूप को देखकर बहुत आनन्दित नहीं होते, पर वे उसे टोकते नहीं। बस, पल भर देखकर आँखें घुमा लेते हैं। उस एक पल में भी सरला उनके दिल की बात भाँप लेती है।

सरला ने गांधी को कहा था कि साबरमती आश्रम में औरतें खादी के कपड़े नहीं पहनतीं। यह देख उसे बहुत खेद हुआ। वे लोग चाहें तो खादी को रँगा भी जा सकता है। कम-से-कम औरतों को खादी के ढीले ब्लाउज़ अवश्य पहनने चाहिए। गांधी ने लिखा है कि उन्होंने सरला की बात आश्रम में अपने भतीजे मगनलाल गांधी को कह दी है। मगनलाल अपनी पत्नी और दोनों बेटियों, राधा और रूखी को कहेंगे कि वे सरला की बात पर ध्यान दें।

सरला रात देर से कमरे में सोने के लिए आयी तो देखा कि चौधरी जी लेटे हुए छत की ओर देख रहे हैं। सरला ने कहा, "सोये नहीं? क्या सोच रहे हैं?" रामभज दत्त चौधरी ने कहा, "पिछले साल की घटनाओं के बारे में सोच रहा हूँ। तुम्हें याद है न, गांधी जी को पंजाब बॉर्डर से गिरफ़्तार करने की ख़बर 10 अप्रैल को आयी, तो सारी दुकानें खटाखट बन्द हो गयीं। लोगों की भीड़ मॉल होते हुए गवर्नमेंट हाउस की ओर चली, तो पुलिसवालों ने सिपाही क्लब के पास गोली चलाकर दो-चार लोगों को मार डाला। मुझे ख़बर मिली तो मैं लाहौरी गेट के पास भागकर पहुँचा। मैंने ऊँची जगह पर चढ़कर लोगों की भीड़ को घर जाने कहा, पर मेरी आवाज़ कहाँ तक जाती? डिप्टी कमिश्नर मिस्टर फ़ाइसन को मैंने कहा—मैं भीड़ को हटने के लिए कहता हूँ। आप मुझे थोड़ा वक़्त दीजिए। उन्होंने कहा—मैं तुम्हें दो मिनट का समय देता हूँ। उसके बाद हम फ़ायरिंग करेंगे।

मैं पूरा दम लगाकर लोगों को घर जाने के लिए कहने लगा। मेरा चिल्लाना सुनकर कुछ लोग जाने भी लगे, पर उन्होंने ठीक दो मिनट बाद फ़ायरिंग शुरू कर दी। चार-पाँच लोग मारे गये। भीड़ भागने लगी। ख़ूँख़ार कुत्ते हैं ये अंग्रेज़! घायलों और मरे हुए लोगों की लाशें तक नहीं दीं। 15 अप्रैल की तारीख़ को डिप्टी कमिश्नर ने मुझे बात करने के लिए बुलाया और गिरफ़्तार करके साढ़े पाँच सौ किलोमीटर दूर डेरा ग़ाज़ी ख़ान जेल भिजवा दिया।" रामभज दत्त दुःख, क्षोभ और क्रोध से हाँफने लगे थे। सरला दो मिनट चुप रही। फिर उसने कहा, "गांधी जी की चिट्ठी आयी है। चाहते हैं कि हम दोनों सत्याग्रह और स्वदेशी के आन्दोलन में पूरी तरह अपने को लगा दें।" रामभज चुप रहे और आँखें बन्द कर लीं।

सरलादेवी ने ठान लिया कि अब उन्हें चुप नहीं रहना है। "गांधी ने सिंहगढ़ से एक पत्र लिखा है जहाँ वे आराम कर रहे हैं। हमें भी बुलाया था, पर मैंने लिखा कि अभी सम्भव नहीं है। मेरा एक लेख 'बन्धु' शीर्षक से गुजराती में

अनुवाद करके 'नवजीवन' में छपा था। लोग उसे न समझकर गांधी से उसकी व्याख्या करवाना चाहते हैं। आपको उसके बारे में बताऊँ?" रामभज दत्त के हामी भरने पर सरला बोलती गयी–"दरअसल जब मैं शान्तिनिकेतन में प्रकृति के सान्निध्य में थी, तब समय एक बन्धु था। सुबह, शाम और रात का समय ऐसी शान्ति ले आता जैसे कि कोई अच्छा और सच्चा मित्र। पर शहर लौटी तो घर में मेरी जगह कम थी, अलमारियों टेबल-कुर्सी की ज़्यादा! आकाश सिर्फ़ खिड़की के फ्रेम से बँधा हुआ। रोज़ किसी से मिलना है, आज एक तो कल दूसरा बेयरा भाग गया, कोई काम बाक़ी रह गया। यह चिन्ता, वह चिन्ता। समय जैसे बैरी हो गया। कहीं शान्ति नहीं थी। अब असली बात पर आयें। अपने अन्दर अगर पूर्णता हो, तो किसी बन्धु की क्या ज़रूरत? और अगर हो भी तो बन्धु वैसा हो, जो अर्जुन का सारथी बना था। उसे खोजते हुए अपनी अन्तरात्मा में झाँका, तो पता चला कि हम खुद ही अपने सबसे बड़े बन्धु हैं।"

सरलादेवी अपनी लम्बी बात पूरी करके रुकीं, तो रामभज दत्त चौधरी ने आँखें खोल सरला की ओर मुस्कराते हुए देखा और बोले, "मेरी बन्धु तो तुम हो, सरला!" सरला अपनी पुरानी हँसी बजाती चली गयी। "जानती हो, गांधी जी ने मुझे क्या कहा था तुम्हारे लेख के लिए?" रामभज दत्त ने सरला से पूछा। सरला ने चकित होकर कहा, "नहीं तो!" "गांधी जी ने मुझसे कहा कि सरला आपके जेल में रहने से इतनी विह्वल दशा में थी कि उसे किसी भी तरह की शान्ति नहीं थी। इसलिए उसका ध्यान दूसरी तरफ़ फेरने को मैंने 'नवजीवन' के लिए उसका लिखा कुछ माँगा। पहले तो उसने कहा कि अभी वह सोच ही नहीं पाती, पर एक दिन उसने मुझे अपने पुराने लेख में कुछ जोड़कर दे दिया।" कहकर रामभज दत्त ज़ोर से हँस पड़े।

"चौधरी जी", सरला ने कहा, ''बम्बई में 6 अप्रैल से 13 अप्रैल तक 'सत्याग्रह सप्ताह' मनाया जायेगा। जलियाँवाला बाग़ की घटना को पूरा एक साल होने आया। गांधी जलियाँवाला बाग़ मेमोरियल के लिए कम-से-कम दस लाख रुपये का चन्दा इकट्ठा करना चाहते हैं। गांधी कहते हैं कि उपवास और प्रार्थना करने से ईश्वर आकाश से मनचाहा धन बरसा देंगे।" रामभज सरला की बात सुनकर उठकर बैठ गये।

"सरला, तुम मुझे एक बात बताओ। क्या तुम सचमुच मानती हो कि उपवास और प्रार्थना कर, अपनी आत्मा को पवित्र बनाकर हम देश को आज़ाद कर लेंगे?" सरला एक मिनट चुप रही। फिर बोली, "मुझे गांधी जी का उपवास कर अपने शरीर को कमज़ोर बनाना बिलकुल समझ में नहीं आता।

पर चौधरी जी, आप बताइए कि उस आदमी के मन के दृढ़ विश्वास को कैसे अनदेखा किया जाये? आख़िर ईश्वर भी तो एक विश्वास ही है। रवि मामा गुजराती साहित्य परिषद् के निमन्त्रण पर साबरमती आ रहे हैं। गांधी जी तो लेखकों से भी यही सवाल करते हैं, क्या आपकी कृति के सहारे मैं शीघ्र ही प्रभु के पास पहुँच सकता हूँ? उनके लिए सत्य ही ईश्वर है।"

रामभज दत्त ने एक लम्बी साँस छोड़ी और वापस लेट गये। मन में सोचते रहे, ईश्वर की खोज में आदमी हिमालय की गुफ़ा में जाकर ध्यान लगाता है। यह गांधी जाने किस मिट्टी का बना है! यह राजनीति में ईश्वर को खोज रहा है। बुराई का जवाब बुराई से मत दो। बन्दूक़ का जवाब क्या चीज़ से देगा हिन्दुस्तान का निहत्था आदमी? जाने सरला पर गांधी ने क्या जादू चलाया है? अपना रास्ता पूरी तरह बदल लिया है उसने। सिर्फ़ गांधी का ही रास्ता उसे समझ आ रहा है। अब तो कोई उपाय नहीं दिखता। गांधी के साथ बम्बई सत्याग्रह में शामिल होकर देखना होगा कि आगे क्या करना है?

8

'अब यह बिछुड़ना और अधिक कठिन लगने लगा है!'

अप्रैल 1920 के महीने की शुरुआत से ही सरलादेवी का मन उत्साह और उत्कण्ठा से भरा है। पिछले साल के अप्रैल की मनहूसियत याद आती है तो जलियाँवाला बाग़ हत्याकाण्ड और रामभज दत्त के जेल जाने की स्मृति से मन अब भी बेचैन हो उठता है। पर इस अप्रैल की बहुत-सी स्मृतियाँ ऐसी होंगी जो ताज़िन्दगी याद रहेंगी, सरलादेवी को यह अहसास बना हुआ है। 2 अप्रैल को साबरमती आश्रम में रवि मामा का भाषण होगा। रवीन्द्र और गांधी–महाकवि और महात्मा को एक साथ बैठे देखना ही अपूर्व अनुभव होगा। लाहौर से साबरमती तक आम के पेड़ मंजरियों से लदे हुए हैं। इस बार रवि मामा का गीत सरला उन्हें ज़रूर सुनायेगी–*ओ मंजरी, ओ मंजरी, आमेर मंजरी...आमार गाने, आमार गाने तोमार गन्ध मिशे*। सरला को क्या नहीं मालूम कि रवि मामा क्रान्तिकारियों के साथ उसकी उठ-बैठ को पसन्द नहीं करते थे। अब सरला के चरख़ा-स्वदेशी के नये राग पर उनकी क्या प्रतिक्रिया होती है, यह देखना है।

साबरमती आश्रम से सरला गांधी के साथ 6 अप्रैल से 'सत्याग्रह सप्ताह' मनाने के लिए बम्बई जायेगी। पण्डित रामभज दत्त चौधरी भी 8 तारीख़ तक वहाँ पहुँचेंगे। सरला इस बार कुछ अनोखा करके गांधी को चौंकानेवाली है। यह सोचकर सरला का मन बार-बार उमग रहा है। समय जल्दी से बीते तो वह दिन आये। सरला अपने अन्दर बरसों बाद वैसी ऊर्जा और उमंग का अनुभव कर रही है, जैसा मैसूर की नौकरी से लौटने के बाद उसने किया था। उस समय तलवार की पूजा कर वीराष्टमी मनाने और

प्रोफ़ेसर मुर्तज़ा को लेकर घर के पिछवाड़े में युवकों के लिए अखाड़ा खोलने जैसा ही उत्साह अब उसमें इतने बरसों बाद फिर लौट आया है। पूरे हिन्दुस्तान को चरखा चलाने और खादी पहनने के लिए प्रेरित करना क्या कोई मामूली लक्ष्य है? मंज़िल साफ़ हो तो मनुष्य का मन-प्राण उस काम को पूरा करने में जुट जाता है।

●●●

कल से सत्याग्रह सप्ताह बम्बई में शुरू होनेवाला है। सरला ने अहमदाबाद से ट्रेन के सीटी बजाकर सरकते ही गांधी से कहा, "एक बात मेरे दिल में है।" गांधी ने उसके कहने के अन्दाज़ पर हँसकर उसकी तरफ़ देखा। जब दो लोगों के बीच सखा-भाव होता है तो बिना बताये समझ लिया जाता है कि सामनेवाला कुछ अनोखी बात कहेगा। सरला ने कहा, "मैं बम्बई में खादी की साड़ी और ब्लाउज़ पहनना चाहती हूँ।" जैसा कि सरला ने सोचा था, गांधी ने हैरत से कहा, "क्या तुम मज़ाक़ कर रही हो? अब तक मैं आश्रम में ही किसी को मोटी खादी पहनने के लिए राज़ी नहीं कर पाया हूँ। क्या तुम सचमुच खादी की साड़ी पहनोगी?" सरला ने कहा, "बिलकुल! मुझे वैसी ही मोटी खादी पहननी है जैसी आप पहनते हैं।" गांधी के हर्ष की सीमा नहीं थी, "तुम सच्चे दिल से यह बात कह रही हो तो मैं तुम्हारे लिए खादी के कपड़े बनवाता हूँ।"

'गांधी ने खादी की पहली साड़ी सरलादेवी चौधरानी के लिए बनवायी', सरला ने अपनी डायरी में दर्ज किया, 'और सरलादेवी हिन्दुस्तान की पहली औरत है, जिसने इस परिधान को पहना।' जब रवि मामा ने बम्बई में सरला को खादी में देखा तो उन्होंने हँसकर कहा, "तुम्हें अटपटा न लग रहा हो तो इस पोशाक में कोई ख़राबी नहीं है। सभी जगह तुम इसे पहनकर जा सकती हो।" यह सुनकर गांधी के चेहरे की ख़ुशी देखने लायक़ थी।

रवि मामा के सम्मान में बम्बई के पारसी उद्योगपति श्री जे.बी. पेटिट के घर आयोजित भोज में जाते समय सरला कुछ ऊहापोह में थी कि वहाँ खादी पहनकर जाये या नहीं? सरला ने सुन रखा है कि सर दिनशॉ मानेकजी पेटिट की बेटी रूटी यानी रतनबाई पेटिट बम्बई की सबसे ख़ूबसूरत और फ़ैशनपरस्त औरत है, जिसने दो साल पहले अठारह साल की उम्र में अपने से चौबीस साल बड़े जिन्ना से शादी की थी। उसके बिना बाँह के ब्लाउज़ और शिफ़ॉन की हवा-सी

हल्की साड़ियों की चर्चा सरला ने सुनी थी, पर जब उसे रवि मामा की बात याद आयी तो उसने खादी ही पहनने का निश्चय किया। गांधी ने उस रात वहाँ से लौटने पर सरला को कहा, "जितना सम्मान तुम्हें क़ीमती साड़ियों में मिलता था, उतना ही इस खादी की साड़ी में भी मिला। बल्कि खादी के कारण तुम्हारे प्रति सबके मन में आदर का भाव जास्ती बढ़ा हुआ दिख रहा था।"

गांधी बहुत देर तक जहाँगीर बोमनजी पेटिट के बारे में बताते रहे। पाँच साल पहले जब वे 9 जनवरी 1915 को बम्बई पहुँचे थे, तो जहाँगीर पेटिट एक बड़ी नौका लेकर कई लोगों के साथ उनका स्वागत करने दक्षिण अफ़्रीका से आये जहाज़ 'एस.एस.अरेबिया' पर अपोलो बन्दर आये थे। तीन दिन बाद उन्होंने पेडर रोड में अपने बँगले 'माउंट पेटिट' पर भोज रखा था। उसमें गोखले, जिन्ना, सर दोराब टाटा जैसे प्रभावशाली हिन्दुस्तानी और सर क्लॉड हिल जैसे कई अंग्रेज़ शामिल थे। सरला ने कुछ उदास होकर सोचा– काश! वह भी गांधी का स्वागत करनेवालों में होती, किन्तु कौन किससे कब मिलेगा, यह क्या इन्सान तय करता है? पर कोई बात नहीं। गांधी के साथ मिलकर असली काम तो अब शुरू करना है।

सरला के उत्साह की कोई सीमा नहीं थी। गांधी सब जगह कह रहे थे कि एक साल में उनके पास हाथ का काता हुआ इतना सूत जमा हो गया है कि वे और सूत नहीं ले सकते, किन्तु उस सूत का बना हुआ कपड़ा पहननेवाले लोग नहीं मिल रहे। लोग मोटी खादी के लायक़ ही सूत कात पा रहे थे। उसके प्रति लोगों की अरुचि को कैसे दूर किया जाये, गांधी इस चिन्ता में पड़े थे। "स्वदेशी आन्दोलन को सबसे ज़्यादा लाभ श्रीमती सरलादेवी ने ही पहुँचाया", 'नवजीवन' के लिए गुजराती में लिखे हुए लेख का सरला को अनुवाद कर गांधी सुनाते गये। सरला प्रसन्न मन से सुनती रही। टैगोर परिवार की कलात्मक अभिरुचि हिन्दुस्तान भर में प्रसिद्ध है, पर कला की दृष्टि से उस परिवार के दो अत्यन्त कलाप्रिय लोगों को भी खद्दर में कलाहीनता नहीं दिखी। सुसंस्कृत समाज में भी सरलादेवी ने खादी को दाख़िल करवा दिया। बढ़िया से बढ़िया रेशमी वस्त्र या बारीक से बारीक ढाके की मलमल पहनने की आदत के बावजूद सरलादेवी ने खादी के भारी कपड़े गर्व के साथ पहने। वे भारी खद्दर की साड़ी में भी उतनी ही फुर्तीली और सुन्दर लग रही थीं, जितनी अपनी चमकीली रेशमी साड़ियों में लगती थीं।

अपने बारे में इतनी बातें गांधी के मुख से सुनते हुए सरलादेवी को लज्जा महसूस हो रही थी। बात बदलने के लिए सरला ने कहा, "साबरमती

में अनसूयाबेन साराभाई मुझसे कह रही थी कि आप उसे जाने कितनी खादी भेजते रहते हैं, पर इतना मोटा कपड़ा वह पहन नहीं पाती। इस बार मैं उसे मना लूँगी। यदि आश्रम के लोग खादी नहीं पहनेंगे तो हम किस नैतिक आधार से बाक़ी लोगों को खादी पहनने के लिए कहेंगे?" गांधी सरला का उत्साह देख मुस्कराते रहे। सरला जैसा एक सत्याग्रही सैकड़ों लोगों का मन बदल सकता है। गांधी ने देखा था कि 'गुजरात स्त्री मण्डल' में सरला का अध्यक्षीय भाषण इतना ज़ोरदार था कि 'जलियाँवाला बाग़ मेमोरियल फंड' के लिए औरतों ने खुले हाथों से दान दिया था। 'सरला में ऊर्जा है, समझ है और किसी काम को कर गुज़रने का माद्दा भी'–गांधी मुस्कराते हुए सोच रहे थे। सरला उनकी मुस्कराहट का मतलब समझते हुए झेंप रही थी। "मैंने देवदास को पत्र लिखा है। आपको भी कुछ लिखना हो, तो आप इसके पीछे ही लिख सकते हैं।" सरला ने कहा। गांधी ने मुस्कराते हुए पत्र लिया और दो लाइन लिखकर सरला को वापस पकड़ा दिया। देवदास और सरला का एक-दूसरे के प्रति लगाव उन्हें बहुत प्रीतिकर लगता है।

गांधीं बम्बई से साबरमती लौटकर पाँच दिन बाद बम्बई आयेंगे। इस बीच सरलादेवी को अपने पति रामभज दत्त चौधरी की पहली पत्नी के बेटे जगदीश की शादी की तैयारियाँ करवानी हैं। उन दोनों को गोधरा जाकर बम्बई लौटना है। फिर गांधी पाँच दिनों तक विश्राम करने बम्बई से पूना के पास सिंहगढ़ जायेंगे। गांधी के सीने में पुरानी प्लुरिसी का दर्द से फिर बढ़ने लगा है। परिवार की ज़िम्मेदारियों के चलते गांधी के साथ जाना कहाँ सम्भव है–सरलादेवी मायूस होकर सोचती हैं–वरना गांधी को उनकी तीमारदारी की बहुत ज़रूरत है। पत्र तो वे रोज़ ही लिखेंगी। शब्दों का साथ ही निभाया जा सकता है, बशर्ते कि पत्र ठीक तरह से मिलते रहें। कई बार पत्र ग़ायब हो जाते हैं और अगले पत्र से ही उनके ग़ायब होने का पता चलता है। गांधी से दूर रहने पर सरला का जीवन डाकिये की समय पर आनेवाली पुकार की प्रतीक्षा से बँधा रहता है। सरला ग़ालिब को गुनगुनाती हुई हँस पड़ी–*क़ासिद के आते-आते ख़त इक और लिख रखूँ/मैं जानता हूँ जो वो लिखेंगे जवाब में*।

साबरमती आश्रम से गांधी का 'प्यारी बहन सरला' के सम्बोधन के साथ एक छोटा-सा पत्र आया है। गांधी ने शिकायत की है कि यदि सरला को गोधरा नहीं जाना था, तो उसे साबरमती चले आना चाहिए था। पण्डित रामभज दत्त चौधरी गोधरा जाकर वहाँ का काम निपटा सकते थे। सरला गांधी के पत्र की शिकायत समझ मुस्कराती है। घर-परिवार की ज़िम्मेदारी से एक

औरत कितना भाग सकती है, शायद गांधी इस बात को समझ नहीं पाते। ख़िलाफ़त के मुद्दे को लेकर गांधी के लंदन जाने की बात चल रही है। वे चाहते हैं कि सरला कुछ लोगों से मिलकर यह पता लगाये कि वाक़ई लंदन जाने से कोई काम बनेगा या नहीं? गांधी आगे लिखते हैं कि उनके मन में एक और योजना है, पर वे बम्बई में सरला से मिलने पर ही बात कर सकेंगे।

गांधी के पत्र के अन्त में एक दूसरी शिकायत की ध्वनि है। इस बार सरला अपनी हँसी नहीं रोक पाती। गांधी ने सोच रखा था कि सरला साबरमती आयेगी और सुबह की सैर पर वे साथ जायेंगे। गांधी ने मज़ाक़ में लिखा है कि 'आदमी इच्छा करता भले ही है, पर पूरी होना औरत के हाथ में है।' सरला मिलेगी तो पूछेगी कि तब फिर गांधी पत्र के अन्त में अपने आप को सरला का 'लॉ गिवर' बताकर कैसे हस्ताक्षर कर रहे हैं? सरला ने उदास होकर सोचा, कितना अच्छा होता कि उसने गोधरा की योजना ही नहीं बनायी होती और गांधी के साथ साबरमती चली गयी होती।

गांधी का अगला पत्र अगले ही दिन बम्बई पहुँच गया है। सरला बहुत उत्कण्ठा से उसे खोलती है। अब तो वह साबरमती जाना तय कर चुकी है। उसके बाद ही वह बम्बई लौटकर लाहौर जायेगी। देखें कि गांधी क्या लिख रहे हैं? अच्छा! फिर मज़ाक़ कर रहे हैं। कहते हैं कि उन्हें सरला से एक वरदान चाहिए। ''वरदान यही कि समूचा साबरमती आश्रम उसे खद्दर की साड़ी में देखने का आनन्द ले सके। वे चाहते हैं कि आश्रम में सरला ज़्यादा-से-ज़्यादा समय खद्दर की साड़ी में दिखे, किन्तु वरदान तो देनेवाले की मर्ज़ी से मिलता है। इसलिए सरलादेवी की मर्ज़ी हो तो ही वरदान दें। वैसे यदि सरलादेवी से यह वरदान न भी मिला तो गांधी पुराने वरदान की याद करके कृतज्ञता बनाये रखेंगे।'' सरला मुस्कराती है। खद्दर अगर देश के लिए वरदान है, तो यह सरला के लिए वरदान ही है। गांधी से मिलने पर उन्हें यह कह देगी।

पत्र के आगे की एक पंक्ति सरला के मन को हरनेवाली है। गांधी सुबह की सैर में पाँच बजे पश्चिम में दिखते पूर्ण चाँद को देखने के आनन्द को सरला के साथ महसूस करना चाहते थे। सुबह की सैर पर सरला का न होना उनके अन्तस में एक ख़ालीपन छोड़ गया है। 'ओह', सरला के मुँह से निकला। उसकी आँखों में पानी भर आया। इस धरती पर कोई ऐसा सहृदय है जो सरला के साथ सुबह के चाँद को देखना चाहता था। गांधी ने पत्र में कोई कविता नहीं लिखी है जो सरला के दिल के आर-पार चली जाये। एक सीधी-सच्ची-सी बात हज़ार कविताओं से ज़्यादा मर्म तक पहुँचती है। किसी के साथ होने का

आनन्द क्या किसी को समझाया जा सकता है? किसी सुन्दर दृश्य को देखते समय किसी की कमी खलना। कोई साथ होता, यह इच्छा होना। सरला के जीवन की सार्थकता तो इसी में है, जब किसी को सरला की कमी ऐसे महसूस हो।

सरला के मन में रवीन्द्र संगीत के बोल उमड़ने लगे, 'पुरानो शेई दिनेर कथा...'

पुराने उन दिनों की कथा,
कैसे भूली जाये,
वह आँखन देखी प्राणकथा
भुलायी न जाये।

भोर में जो फूल चुने थे
साथ झूले थे झूले
बँसी बजायी गान सुने थे
बकुल के तले–

गांधी के साथ लाहौर के लॉरेंस पार्क में सुबह की सैर का अपरिमित आनन्द कभी भुला सकती है सरला? गांधी इतना तेज़ चलते कि सरला को पूरा ज़ोर लगाकर साथ रहना पड़ता। गांधी कोई बात कहते तो सरला उसे हज़ारों कानों से जैसे सुनती। गांधी कुछ पूछते तो सरला सारी इन्द्रियों से जवाब देती। यूकेलिप्टस के पेड़ों से घिरे बग़ीचे में सूर्योदय होने के दृश्य को साथ देखना। दिव्य! दिव्य!! दिव्य!!! सरला के अन्तर से यह ध्वनि उठती रहती। प्रकृति की दिव्यता साथ में खड़े व्यक्ति की दिव्यता से हज़ार गुना बढ़ जाती। सूर्योदय और सूर्यास्त के दृश्य क्या सरला ने कम देखे थे? उस पर क्या कम कविताएँ लिख रखी थीं? पर यह सूर्योदय तो रोज़ एक नयी आभा उसकी आत्मा में भर जाता। गांधी ने लाहौर में अन्तिम दिन यह कहा था–"सूर्य सज्जन और दुर्जन, दोनों को प्रकाश देता है। मानव को ईश्वर की तरह पूर्णता प्राप्त हो सकती है, यदि वह बैर करना छोड़ क्षमा कर सके। मानव का उद्देश्य प्रेम होना चाहिए, घृणा नहीं। ईसा मसीह ने यही कहा था। बुद्ध का सन्देश यही था।" गांधी के शब्दों की गूँज आत्मा तक उतर जाती है। शायद इसके पीछे उस व्यक्ति की सरलता और खरापन है। वह जो कहता है उसे वह जीता है, सिर्फ़ कहता नहीं।

गांधी सुबह पाँच बजे नज़र आये चन्द्रमा को देखते हुए सरला का साथ चाहते हैं। एक आत्मा की क्या इससे पवित्र चाह हो सकती है? सरला सोचती है

अपने पति रामभज दत्त चौधरी के बारे में। गांधी की पत्नी कस्तूरबाई के बारे में। समाज के दिये बन्धनों में हम सब बँधे हैं, पर आत्मा का आकाश तो अनन्त है। वह किसी बन्धन में नहीं है। आत्मा बस संग होने की, साझेदारी की चाह से बँधती है। क्या कभी रामभज दत्त चौधरी ने किसी सूर्योदय को या चाँद को देखते हुए सरला की कमी को इस तरह अपनी आत्मा की गहराई से महसूस किया होगा? पति-पत्नी के बीच शरीर का सम्बन्ध ज़्यादा है, आत्मा का कम। छोटी-छोटी ज़रूरतों के सम्बन्ध का ऐसा जाल है कि अच्छी तरह से सेंके गये पराँठे को ही पत्नी का प्रेम मान लेता है पुरुष! पति के लाये गहने या कपड़े को आत्मिक जुड़ाव का प्रमाण मान लेती है पत्नी!

क्या गांधी जी ने अपनी पत्नी कस्तूर के साथ इस तरह चाँद देखने की तमन्ना की होगी? क्या आत्मा का राग समाज सिखा सकता है? आत्मा का राग तो अन्तस के गर्भ से स्वतः फूटा हुआ संगीत है, जिसे कोई ज़बरदस्ती न किसी को सिखा सकता है, न किसी से छीन सकता है। जोड़ासांको के जीवन ने सरला को आत्मा का वही राग सुन पाने और गाने की क्षमता दी थी। जब बड़ी मामी कादम्बरी देवी ने जोड़ासांको में आत्महत्या की थी, तब सरला की उम्र बारह साल की थी। सरला को बचपन से देखा एक पुराना दृश्य उस दिन भी याद आया था और आज तक रह-रहकर याद आता है। वह कभी नहीं भूली कि कैसे रवि मामा किसी किताब से कुछ पढ़ते और कैसे उनकी भाभी कादम्बरी देवी उन्हें मन-प्राण से सुनती हुई बग़ल में बैठी उन्हें पंखा झलती रहतीं। रवि मामा की शादी होने के ठीक चार महीने बाद छब्बीस साल की कादम्बरी मामी ने अफ़ीम खाकर अपना जीवन समाप्त कर लिया था।

जोड़ासांको के परिवार में कादम्बरी देवी का कोई नाम नहीं लेता था। वह कमरा हमेशा के लिए बन्द हो गया था, पर सरला को उस कमरे से लगी छत पर लगाये पेड़-पौधों के झुरमुट से कादम्बरी मामी का बनाया 'नन्दन-कानन' याद है, जहाँ संगीत-साहित्य-नाटक की त्रिवेणी बहती थी। नौ साल की कादम्बरी मामी अपने से दस साल बड़े ज्योतिन्द्रनाथ मामा से ब्याह कर जोड़ासांको आयी थीं। कादम्बरी देवी के उस विराट् अकेलेपन की किसे थाह थी जो उसके जीवन में वयस्क होते-होते गहराता चला गया था। बच्चा हुआ नहीं। सरला की छोटी बहन उर्मिला को प्रेम से पाला, पर वह चार साल की उम्र में सीढ़ी से गिरकर चल बसी। शायद पति ज्योतिन्द्रनाथ पूरी तरह उनके नहीं थे।

रवि मामा चौदह भाई-बहनों में सबसे छोटे थे। उनकी माँ यानी सरला की नानी के गुज़रने के बाद 'नोतून बोऊथान' यानी नयी भाभी कादम्बरी देवी की संगीत की प्रतिभा, साहित्य में रुचि और स्नेह की छाँव में भविष्य के रवीन्द्रनाथ पनप रहे थे। उनकी हर कविता की पहली पाठक और आलोचक उनकी हमउम्र कादम्बरी देवी थीं। रवि मामा को सुनते हुए कादम्बरी मामी का पंखा झलना उस कच्ची उम्र में भी सरला को बता गया था कि जब रस की समान अनुभूति हो तो शब्दों की ज़रूरत नहीं होती। 'तुम्हीं को किया है जीवन का ध्रुवतारा', रवि मामा ने लिखा था। उस एकात्मकता का अनुभव जो कर लेता है, वह उससे कभी उबर नहीं सकता। इसीलिए रवि मामा नोबेल पुरस्कार विजेता होने के बाद भी अब तक अपने गीतों में उनको सुनती हुई आँखें खोज रहे हैं-'मेरे प्राणों के पार जो है चला गया...'

सरला ने पत्र बन्द कर रख दिया। कहाँ से कहाँ चली जाती है वह! कादम्बरी मामी की मृत्यु के छत्तीस साल बाद वह उन्हें इस तरह याद कर रही है जैसे यह कल की बात हो। गांधी के पत्र की दो पंक्तियों का ऐसा असर उस पर होगा, यह तो सोचा नहीं था। गांधी ने दीपक के बारे में पत्र में कितनी बातें लिखी हैं पर सरला का ध्यान उन पर गया ही नहीं। दीपक ने अपने बड़े भाई धीरसेन को उर्दू में पत्र लिखा है। गांधी चाहते हैं कि दीपक सरला को हिन्दी में पत्र लिखे। धीरसेन को भी अच्छी तरह हिन्दी सीखनी चाहिए, सिर्फ़ उर्दू जानना काफ़ी नहीं है। गांधी इस बात पर सरला और पण्डित रामभज दत्त की भी राय जानना चाहते हैं।

रामभज दत्त साबरमती आश्रम आयेंगे तो उनको वही कमरा दिया जायेगा जो गुरुदेव रवीन्द्रनाथ को दिया गया था। ख़िलाफ़त की मीटिंग रविवार को तीन बजे आश्रम में होगी। गांधी चाहते हैं कि सरला को उसमें शामिल होने की अनुमति मिल जाये और खुद रामभज भी उसमें शामिल होने के लिए रविवार सुबह की ट्रेन से पहुँच जायें। पुनश्च लिखकर गांधी पत्र के अन्त में लिखते हैं कि उन्हें वाइसरॉय से इंग्लैंड जाने की अनुमति मिल गयी है, पर वे चाह रहे हैं कि वहाँ जाने के बजाय वे एक महीने आश्रम में रहकर दीपक की ट्रेनिंग पर ध्यान दें।

सरला पुनश्च पढ़कर जैसे नींद से जागती है। छत्तीस साल पुराने इतिहास में डूबकर आत्मा का राग सुनना इतना ज़रूरी नहीं था। गांधी उसके बेटे दीपक की कितनी ज़िम्मेदारी अपने ऊपर ले रहे हैं, यह क्या कोई कम अद्‌भुत बात है? गांधी के सामने देश की कितनी महान समस्याएँ हैं, पर जाने कैसे वे हर

व्यक्ति से उसके रोज़मर्रा के जीवन की छोटी-बड़ी बातों और समस्याओं से जुड़ जाते हैं। जिन बातों को हम बहुत मामूली समझकर छोड़ देते हैं, गांधी उन बातों को ज़रूरी मानकर चलते हैं। रामभज की दूसरी शादी से हुआ बेटा धीरसेन हिन्दी सीखे न सीखे, इससे किसी को क्या फ़र्क़ पड़नेवाला है? दीपक हिन्दी में माँ को पत्र लिखे, इसे गांधी उसकी शिक्षा के लिए इतना ज़रूरी क्यों मानते हैं? गांधी के संसार में छोटी बातें बड़ी हो जाती हैं और बड़ी बातें छोटी। और सरला के लिए? फ़िलहाल यही बात बड़ी है कि गांधी ने पत्र में दो बार लिखा है कि वह रविवार को पहली ट्रेन पकड़कर साबरमती ज़रूर पहुँच जाये।

•••

साबरमती से सरला लाहौर लौट आयी है, पर एक घड़ी उसका मन कहीं नहीं लग रहा। वह बेचैन है। न भूख लगती है न नींद आती है। संसार के सारे काम बोझ बन गये हैं। सुबह उठकर स्नान आदि करना तक मुश्किल हो गया है। यह क्या हो गया है उसे? ऐसे घर-संसार कैसे चलेगा? वह जोगन बनकर गांधी के पीछे देशसेवा के लिए पूरी तरह निकल पड़े, क्या यह सम्भव है, पर देशहित और परिवार को निभाना एक साथ कैसे होगा? दुविधा में दोनों गये, माया मिली न राम! सरला, क्या तुम्हारी दुविधा का कोई अन्त दिख रहा है? यह मन भी तो कैसा बैरी है! आश्रम में गांधी और दीपक दोनों को छोड़कर आते समय लग रहा था कि हृदय फट जायेगा। गांधी बार-बार सरला की ओर देख रहे थे। उसके मन की अवस्था उनसे छिपी न होगी। और अब यहाँ इस घर का क्या करें, जिसमें एक पल भी न मन लगता है और न चैन पड़ता है। पति रामभज दत्त से सरला कितनी भी मन की अवस्था छिपाये, पर वह जानती है कि रामभज सब भाँप रहे हैं। वे उसकी तरफ़ बार-बार देखते हैं।

गांधी का पत्र रामभज उसे पकड़ाकर चले गये हैं। सरला धड़कते दिल से उसे खोलती है। 27 अप्रैल 1920 को आश्रम में बैठकर गांधी ने 'मेरी प्यारी बहन' लिखकर उसे सम्बोधित किया है। सरला एक-एक वाक्य को डूबकर पढ़ती है और पत्र बन्द कर देती है। वह जान रही है कि यह पत्र एक आह्वान है, एक पुकार है जिसे नज़रअन्दाज़ करना उसके लिए नामुमकिन होगा। गांधी लिखते हैं—"अब यह बिछड़ना और अधिक कठिन लगने लगा है।

जिस जगह तुम बैठती थी, उस ओर मैं देखता हूँ और उसे ख़ाली देख कर अत्यन्त उदास हो जाता हूँ। दक्षिण अफ़्रीका में रहते हुए केलनबैक के अलावा किसी और स्त्री या पुरुष ने मेरे जीवन को उस तरह नहीं भरा था जैसा अभी तुम कर रही हो। मुझे पक्का विश्वास है कि यह हमारे पिछले जन्मों के सम्बन्ध के कारण है।" सरला ठगी-सी बैठी रह जाती है। यह बात उसके मन में भी इन दिनों बार-बार दस्तक देती रही है। जाने गांधी से उसके पिछले जीवन में क्या नाता था? वे दोनों अपने-अपने जीवन में बहुत सारा ज्ञान, जानकारियाँ, संस्कार बटोरते-बटोरते जीवन के इस मुक़ाम पर एक साथ पहुँचे हैं क्योंकि यहीं से असल में जीवन शुरू होता है। देश गुलाम है, ग़रीब है, भाषाहीन है, भेदभाव से त्रस्त है और देश को सिर्फ़ गांधी की ज़रूरत नहीं है। देश को सरलादेवी चौधरानी की भी ज़रूरत है। स्वयं गांधी को सरलादेवी की ज़रूरत है।

वाक़ई यदि उन दोनों का पिछले जन्मों का सम्बन्ध नहीं होता तो कुछ दिन के लिए गांधी का लाहौर में आकर सरला के घर ठहरने का संयोग यह रूप कैसे ले लेता? यह अटूट सम्बन्ध कैसे बन जाता? यह साथ रहने की, साथ सब कुछ करने की, साथ चाँद देखने का यह सखा-भाव दोनों के मन में कैसे उपजता? क्या उन दोनों में से कोई सपने में भी सोच सकता था कि उनका सम्बन्ध इस ठौर तक पहुँच सकता है? ज़ाहिर है, गांधी भी चिन्ता में हैं कि जो सम्बन्ध बन गया है, उसका क्या भविष्य है? गांधी की भाषा पर सरला सोचती है–"तुम्हें और मुझे बहुत गहरे से सोचना होगा और पण्डित जी को भी। हमें इस गहरे स्नेह को हिन्दुस्तान के लिए एक जीवन्त सत्य बनाना होगा। तभी यह हमारे लिए एक वरदान होगा और दूसरों के लिए भी। मैं तुमसे गुज़ारिश करता हूँ कि तुम इस बारे में सोचो और प्रार्थना करो। पण्डित जी से कहो कि तुम्हारी मदद करें।"

पण्डित जी यानी पण्डित रामभज दत्त चौधरी! सरला उनसे क्या मदद माँगे कि वे उसे घर-बार छोड़कर चले जाने दें? देशसेवा का व्रती होकर गांधी के साथ चलने दें? बिना सरला के कुछ कहे रामभज दत्त जितना समझ रहे हैं, उसी से वे परेशान दिखते हैं। असहयोग, सत्याग्रह, स्वदेशी–ये सारे शब्द रामभज दत्त के अपने सोच से पूरी तरह मेल नहीं खाते। ऐसा नहीं है कि पण्डित रामभज दत्त गांधी के विरोधी हैं, पर वे उस तरह गांधी के भक्त भी नहीं है कि सब कुछ छोड़ गांधी के पीछे चल पड़ें। आख़िर रामभज दत्त एक संसारी आदमी हैं । उन्हें अपने परिवार की फ़िक्र है। गांधी की तरह वे अपने

परिवार को रामभरोसे नहीं छोड़ सकते। सबसे बड़े बेटे जगदीश की शादी और नौकरी की उन्हें चिन्ता सताती है।

इस शादी के बारे में गांधी से सरलादेवी की बात हुई थी। गांधी ने पत्र में लिखा है कि जगदीश की शादी के आयोजन को लेकर सरला को अपने मन की बातें पण्डित जी के सामने रखनी चाहिए। आख़िर पण्डित रामभज दत्त एक सुधारक हैं। यही बात सरला के लिए सच है। गांधी नहीं चाहते कि आधुनिक शादियों के आयोजन में जो पागलपन दिखता है, वे लोग उस तरह से शादी करें। गांधी समझ रहे हैं कि वे पण्डित रामभज दत्त के पारिवारिक मामलों में दख़लअन्दाज़ी कर रहे हैं और इसके लिये वे पण्डित जी से माफ़ी चाहते हैं।

क्या करे सरला? कैसे समझाये पति को? जब हम देशसेवा के रास्ते पर चल रहे हैं तो हम आम लोगों जैसा जीवन नहीं जी सकते। उनकी तरह ताम-झाम से अपने बच्चों की शादी नहीं कर सकते। यह भूल नहीं सकते कि हमारी कथनी-करनी में भेद हमारे पूरे जीवन के किये-धरे पर प्रश्नचिह्न लगा सकता है। हमें अपने तौर-तरीक़ों से लोगों के सामने आदर्श रखना होगा। यह हमारी ज़िम्मेदारी है—खुद के प्रति भी और देश-समाज के प्रति भी। हम अपने पुरखों की चली आयी परम्परा को निभाने के नाम पर या अपने घर के लोगों को खुश करने के लिए या अपने रिश्तेदारों की मर्ज़ी के हिसाब से लकीर के फ़क़ीर नहीं बन सकते। सरला की शादी को पन्द्रह साल हो चुके हैं, पर अन्ततः वह जगदीश की विमाता है। उसे डर है कि कुछ कहने से उसकी बात को विमाता की ईर्ष्या या छल के रूप में भी देखा जा सकता है।

सरला ने गांधी के शरीर की कमज़ोरी को देखते हुए साबरमती में यह प्रस्ताव रखा था कि आश्रम में एक मोटरकार रखी जाये। गांधी ने चिट्ठी में इसका ज़िक्र किया है। वे चाहते हैं कि सरला अपने दिमाग़ से मोटरकार का ख़याल निकाल दे। ईश्वर ने इन्सान को दौड़ने या उड़ने के लिए नहीं बनाया है। उसे चलने के लिए बनाया है और चलना भी ज़रूरत के अनुसार ही होता है। लाखों लोग बिना मोटरकार के जीवन चलाते हैं। गांधी भी ऐसा कर सकते हैं। फिर भी जब वे लोग अगली बार मिलेंगे तब सरला से इस बारे में चर्चा करेंगे।

सरला ने गांधी के शरीर की हालत देखते हुए ऐसा प्रस्ताव क्या रख दिया, यह मानो खुद उसके सुविधावादी होने का एक प्रमाण हो गया। गांधी

लिख रहे हैं–"मुझे बहुत तकलीफ़ हो रही है कि तुम्हें, जो अपना काम खुद करने में असहाय है, लाहौर तक की यात्रा अकेले करनी पड़ रही है। किन्तु हाँ, तुम्हारा ऐसा करना ही सही है और इसलिए मैंने अपने मन को कड़ा कर लिया।" यानी गांधी कह रहे हैं कि सरला अपना कोई काम खुद नहीं कर पाती। उसे हमेशा सहायता की ज़रूरत होती है। इसलिए ऐसे व्यक्ति को अकेले यात्रा पर भेजने में उन्हें घबराहट होना स्वाभाविक है।

गांधी का पहला वाक्य भ्रम पैदा कर सकता है कि सरला के रेलयात्रा में अकेले होने से वे परेशान हैं, पर दूसरा वाक्य यह भ्रम तोड़ देता है। उनकी आलोचना साफ है। शायद उपहास भी। गांधी पत्र के अन्त में 'प्रेमपूर्वक, तुम्हारा 'लॉ गिवर' लिखते हैं। उनका क़ानून कहता है कि सरला की ताउम्र दूसरों की सेवा लेने की आदत ख़त्म हो। वे उसे अकेले रेलयात्रा करने लायक़ बनाना चाहते हैं। उसे फिर से गढ़ना चाहते हैं! सरला ने गहरी उदासी के साथ पत्र बन्द कर दिया।

गांधी का अगले ही दिन लिखा अगला पत्र सरला को मिला तो वह सोच में पड़ गयी। गांधी लिखते हैं–"रात बेचैनी में कटी। सारी रात तुम्हारा ख़याल बना रहा। सुबह होने पर भी तुम ख़यालों में थी। जब तक पता नहीं चल जाता कि तुम सुरक्षित लाहौर पहुँच गयी हो, मुझे चैन नहीं पड़ेगा।" गांधी का मन पूरी उलटबाँसी है। एक तरफ़ उन्हें सरला की इतनी फ़िक्र है। दूसरी तरफ़ वे उसे कष्टों से गुज़ारना चाहते हैं। गांधी लिखते हैं कि कोई प्रेम करनेवाला व्यक्ति जब अपने दिल को कड़ा करता है, वह मौत के जैसी पीड़ा महसूस करता है। अपने छोटे बेटे देवदास को गांधी ने जब-जब कठिन स्थिति में डाला है, उन्हें यह पीड़ा महसूस हुई है। आज भी सरला को लेकर उन्हें ऐसा ही लग रहा है।

सरला के मन को कैसी व्याकुलता से भरते हैं गांधी के शब्द! इतना गहरा अपनापन है उनमें। ये कोई मामूली उद्‌गार नहीं हैं। गांधी के हर शब्द के पीछे सच्चाई है। गहरी अनुभूति है। आम तौर पर लोग एक-दूसरे को ऐसी बातें कहते-लिखते रहते हैं, पर गांधी को जानते हुए सरला को मालूम है कि उनके शब्द उनके अन्तस की गहराई और सच्चाई से निकलते हैं। गांधी पत्र की शुरुआत में दीपक की छोटी-छोटी बातों का ज़िक्र करते हैं। उसने क्या खाया, वह पूना आते हुए कितनी अच्छी तरह रेल में सोया और फ़िलहाल वह खाना खाने गया हुआ है। फिर अचानक अपने मन की बात बताने लगते हैं–"अकेले यात्रा करते हुए तुम्हें जो तकलीफ़ हुई होगी, वह तुम्हें अकेले भेजने की मेरी पीड़ा के आगे बहुत छोटी है।"

क्या करे सरला? गांधी के पत्रों की हरी स्याही सरला के अन्तस को रँग रही है। कोई सरला को इस तरह चाहता है। इसी चाहत में उसके होने का अर्थ है। वरना जीवन है क्या? सैंतालीस साल की उम्र का फ़ासला तय करते-करते क्या मनुष्य जीवन को अच्छी तरह नाप-तोल नहीं लेता? मन के भाव का ही मूल्य है। बाक़ी तो सब नश्वर है, क्या यह जान नहीं लेता?

सरला के मन में उत्ताल लहरें उठाकर गांधी का पत्र रोज़मर्रा की हिदायतों पर चला आया है। सरला बेमन से पढ़ती है और पत्र बन्द कर रख देती है। फिर वही 'लॉ गिवर' बनकर गांधी याद दिला रहे हैं कि सरला को अपनी कॉपी में क्या-क्या बातें लिखनी थीं? पूछ रहे हैं कि क्या वह गांधी के बताये प्रोग्राम पर पूरी तरह अमल कर सकेगी? फिर वही हिदायतें-"रामायण पढ़ो। देवदास को पत्र लिखो। श्रीमती गांधी को हिन्दी में पत्र लिखो।" अन्त में पुनश्च में दीपक आ जाता है-दीपक का पत्र भेजना चाहते थे, पर डाक निकल जायेगी। इसलिए अपना पत्र रोक नहीं रहे।

गांधी की हिदायत के अनुसार सरला ने बम्बई से लाहौर आते समय गांधी को स्टेशन से ही दो पत्र डाल दिये थे। जाने सरला के भावनाओं से भरे पत्रों का गांधी पर क्या असर होता है? क्या गांधी भी उसकी बातों को बंगालियों की भावुकता मान पढ़ते होंगे, जैसा कि रामभज दत्त अक्सर कहते हैं या गांधी उनमें छिपी कविता को कविता की तरह पढ़ते होंगे? क्या कभी सोचा था कि जीवन के इस मुक़ाम पर किसी से ऐसा लगाव हो जायेगा कि बाक़ी सारी बातें बेमानी हो जायेंगी? मन में ऐसे-ऐसे ख़याल आते हैं कि कितना अच्छा होता कि शादी नहीं हुई होती! दीपक न हुआ होता! जो मन में आता, कर सकती थी। जहाँ इच्छा हो, जा सकती थी। न रात में नींद आती है, न पहले की तरह किसी से गप्पें लगाना अच्छा लगता है। ऐसा लगता रहता है कि कब समय जल्दी से बीते और फिर वही संग-साथ हो। तमाम बातें हों। सुबह की सैर हो। गांधी सरला की राय हर बात पर जानना चाहें। उसकी सब बातों को ध्यान से मगन होकर सुनें। उसकी खिलखिलाहट पर हमेशा की तरह रीझें। पर समय है कि पहाड़ की तरह जैसे एक जगह धँस गया है।

गांधी के साथ बतरस का अन्तहीन आनन्द है। उन्हें हर विषय में रुचि है। सरला ने लाहौर की दो विधवा औरतों के बारे में गांधी को बताया था कि वे अपने वैधव्य को लेकर कोई ख़ास दुखी नहीं दिखतीं। बचपन से सरला ने अपनी माँ स्वर्णकुमारी देवी को बंगाली विधवाओं को शिल्प सिखाकर आत्मनिर्भर बनाने के लिए संस्था चलाते देखा है। बंगाल की विधवाओं का

जीवन तो ऐसा होता है जैसे आग से गुज़रकर रोज़ सती होना हो। उनके सिर मुँडा दिये जाते हैं, लहसुन-प्याज-मांस-मछली खाना वर्जित होता है और अक्सर घरवाले उन्हें काशी-वृन्दावन छोड़ आते हैं।

गांधी उस बात को आगे बढ़ाते पत्र में लिखते हैं—"अगर हमें हिन्दू विधवाओं के अकेलेपन और उदासी का अहसास होता तो हम उन्हें फिर से विवाह करने की आज़ादी दे पाते या पुरुषों पर उनसे विवाह करने का दबाव डालते। बाल-विवाह वर्जित हो जाता, किन्तु हम अपने चारों ओर ऐसे दु:ख और अन्याय को देखकर भी अनदेखा कर देते हैं।" गांधी की परदु:ख की अनुभूति इतनी गहरी है कि वह ज़िन्दगी का कोई कोना अनदेखा नहीं करती। वे सचमुच वैष्णव हैं; पराई पीर जानते हैं। सरला को इस बात का अहसास है कि गांधी से मिलने के पहले दु:खों के प्रति उसकी ऐसी संवेदना नहीं थी।

गांधी के पत्र में आगे श्रीमती रतनबाई जिन्ना का ज़िक्र सरलादेवी को चकित कर गया—वह भी विधवाओं के सन्दर्भ में! क्या घोर आश्चर्य कि गांधी को रूटी पेटिट उर्फ़ रतनबाई पेटिट उर्फ़ मरियम जिन्ना ने कभी कहा था कि यदि हम विधवाओं से यह अपेक्षा रखें कि वे हर समय मातम मनाती दिखें, तो हम ख़ुद अपने सजने-धजने को कैसे सही ठहरा पायेंगे! वही रूटी जिन्ना, जिसने फ़ैशन को ही ऐसी नयी धजा दी थी कि मुसलमान मौलवी और मौलानाओं की तो बात ही क्या, अंग्रेज़ों तक की भौंहों में उसने सिलवट डाल दी थी। अपने 'बॉबकट' बालों के साथ माँग टीका पहने, तो कभी अपनी नथ को कान में पहने, कभी अपने खुले लम्बे बालों में ताज़े फूल और हीरों-पन्नों का टियारा या मुकुट लगाये स्लीवलेस ब्लाउज़ और पारदर्शी साड़ी में लिपटी उसकी प्राकृतिक ख़ूबसूरती चकाचौंध पैदा करती थी। क्या यह अजूबा नहीं कि रूटी पेटिट जिन्ना जैसी फ़ैशनपरस्त महिला विधवाओं के बारे में इतना सोचे!

सरलादेवी गांधी के साथ सत्याग्रह सप्ताह के दौरान 'माउंट पेटिट' महल की पार्टी में रूटी जिन्ना से नहीं मिली थीं क्योंकि जिन्ना से शादी कर मुसलमान बनने के कारण पारसी धर्मगुरुओं ने उन्हें जाति-बहिष्कृत कर दिया था। अपने माता-पिता-भाइयों के घर उसका आना-जाना वर्जित था। पर रूटी और जिन्ना के बारे में तमाम कहानियाँ सब जगह कौतुक से सुनी और सुनायी जाती थीं। रूटी सिर्फ़ अपूर्व सुन्दरी ही नहीं थी, वह बहुत पढ़ी-लिखी और तेज़ दिमाग़वाली थी। वह जिन्ना के मित्रों और शिष्यों के साथ सिगरेट के धुएँ के बीच सारी रात राजनीति पर बातचीत में शामिल रहती थी। वह अपने पति जिन्ना के साथ राजनीतिक सभाओं में मंच पर

बैठती और उसकी ख़ूबसूरती और फ़ैशनेबल परिधान को घूरती निगाहों को नज़रअन्दाज़ कर पूरे ध्यान से लम्बी-लम्बी राजनीतिक बहसों को सुनती थी। वह जिन्ना को लेने हाईकोर्ट में उसके दफ़्तर पर रोज़ाना शाम पहुँच जाती और जिन्ना के टेबल पर बैठकर पाँव हिलाते हुए उसकी बातचीत पूरी होने का इन्तज़ार करती।

रूटी जिन्ना के बारे में सुनी गयी सबसे ज़्यादा दिलचस्प कहानी वायसरॉय चेम्सफ़ोर्ड से उसकी निडर मुख़ालफ़त की थी, जिसे सुनकर सरलादेवी भी दंग रह गयी थीं। अपनी शादी के एक महीने बाद रूटी शिमला के वायसरीगल लॉज में अपनी छोटी-सी स्लीवलेस चोली और पारदर्शी साड़ी में जब दाख़िल हुई, तो देखनेवाले अपनी हैरान नज़रें फेरकर एक-दूसरे को देखने लगे। तभी सबने आश्चर्य से देखा कि रूटी ने वायसरॉय को प्रोटोकॉल के अनुसार झुककर 'कर्टसी' करने के बजाय भारतीय तरीक़े से हाथ जोड़कर नमस्कार किया। लॉर्ड चेम्सफ़ोर्ड ने डिनर के बाद रूटी को बुलाकर इसके लिए फटकार लगायी–"मिसेज़ जिन्ना! आपके पति का राजनैतिक भविष्य उज्ज्वल है, आपको इसका ख़याल रखना चाहिए। कहावत ही है कि रोम में रोमनों के जैसा व्यवहार करना चाहिए।" रूटी ने तुरन्त जवाब दिया–"योर एक्सिलेंसी! मैंने ठीक वही तो किया था। हिन्दुस्तान में मैंने आपको हिन्दुस्तानी तरीक़े से नमस्कार किया।"

सरलादेवी को मालूम है कि रूटी जिन्ना ने 'जलियाँवाला स्मारक फंड' के लिए गांधी को एक बड़ा चेक भेजा था। उसने गांधी जी को पत्र में लिखा था कि जलियाँवाला स्मारक उन सबके जीवित रह जाने की कोई वजह तो देगा! रूटी तो रूटी, गांधी अपने आप में क्या कम अजूबा हैं, सरलादेवी ने हैरत से सोचा। कहाँ गांधी के ख़यालात कि किसी से कोई सेवा न ली जाये और कहाँ रूटी पेटिट जिन्ना से उनकी ख़तो-किताबत, जो सोने की चम्मच मुँह में लेकर पैदा हुई और बचपन से सैकड़ों सेवकों से घिरी रही होगी। शायद अपने-आप चप्पल में अपने पाँव भी न डाले होंगे।

गांधी ने पेटिट हाउस जाते समय बताया कि उन्होंने जिन्ना को लंदन में पत्र लिखा था कि रूटी को लौटने पर वापस चरख़े पर सूत कातने की कक्षा में भरती होना है। सरलादेवी को यह सुनकर पार्टी में खादी पहनने के अपने निर्णय पर ख़ुशी हुई थी। बेशक पेटिट परिवार मुल्क की आज़ादी के लिए समर्पित परिवार है। रूटी का फ़ैशनपरस्त होना और उसकी देशभक्ति में अन्तर्विरोध नहीं है। सरला ने सुना है कि रूटी की सरोजिनी नायडू और

उसकी बेटियों से भी बहुत घनिष्ठता है। इसमें कोई सन्देह नहीं है कि रूटी जिन्ना के अन्दर एक बेहद ज़हीन, उदार आत्मा है जो अपने सजने के शौक़ के बरक्स एक विधवा की व्यथा और जीवन का उजाड़ देख सकती है।

गांधी के पत्रों का सिलसिला जारी है। सरला कल्पना में गांधी को चरख़े पर सूत कातते हुए सोचते देखती है कि अपने जीवन और मन की कौन-कौन सी बातें सरला से साझा करनी हैं। फिर वे उठकर पत्र लिखने बैठ जाते हैं। सरला को इस कल्पना पर इतना भरोसा है कि वह जानती है कि यह कोरी कल्पना नहीं है। सचमुच गांधी का पत्र चला आता है, वह सब साझा करते हुए, जो वे सिर्फ़ सरला से ही कर सकते हैं। पत्र के अन्त में बेशक चरख़े की चर्चा रहती है। गांधी याद दिलाते हैं कि जो शख़्स लाहौर में चरख़े को ज़्यादा कारगर बनाने के आविष्कार में लगा हुआ है, उससे जाकर सरला ज़रूर भेंट कर ले। सरला के पास जो औरतें आती हैं, उन्हें चरख़ा चलाने का संकल्प दिलाना न भूले।

गांधी पूना के पास सिंहगढ़ में हैं। दीपक भी उनके साथ है। रामभज दत्त की पहली पत्नी के पुत्र जगदीश की शादी में क़रीब बीस दिन बचे हैं। पूरे ज़ोर-शोर से तैयारियाँ चल रही हैं। सारे तामझाम के बीच सरला के अन्दर अचानक कुछ घबराहट-सी होती है। ऐसा लगता है जैसे कहीं कुछ ठीक नहीं है। मन में चिन्ता उठती है, दीपक ठीक है न? फिर लगता है, कहीं गांधी की तबीयत ज़्यादा तो नहीं बिगड़ गयी? गांधी के पत्र की शुरुआती पंक्तियाँ पढ़ते ही समझ में आ जाता है कि सरला की आशंका बिलकुल सही थी। गांधी ने 'प्रिय बहन सरला' से छिपाया नहीं है कि सिंहगढ़ की चढ़ाई पर डॉक्टर के मना करने के बावजूद वे दीपक और महादेव देसाई के साथ चढ़े, पर आधे फ़र्लांग के बाद ही बाईं जाँघ में असहनीय दर्द के कारण उन्हें रुक जाना पड़ा। गांधी लिखते हैं कि वे यह जानकर बहुत दुखी हुए कि उनकी ताक़त इस तरह घट गयी है।

गांधी को पता है कि उनकी पंक्तियाँ सरला को कैसी चिन्ता में डाल देंगी। इसलिए वे लिखते हैं–"तुम मेरे पैर की फ़िक्र मत करना। यहाँ की सुन्दर आबोहवा में मैं बिलकुल ठीक हो जाऊँगा।" सरला एक लम्बी साँस छोड़ती है। चिन्ता की तो बात है। चिन्ता कोई कैसे न करेगा? अब गांधी सरला की दूसरी चिन्ता यानी 'दीपक' पर लिख रहे हैं–"दीपक की भी कोई फ़िक्र मत करना। हम सब उसकी पूरी देखभाल करेंगे।" शंकरलाल दीपक को बम्बई में सिनेमा दिखाने ले जाना चाहते थे, पर सरला की अनुमति के बिना गांधी को

यह ज़िम्मेदारी लेना सही नहीं लगा। वे लिखते हैं–"मैंने कहा कि वे इसके बजाय उसे कोलाबा और विक्टोरिया गार्डन की गाड़ी में सैर करवा दें। तुम बताओ कि मैंने दीपक के बारे में जो निर्णय किया, वह ठीक तो था न?"

सरला खिलखिलाकर हँस पड़ती है। गांधी को लिखना होगा कि इस तरह दीपक के बारे में हर बात पर सरला की अनुमति लेनी हो, तब तो सरला को भी वहीं रह जाना पड़ेगा। गांधी को जो निर्णय ठीक लगे, वही दीपक के लिए सही है। उनका भरोसा न होता तो क्या दीपक को अपने से दूर कर सकती थी वह? गांधी चाहें जैसा उसे गढ़ें, बस उसकी माँ को बख़्श दें! सरला के ऊपर 'लॉ गिवर' बन अपने क़ानून-पर-क़ानून न थोपते जायें!

अच्छा, तो गांधी सुबह-सुबह यह पत्र लिख रहे हैं! वे नींद में देखे अपने सपनों की बात करते हैं, जिनमें एक में सरला मौजूद थी! सपना यही कि, "मैंने अचरज-भरी ख़ुशी से देखा कि तुम दो दिन में ही लौट आयी हो! मैंने पूछा इतनी जल्दी कैसे? तुमने कहा, यह तो पण्डित जी की चाल थी मुझे अपने पास रखने की। जगदीश की शादी का दिन तो बहुत दूर है, इसलिए मैं वापस आ गयी। तभी मुझे पता चला कि मैं तो सपना देख रहा हूँ। मैं निराश होकर वापस सो गया।" आगे गांधी लिखते हैं कि, "अगर शादी हो गयी हो या किसी कारण से तारीख़ आगे खिसका दी गयी हो तो तुम यहाँ सिंहगढ़ आ जाओ। तुम्हारे आने से तुम्हारे संगीत और ज़बरदस्त हँसी से यहाँ का माहौल ख़ुशगवार हो जायेगा।"

सरला पत्र आगे नहीं पढ़ती। उसे ठीक छह महीने पहले गांधी से लाहौर में हुई पहली मुलाक़ात याद आती है। गांधी ने कहा था–"आपकी हँसी तो हिन्दुस्तान की सम्पदा है। आप ऐसे ही हँसती रहें।" शायद गांधी ने अपने इस पहले वाक्य से ही उनके रिश्ते की नींव डाल दी थी। गांधी के अन्दर स्त्रियों को बराबर का इन्सान समझने का भाव है। तभी उन्हें किसी स्त्री की हँसी अनमोल लग सकती है। सरला को कई बार ज़ोर-से हँसने के लिए घर-स्कूल-कॉलेज में बड़ों की टेढ़ी निगाहें याद हैं।

पंजाब में आने के बाद ज़रूर किसी ने उसके खुलकर हँसने की आदत पर माथे पर सिलवट नहीं डाली। सरला ने पंजाब की औरतों के स्वच्छन्द भाव से मन्दिर में पुरुषों के बीच घूमने पर चकित होकर बांग्ला में 'भारती' पत्रिका के लिए एक कहानी लिख भेजी थी। बिना लज्जा-संकोच-दुविधा के सहज, सरल भाव से युवती-वृद्धा-सुहागिन-विधवा औरतों को मन्दिर में घूमते

देख सरला ने लिखा था कि हिन्दू समाज में पुरुषों के बीच इस तरह बेधड़क घूमने का दृश्य बंगाल में देखना असम्भव है। पर पंजाब में भी सरला की हँसी पर कभी कोई रीझा तो नहीं।

यह तो सिर्फ़ गांधी कर सकते हैं। यह तो सिर्फ़ सरला जानती है कि इस एक बात के लिए वह धरती और आकाश के प्रति कितनी कृतज्ञ है। कितना सुकून है, यह जानते हुए साँस लेने में कि कोई उसकी हँसी पर यों रीझा है! कितनी हल्की हो गयी है वह, जैसे कि धरती ने उसे सारे भार, सारी उलझनों से मुक्त कर हवा में तैरने की छूट दे दी हो कि तुम तुम बनकर रहो। तुम्हारी ख़ूबसूरती तुम्हारे यों होने में ही है। नहीं, सरला ने अब तक अपने को किसी की निगाहों से ऐसे नहीं जाना था।

●●●

अप्रैल का अन्तिम दिन है। सरला ने कल के गांधी के पत्र की स्मृति के साथ सुबह-सुबह आँखें खोलीं। इन छः महीनों में जीवन कितना बदल गया! वह लेटे-लेटे सोचती रही, जैसे कि वह पहले कोई और ही सरला थी! देश के लिए समर्पण पहले भी इतना ही था, पर गांधी ने भागीरथ की तरह जैसे सरला के जीवन की धारा कहीं और मोड़ दी। क्या सरला ने कभी सोचा था कि वह चरख़े पर सूत कातेगी और अहिंसा को आज़ादी पाने का एकमात्र तरीक़ा मान लेगी? वह सरला, जिसने बंगाल के नवयुवकों का आह्वान कर एक तरह से बंग-भंग के दौरान हुए क्रान्तिकारी आन्दोलन की नींव डाली थी? जिसने पंजाब आकर भी 'भारतमाता सभा' नाम की गुप्त संस्था बनायी थी? इस बात पर सरला को कितना फ़ख्र था कि उसके पति रामभज दत्त चौधरी मोहियाल ब्राह्मण थे जिनके पूर्वजों ने विदेशी आक्रमणकारियों से लड़ने के लिए तलवार उठायी थी। अपने अख़बारों से भी वे दोनों पति-पत्नी अंग्रेज़ों के ख़िलाफ़ लड़ रहे थे और क्रान्तिकारियों की गुपचुप मदद भी कर रहे थे। क्या जलियाँवाला काण्ड के बाद पण्डित रामभज दत्त को कालापानी भेज दिये जाने के ख़ौफ़ ने सरला का मन एकदम बदल डाला था या गांधी के पास कोई जादुई छड़ी है, जिससे लाखों-करोड़ों के मन के साथ सरला के मन को भी बदल डाला है?

गांधी का पत्र फिर आया है। शाम पाँच बजे गांधी लिख रहे हैं। पहली पंक्ति पढ़कर सरला का कलेजा धक्-से रह गया। कल रात ग्यारह बजे तक गांधी के सिर में सख़्त दर्द था। लगभग अचेत से पड़े थे। बाद में नींद आ गयी।

सिरदर्द तो ठीक हो गया, पर एक फर्लांग चलने की भी ताक़त नहीं थी। गांधी चिन्ता न करने को कह रहे हैं। अपना हाल बताने के पीछे मक़सद यह है कि सरला ने जगदीश की शादी के लिए दो सप्ताह तक लाहौर में रहने की जो मोहलत ली थी, वह अगर सम्पन्न हो गयी हो या किसी कारणवश शादी स्थगित हो गयी हो, तो वह तुरन्त चली आये। अगर पण्डित रामभज दत्त को भी आने पर राज़ी कर सके तब तो बात ही क्या! उन्हें भी आश्रम का जीवन देखना और अनुभव करना चाहिए।

सरला ने एक लम्बी साँस छोड़ी। अभी तो जगदीश की शादी में लगभग बीस दिन बाक़ी हैं। किसी भी तरह लाहौर से बाहर जाया नहीं जा सकता। गांधी इतनी मनुहार कर रहे हैं मानो सरला के पास रहने से ही ठीक हो जायेंगे। किसी के साथ रहने की चाहत कैसे घेर लेती है इन्सान को। सरला के अन्दर क्या यही चाह नहीं उठ रही? गांधी ने आगे पत्र में लिखा है– "रेवाशंकर भाई सुबह रसीले आम लेकर आये। उनका आनन्द लेने के लिए तुम साथ नहीं हो, यह सोचकर मेरा चित्त उदास हो गया!" सरला का चित्त क्या कम उदास है? जब हम किसी का इस क़दर साथ चाहते हैं तो उसके बिना जीवन बेस्वाद हो जाता है। अपने प्रिय व्यक्ति से सबसे सुस्वाद चीज़ का साझा न कर पायें तो रस बचता ही कहा है उसमें? रस प्रेम में ही है। गांधी को जवाब लिखेगी सरला, तो शबरी के राम को जूठे बेर खिलाने की कहानी लिखेगी। शबरी राम को चख-चखकर मीठे बेर खिला रही थी कि राम को रस मिले। बचपन से सुनी इस कहानी का अर्थ जीवन में ऐसे खुलेगा, यह सरला ने कभी सोचा नहीं था।

गांधी आगे लिखते हैं–उन्होंने सूर्योदय नहीं देखा जबकि नींद सुबह खुल गयी थी। सरला होती तो गांधी को सूर्योदय दिखाने खींचकर ले जाती। सरला सोचती है–अब तो जैसे सूरज और चाँद उन दोनों के बीच एक कड़ी बन गये हैं, जब वे एक-दूसरे को याद किये बिना नहीं रहते। कड़ी सिर्फ़ यही नहीं है। गांधी ने ख़िलाफ़त के बारे में असोसिएटेड प्रेस को लेख लिखा है जो उनके ख़याल से काफ़ी अच्छा लिखा गया है। पर वे लिखते हैं, असल में तो सरला उसे अच्छे होने का सर्टिफ़िकेट दे, तब पता चले।

गांधी के लिए सरला का बौद्धिक होना उनकी मित्रता का सबसे बड़ा सूत्र है। गांधी 'यंग इंडिया' की एक प्रति भेज रहे हैं ताकि सरला उनका खादी पर लिखा लेख ज़रूर पढ़ ले। सरला की राय गांधी के लिए बहुत महत्त्व रखती है। ऐसा नहीं है कि पति रामभज दत्त सरला की राय को तवज्जो न देते हों,

पर गांधी के साथ सरला का अहसास एकदम अलग है। गांधी उसकी राय को कोई स्त्री की राय की तरह नहीं देखते। वे उसे अपने बराबर का एक बौद्धिक मनुष्य मानते हैं।

"और अब एक वरदान", सरला पढ़कर हँसती है। गांधी के पत्र का अन्तिम परिच्छेद जैसे उनका तकियाकलाम बन गया है। देखें, अब क्या वरदान माँगनेवाले हैं गांधी? "तुमने कहा कि तुम्हें आश्रम में काम करने में संकोच होता है। क्या इस संकोच से छुटकारा पाने के लिए तुम वहीं लाहौर में घरेलू कामकाज करना शुरू नहीं कर सकती? अगर सिर्फ़ मेरी ही ख़ातिर तुम ऐसा करो तब भी कोई हर्ज़ नहीं। मामला दृष्टिकोण बदलने का नहीं है, बल्कि अपनी अनिच्छा पर क़ाबू पाने का है। तुम महान हो, नेक हो लेकिन जब तक तुममें घरेलू कामकाज करने की क्षमता नहीं आती, तब तक तुम एक पूर्ण स्त्री नहीं हो सकती। तुम्हारा दूसरों को उपदेश भी तभी असरदार होगा जब लोग जानेंगे कि उम्र के इस मुक़ाम पर और अपनी हैसियत के बावजूद तुम्हें अपना काम ख़ुद करना बुरा नहीं लगता। प्रेमपूर्वक, तुम्हारा लॉ गिवर।"

'पूर्ण स्त्री?'–सरला ने अचरज से सोचा। छह महीने पहले गांधी जब लाहौर आये थे, तब गांधी से हुई बहस सरला को याद है। सरला ने पूछा था कि हम अपने सेवक से काम न लेकर ख़ुद उसका काम करें, तो उसे बिना काम किये तनख़्वाह देकर निकम्मा नहीं बनायेंगे? अब गांधी इसे पूर्ण स्त्री की परिभाषा से जोड़ने लग गये हैं। एक तरफ़ गांधी चाहते हैं कि सरला साबरमती आश्रम में सबको पत्र लिखती रहे, 'रामायण' के पद हिन्दी में उतारती रहे, चरख़े और स्वदेशी का प्रचार करती रहे और न जाने क्या-क्या करती रहे। दूसरी तरफ़ उसे घर का काम ख़ुद करने को कहते हैं, लेकिन क्या एक स्त्री इतना सब कुछ साध सकती है?

पिछले महीने की तो बात है, गांधी ने सरला को अपने पत्र में 'आत्मकेन्द्रित' घोषित कर दिया था। लिखा था कि वे चाहते हैं कि सरला अपने वजूद से बाहर निकले। सिर्फ़ इसलिए कि सरला ने आश्रम से लौटने के बाद वहाँ के लोगों को कोई पत्र नहीं लिखा था। बेशक अपने हाथ से किये गये श्रम की महिमा है, पर सरला के लिए गांधी की कसौटी की पूर्ण स्त्री बनकर क्या सब कुछ करना सम्भव है? तब तो उसे दुर्गा की तरह आठ हाथ लगाने होंगे! अब जब गांधी मिलेंगे तो उनसे पूछना होगा कि क्या 'पूर्ण से कम स्त्री' बनने से देशसेवा नहीं हो सकेगी?

9
'प्रेम-गली संकरी होती है!'

'मई का महीना मेरे लिए होगा—कर्तव्य की पूर्ति और कर्तव्य से मुक्ति का महीना। पति की पहली पत्नी के पुत्र जगदीश की शादी उन्नीस मई को होने के बाद गांधी के साथ कार्यक्रमों में भाग लेने के लिए ज़्यादा स्वतन्त्रता होगी। चौधरी जी से इस विषय पर बात करना तभी उचित होगा, जब विवाह का काम पूरा हो जाये', सरला ने गांधी का पत्र पढ़ते-पढ़ते सोचा।

गांधी ने पत्र में 'अष्टावक्र गीता' से तीन श्लोक छाँटकर भेजे हैं। वे जानते हैं कि सरला को 'भगवद्गीता' कुछ ख़ास प्रेरक नहीं लगी थी, परन्तु गांधी अब तक खाट पर पड़े हैं और उन्हें इन श्लोकों से बहुत सांत्वना मिलती है। इसलिए सरला को पढ़ाना चाहते हैं।

सरला को नहीं लगता कि फ़िलहाल वेद-वेदान्त में उसकी कोई दिलचस्पी जागनेवाली है। उसने सरसरी तौर पर पढ़कर पत्र रख दिया। अगले ही दिन गांधी का दूसरा पत्र और दो श्लोकों के साथ आया। गांधी राजा जनक के हवाले से कहते हैं कि अपने मोक्ष का उपाय अपने ही हाथों में है और वह है, इन्द्रियों के मोह-जाल से छूटना। गांधी चाहते हैं कि सरला इन पाँच श्लोकों की नक़ल कर देवदास को भेजने का ज़िम्मा ले। इस ग्रन्थ का एक संक्षिप्त संस्करण सरला के लिए तैयार करने की ख़्वाहिश उनके मन में है।

देश की मुक्ति के सामने व्यक्तिगत मोक्ष की बातें सरला को अब नहीं लुभातीं। कोई मन्त्र या श्लोक व्यक्ति पर कितना असर डालता है, यह समय के उस दौर में व्यक्ति के मन पर निर्भर करता है। अलबत्ता गांधी कितनी सारी यात्राएँ एक साथ तय करना चाहते हैं, यह अपने आप में आश्चर्य का विषय है। अचानक सरला के मन में सन्देह उठा, कहीं गांधी यह सब उसे इसलिए तो नहीं लिख रहे कि वे सोचते हैं कि सरला इन्द्रिय-सुखों के जाल में फँसी हुई है।

उसमें कष्ट उठाने की वैसी क्षमता नहीं है, जैसी गांधी चाहते हैं। किन्तु पत्र का अगला वाक्य सरला को इस सन्देह से निकाल एक उड़ान पर ले चला।

गांधी लिखते हैं–"तुम्हारी याद अब भी बहुत आती है, नींद में भी। क्या आश्चर्य कि पण्डित जी तुम्हें भारत की महाशक्ति कहते हैं। तुमने उन पर जादू कर रखा होगा। अब वही जादू मुझ पर आज़मा रही हो।" सरला के चेहरे पर हँसी खिल आयी। किसने किस पर जादू कर रखा है, यह गांधी अच्छी तरह जानते होंगे। सरला पर उनका सम्मोहन पूरी तरह कारगर नहीं हुआ है, यह सोचकर अब उसके 'लॉ गिवर' यानी क़ानूनदाता बनकर उसे अपने मन–मुताबिक़ ढालना चाहते हैं। पिछले दिनों 'पूर्ण स्त्री' की परिभाषा बतायी। अब 'अष्टावक्र गीता' पढ़ायी जा रही है। गांधी का अगला वाक्य ठीक इसी तर्ज़ पर है–"अगर तुम सचमुच महाशक्ति हो तो मनसा, वाचा और कर्मणा भारत की दासी बनकर भारत को अपना दास बना लोगी।"

सरला के चेहरे की मुस्कान उड़ गयी। कहीं गांधी के कहने का अर्थ यह तो नहीं कि सरला फ़िलहाल मन–वचन–कर्म से देशहित के प्रति समर्पित नहीं है? उसमें अभी बहुत–सी ख़ामियाँ हैं? गांधी अपने पत्र में दीपक के बहाने वही गिनाने लगते हैं...दीपक कहता है कि वह माँ को रोज़ पत्र क्यों लिखे, जब माँ खुद नहीं लिखती। गांधी उसे समझा रहे हैं कि माँ ने तो ज़रूर लिखा होगा, डाक ही समय पर नहीं आयी है। गांधी को पूरा भरोसा था कि कल उन्हें सरला का पत्र मिलेगा पर न कल पत्र आया, न आज। वैसे उन्हें भरोसा है कि सरला की ओर से कोई चूक नहीं हुई होगी। यह तो कम्बख़त डाक की ही कारस्तानी है।

"नहीं, डाक की नहीं, मेरी ही कारस्तानी है!" सरला ने ख़ुद से कहा। जगदीश की शादी के इतने कम दिन बचे हैं। घर में हर समय मेहमान आते रहते हैं। इस भीड़ में शान्ति से बैठकर पत्र लिखें, इतना समय कहाँ मिलता है? ऊपर से तीन मई को 'ख़िलाफ़त कॉन्फ्रेंस' के लिए बरेली जाना है। पर गांधी समझते ही नहीं। उनके लिए तो अनुशासन ही सब कुछ है; रोज़ उन्हें पत्र लिखना ही है जैसे कि इसके बिना धरती पाताल में चली जायेगी।

''अब यह भी बाक़ी था'', सरला ने आगे पढ़ते हुए फिर अपने से कहा। गांधी ने 'टाइम्स ऑफ़ इंडिया' से भारतीय संगीत पर दो क़तरनें भेजते हुए लिखा है, "तुम अपना आलस छोड़ दो, तो सारे भारत को संगीत–लहरी से गुंजा दो। इसके लिए तुम्हारा ही गाना काफ़ी नहीं। तुम चाहो तो तुम्हारी तरह सारा देश

गुनगुनाने लग सकता है, परन्तु इसके लिए लगन और मेहनत चाहिए। भारत को अपनी संगीत प्रतिभा अर्पित करने का संकल्प चाहिए।"

सरला एक लम्बी साँस लेकर सोच में डूब जाती है। उसके गले में सवाल अटक रहा है, गांधी की कड़ी कसौटियों पर वह कैसे खरी उतर पायेगी? गांधी उसे जिस गति से दौड़ाना चाहते हैं, क्या उस तेज़ी से दौड़ना सम्भव है? संगीत के लिए जैसा रियाज़ और समर्पण चाहिए, उसके लिए पूरा जीवन सिर्फ़ संगीत को देना होता है। गांधी चाह रहे हैं कि सरला एक जीवन में कई जीवन एक साथ जिये, यह भला कैसे हो पायेगा?

गांधी की भाषा सरला को जैसे एक कटघरे में खड़ा करती है। संगीत सरला की धड़कन है, यह जानते हुए भी गांधी उस पर आलसी होने का आरोप लगा रहे हैं। नहीं गांधी जी, यह आलस नहीं है जो सरला को संगीत में गहरे पैठने नहीं देता। यह तो जीवन की सरला से जाने कितनी माँगें हैं, जो उसे संगीत से खींचकर दूर ले जाती हैं। खुद गांधी क्या उन्हीं लोगों में से एक नहीं हैं जिनके कारण ऐसा होता है?

गांधी के अगले दिन के पत्र में फिर 'अष्टावक्र गीता' के श्लोक हैं। राजा जनक खुद को पूर्ण ब्रह्म मानकर आनन्दित हैं। अष्टावक्र उन पर सन्देह करते हुए कुछ सवाल पूछते हैं। जनक के जवाब को गांधी ख़तरनाक बताते हुए लिखते हैं कि वे हर किसी को पचनेवाले नहीं हैं। सरला का कौतूहल जाग उठा। राजा जनक ऐसा क्या बोल रहे हैं जो गांधी को 'ख़तरनाक' लग रहा है?

जनक कहते हैं कि आत्मज्ञानी कुछ भी करे, उसे पाप-पुण्य का स्पर्श नहीं होता। उसे सहज क्रिया करने से कौन रोक सकता है? वह जैसा जानता है, वैसा करता है। उसे किसी का डर नहीं...सरला को समझ में आ रहा है कि गांधी के अन्दर किसी तरह का मन्थन चल रहा है। क्या यह सरला के प्रति उनके प्रेम को लेकर है? गांधी तेरह साल पहले ब्रह्मचर्य का व्रत ले चुके हैं। वे अपने शरीर को एक तपस्वी की तरह ख़ान-पान के कठोर नियमों से गुज़ारते हैं। क्या किसी के प्रति आत्मा का खिंचाव इसमें बाधा पैदा करता है?

जनक हों या गांधी, मनुष्य के मन की गति एक गूढ़ रहस्य है। पिछली बार साबरमती में गांधी के सिर में दर्द होने पर सरला ने उनका सिर दबाया था। कुछ देर बाद गांधी ने अचानक अपना हाथ उसके हाथ पर रखकर पकड़ लिया। लगा, जैसे वे कुछ पशोपेश में हों कि क्या करें न करें?

फिर उन्होंने तेज़ी-से अपना हाथ खींच लिया और झटके-से उठ बैठे। उन्होंने नींद का बहाना कर सरला को बाहर चले जाने को कहा। सरला को कुछ अजीब-सा लगा था। वह उठकर चली गयी थी।

सरला के मन को जाने क्या हो गया है? वह न गांधी को पत्र लिख पा रही है और न दीपक को। काग़ज़-क़लम लेकर बैठती है पर कुछ लिखा नहीं जाता। गांधी लिख रहे हैं कि सिंहगढ़ आये उन्हें पाँच दिन हो गये हैं, पर सरला का एक पत्र भी नहीं मिला। सरला से कोई ख़बर नहीं मिलने से वे बेहद परेशान हो रहे हैं। दीपक भी चिन्तित है। गांधी किसी को रोज़ डाक देखने गाँव के डाकख़ाने भेजते हैं कि सरला के पत्रों का पता लगे। गांधी के अन्दर यह उम्मीद दबी हुई है, किसी दिन सरला पत्र की जगह खुद प्रकट हो जायेगी। कोई ख़बर न मिलने की अनिश्चितता उन्हें किस क़दर परेशान करती है, यह वे ही जानते हैं। गांधी को अगला पत्र पूना भेजना है, यह सूचित करते हुए वे वहाँ का पूरा पता लिखते हैं।

अब पत्र तो लिखना होगा। सरला को 3 मई को 'ख़िलाफ़त कॉन्फ्रेंस' में भाग लेने बरेली जाना है। उसने उसी के बारे में उन्हें लिखने का निश्चय किया-"अपना सामान बाँधते समय मेरे मन में यह कशमकश रही कि साथ में क्या ले चलना चाहिए और क्या नहीं? वहाँ भाषण देते समय खद्दर के वस्त्र पहनने चाहिए या स्वदेशी रेशमी वस्त्र? पहले की तरह फ़ैशनेबल पोशाक पहननी चाहिए या आम लोगों की सीधी-सादी पोशाक?" सरला जानती है कि गांधी उसके मन की ऊहापोह को जानकर खुश होंगे। सरला ने सीधे-सादे खद्दर को पहनने का ही निर्णय किया है, लेकिन उसने काग़ज़ भरने के लिए लिखा-"इस नवीनता को अपनाने में कुछ समय तो लगेगा ही और कठिनाई भी होगी।"

बरेली से लौटने पर सरला को गांधी का पत्र मिला। सिंहगढ़ से पूना आते समय हर घड़ी गांधी को सरला के साथ न होने की कमी अखरती रही। गांधी लिखते हैं कि सब लोग आश्चर्य प्रकट करते पूछ रहे हैं कि सरलादेवी उनके साथ क्यों नहीं हैं? पर इसका जवाब तो सिर्फ़ पण्डित रामभज दत्त चौधरी ही दे सकते हैं। गांधी तुलसीदास के हवाले से लिखते हैं कि उत्तम व्यक्ति और दुष्ट व्यक्ति में समानता यह होती है कि वे दोनों दुःख देते हैं। एक बिछुड़ने पर दुःख देता है, दूसरा मिलने पर। उत्तम व्यक्ति का दिया दुःख बेहतर है क्योंकि उस दुःख में फिर मिलने की आस तो बनी रहती है। सरला पढ़कर मुस्कराती है। अब तो यह आस जल्दी ही पूरी होगी।

गांधी ने लिखा है कि पिछली शाम उन्होंने देश के लिए दान की गयी सरला की चीज़ों को सहेजने में लगायी। ऐसा करते हुए गांधी आँख से एक आँसू को बाहर आने से रोक नहीं पाये। गांधी सरला की एक-एक साड़ी की याद दिलाकर उसे उसी कष्ट से गुज़ारना नहीं चाहते। सरला की प्रिय चीज़ों से सरला को मजबूरन दूर करने के लिए उन्हें अपने दिल को बहुत कड़ा करना पड़ा था। सरला गांधी का पत्र पढ़कर गांधी की उलटबाँसी के बारे में फिर सोचती है। साबरमती आश्रम से लाहौर आते समय गांधी के सुझाव पर सरला अपना सारा सामान आश्रम में छोड़ आयी थी ताकि उसकी बिक्री कर पैसा देश-हित में लगाया जा सके। अब गांधी अपने ही किये पर क्यों दुखी हो रहे हैं? उस समय तो वे बहुत प्रसन्न थे कि वे ऐसा करने के लिए सरला को आसानी से राज़ी कर पाये थे।

गांधी का अगला पत्र अहमदाबाद से आया है। वहाँ वे मिल-मालिकों और मज़दूरों के बीच झगड़ा सुलझाने में व्यस्त हैं। उन्हें अफ़सोस है कि वे सिंहगढ़ की तरह प्रेम से भरे पत्र सरला को नहीं लिख पा रहे। यहाँ वैसा अवकाश नहीं है और बार-बार किसी के आने से उन्हें रुक जाना पड़ता है। सरला देख रही है कि गांधी धीरे-धीरे अपने पत्रों में सरला के पूरे 'लॉ गिवर' ही बनते जा हैं, जैसे कि कोई छात्रा को पढ़ानेवाले स्कूल-मास्टर हों। 'यह करो, वह करो'-यही पत्रों का सार है। वे खुद इस बदलाव से वाक़िफ़ हैं। इसलिए लिखते हैं-"मैं चाहता हूँ कि तुम अपनी कल्पनाशीलता से जो मैंने नहीं लिखा, उसे खुद भर लो और मेरे लिखे हुए में उस प्रेम को महसूस कर लो।"

सरला ने गांधी को गुरुकुल की शिक्षा पर एक निबन्ध लेकर भेजा था और उनसे अनुरोध किया था कि गांधी उसका अनुवाद कर दें। गांधी इस पर जैसे खीझकर लिखते हैं, "अपनी आदत के मुताबिक़ ही तुमने मुझे अनुवाद के लिए कहा। भला तुम खुद कोशिश क्यों नहीं करती? तुम्हारे मेरे सेक्रेटरी होने का क्या फ़ायदा अगर मैं ही तुम्हारे लिए अनुवाद करता रहूँ और सारे काग़ज़ सँभालता रहूँ?"

सरला को गांधी के खीझने से उतनी परेशानी नहीं है, जितनी 'आदत के मुताबिक़' लिखने से है। गांधी का आशय है कि सरला हमेशा दूसरों से अपना काम करवाती है। सरला लम्बी साँस लेकर आगे पढ़ती है और कोशिश करती है कि विचलित न हो। गांधी लिखते हैं-"तुम्हारे पास एक महीना है, जिसमें तुम्हें कठोर आत्म-साक्षात्कार से गुज़रना चाहिए।

मैं तुम्हें सिर्फ़ आगे की तरफ़ ठेल सकता हूँ या पीछे खींच सकता हूँ। असली चुनाव तो तुम्हें करना है। यदि बर्फ़ सचमुच पिघल गयी हो तो तुम्हारे हृदय को हिमालय से निकली गंगा की तरह प्रवाहित होना चाहिए...मैं एकत्व में विश्वास रखता हूँ। दो जाग्रत आत्माओं को एक होना चाहिए। वे एक होने तक कभी सन्तुष्ट नहीं होतीं।"

यह कैसी दुविधा में डाल रहे हैं गांधी उसे! बेशक सरला गांधी के रास्ते पर क़दम मिलाकर चलना चाहती है, पर इस तरह दो रास्तों में कोई एक के चुनाव की बाध्यता क्यों? सरला आगे पढ़ती है–"तुम अपने से पूछो कि तुम कौन हो और कहाँ हो? पण्डित जी से अपनी तुलना करो। आधा-अधूरापन नहीं चलेगा। तुम जब आओ तो निर्णय लेकर आना। मेरे साथ चलने का रास्ता संकरा है। प्रेम-गली संकरी ही होती है। ईश्वर तुम्हारी सहायता करे और रास्ता दिखाये।"

सरला अपने मन की उथल-पुथल किसे बताये? गांधी उससे जो चाहते हैं, वह बिलकुल साफ़ है। अपने पति पण्डित रामभज दत्त चौधरी से वह अपनी क्या तुलना करे? सरला जानती है कि वे न अपनी सांसारिक ज़िम्मेदारियाँ छोड़ सकते हैं और न गांधी के मार्ग का शत-प्रतिशत अनुसरण कर सकते हैं। वे घर-बार छोड़कर गांधी के आश्रमवासी बनकर नहीं रहने वाले हैं। और सरला? वह क्या यह करने के लिए तैयार है? गांधी साफ़ लिख रहे हैं कि 'आधा-अधूरापन नहीं चलेगा।' क्या सरला पूरी तरह से अपने को गांधी के मार्ग पर झोंक सकेगी? दीपक को उसने गांधी को दे ही दिया है। क्या वह अपनी दुनिया समेटकर हमेशा के लिए साबरमती जाने को तैयार है?

गांधी को इस पत्र का जवाब तो देना होगा। सरला बहुत देर तक सोचती रही। नहीं, वह इन बातों का कोई जवाब देने की मनःस्थिति में नहीं है। फ़िलहाल वह उन्हें बरेली के अपने अनुभव के बारे में ही लिखेगी। गांधी जो चाहें समझें, पर उसे सचमुच वक़्त चाहिए इस कठोर आत्म-साक्षात्कार से गुज़रने के लिए। सरला ने लिखा–"मैं अभी कुछ मुसलमान परिवारों से मिलकर लौटी हूँ। एक घर में दो स्त्रियाँ थीं। उन्होंने चरख़ा और स्वदेशी का व्रत लिया। दूसरे घर में छह स्त्रियाँ थीं। सब-की-सब ने यह व्रत लिया। यह कच्छी बोहरों का परिवार था, जो ग़दर के जमाने से आकर यहाँ बस गया था। ये लोग बड़े सम्पन्न और सुसंस्कृत थे। देखती हूँ, इन प्रदेशों में स्वदेशी और चरख़ा का प्रचार बहुत अच्छी तरह कर सकती हूँ। मेरी स्वदेशी पोशाक का असर हो रहा है।"

सरला को लिखकर कुछ राहत महसूस हुई। वह जो काम कर रही है, उस पर ही बात करना ठीक है। आगे क्या लिखे? सरला ने अपने भाषण की बातों का ज़िक्र करते हुए लिखा–"मैंने कहा कि हिन्दुस्तान में अगर हम अवाम के लिए भोजन और वस्त्र की व्यवस्था तक नहीं कर सकते, तो आज़ाद होने पर देश की व्यवस्था कैसे चलायेंगे? हमें ईश्वरचन्द्र विद्यासागर की तरह सारे जीवन खद्दर पहनकर गौरव का अनुभव करना होगा। देश की ग़रीबी तभी दूर हो सकेगी। अगर हम चीन, जापान, फ्रांस के महँगे रेशमी वस्त्रों को न पहनने का दृढ़ निश्चय करें और अपने देश के काते हुए मोटे सूत का कपड़ा पहने का संकल्प लें, तो यक़ीनन भारत जल्दी ही पहले जैसा ही बढ़िया महीन कपड़ा बनाने लगेगा।"

पण्डित रामभज दत्त चौधरी और सरला से गांधी यह उम्मीद रखते हैं कि जगदीश की शादी में वे लोग स्वदेशी कपड़े का ही उपयोग करेंगे। सरला चौधरी जी से ही कहेगी कि वे गांधी को लिख दें कि जगदीश की शादी में सभी पोशाकें बनारस के स्वदेशी रेशमी कपड़े से बनवायी गयी हैं। उसकी क़ीमत ज़्यादा है पर वह बहुत उम्दा कपड़ा है। उन लोगों ने विदेशी कपड़े का उपयोग पूरी तरह से वर्जित रखा है।

गांधी का अगला पत्र साबरमती आश्रम से आया। गांधी नियम से रोज़ एक पत्र लिखते जा रहे हैं। वे नाराज़ हैं कि उन्हें सरला का कोई पत्र नहीं मिला है। यदि सरला ने लिखा भी होगा तो वह पूना से उनके लौट आने के बाद वहाँ पहुँचा होगा। उन्हें मालूम है कि सरला के लिए जानना मुश्किल है कि गांधी कब कहाँ रहेंगे। फिर भी सरला के पत्र न मिलने से अपनी नाराज़गी को मुकम्मल बताते हुए लिखते हैं–"प्रेम तर्क नहीं मानता और बेसिर-पैर की माँगें कर परेशान करता है। प्रेम सोच लेता है कि उसका प्रेमी ईश्वर की तरह सब कुछ पहले से अपने-आप ही जान लेगा।" यह पढ़कर सरला के चेहरे पर मुस्कान आयी। चलो, गांधी ने माना तो सही कि उनकी माँगें अतार्किक और परेशान करने वाली होती हैं।

सरला ने पत्र बन्द कर रख दिया। जाने क्यों कहीं कोई बात ऐसी है जो उसके दिल को कोंच रही है। किस बात से वह परेशान है, यह वह साफ़-साफ़ समझ नहीं पा रही। शायद 'आधा-अधूरापन नहीं चलेगा', यह वाक्य याद आकर उसके सिर पर हथौड़े की तरह बजता है। इसमें कोई सन्देह नहीं है कि गांधी से जो सखा-भाव लाहौर में छह महीने पहले बना था, अब पहले की तरह तरंगित न रहकर एक भँवर में घूमने लगा है।

जाने कितनी अपेक्षा और शिकायतें उसमें शिलाखण्डों की तरह रास्ते में आने लगी हैं।

सरला को खुद नहीं मालूम कि वह हमेशा के लिए साबरमती में रहकर जीवन काटने के लिए तैयार है या नहीं? पति की स्वीकृति तो बाद की बात है। सरला ने महसूस किया है कि आश्रम का जीवन एकदम निर्द्वन्द्व जीवन नहीं होता। वहाँ भी लोग अपनी कसौटियों पर एक-दूसरे को जाँचते रहते हैं। उनके मन एक नहीं होते, जैसा कि गांधी चाहते हैं।

सरला को अचानक अपनी बेचैनी का कारण समझ में आ गया। गांधी के पत्र में उनके भतीजे मगनलाल गांधी से लम्बी बातचीत का ज़िक्र था। पैरों में कमज़ोरी के कारण सुबह सैर पर न जाकर गांधी मगनलाल से सुबह की रोशनी होने तक बातचीत करते रहे। सरला को शक है कि उनकी बातों में सरला का नाम भी आया होगा। मगनलाल गांधी दक्षिण अफ़्रीका से ही गांधी का अप्रतिम शिष्य और सेवक रहा है, पर फ़िलहाल गांधी के प्रति मन में उठ रहे सवालों से अशान्त है। सरला को मालूम है कि इनमें से कुछ बातें खुद सरला को लेकर हैं। सरला के कहने पर आश्रम में मोटरकार लेने की बात उठी थी। गांधी ने मगनलाल से सलाह की थी कि क्या आश्रम के लिए मोटर की भेंट लेना ठीक रहेगा? पर मगनलाल आदतन भड़क गया था। उसको गांधी का गाड़ी रखने के बारे में सोचना भी गांधी के सिद्धान्तों में दृढ़ता की कमी जैसा लगा था।

आश्रम में रहते हुए सरला के कानों में इस तनाव की बात आयी थी। गांधी की शारीरिक कमज़ोरी के कारण और आश्रम में पढ़ाने आनेवाले वृद्ध मिशनरी के लिए आश्रम में मोटरगाड़ी का कई बार उपयोग करना पड़ता था। सरला की बात से गांधी सहमत थे कि आर्थिक दृष्टि से मोटर लेना आश्रम के लिए किफ़ायती होगा, पर मगनलाल इसे गांधी का विचलन मान रहा था। सरला के मन में यह सन्देह उठा था कि गांधी का सरला की बातों को महत्त्व देना भी मगनलाल को परेशान करता था। वह जानती थी कि मगनलाल उसे अभिजात कुल की मानता है, जिसका आश्रम की सादी और कठोर जीवनशैली से कोई मेल नहीं हो सकता।

सरला कभी-कभी रसोईघर में खाना न खाकर अपने कमरे में खाना खाती है, इस बात पर भी मगनलाल ने आपत्ति दर्ज की थी। एक दिन दीपक ने आकर सरला को कहा, "माँ, तुम्हें आश्रम के नियम मानने चाहिए।

यहाँ किसी को अपने कमरे में खाने की अनुमति नहीं है।" सरला ने अचरज से पूछा था, "क्या किसी ने तुमसे कुछ कहा?" दीपक ने 'नहीं' करते हुए सिर हिलाया था, पर सरला उसका मुख देखकर समझ गयी थी कि उसने ज़रूर कहीं कुछ सुना है। उसका शक तुरन्त मगनलाल पर गया था।

कुछ दिनों से सरला मगनलाल का अपने प्रति बदला हुआ रुख़ देख रही थी। मगनलाल ख़ुद बहुत कड़े अनुशासन से रहता था और किसी की थोड़ी-सी भी लापरवाही बर्दाश्त नहीं करता था। सरला ने सुना था कि उसके गुस्सैल स्वभाव की शिकायत पहले भी गांधी जी से की गयी थी। मगनलाल ने महाकवि रवीन्द्रनाथ टैगोर के साबरमती में आने पर उनके स्वागत में किये गये ख़र्च पर एतराज़ किया था। इतना ही नहीं, आश्रमवासी इमाम साहिब की बेटी फ़ातिमा के आश्रम में हुए विवाह पर ख़र्च को लेकर भी वह नाख़ुश था।

यह क्या कोई कम विडम्बना है कि एक तरफ़ गांधी सरला को बार-बार जगदीश की शादी में ख़र्च और आडम्बर से बचने की सलाह देते रहे हैं और दूसरी तरफ़ ख़ुद उन पर आश्रम में हुई शादी में किये गये ख़र्च पर उनके भक्त ही अपनी नाराज़गी ज़ाहिर कर रहे हैं। मगनलाल को जानते हुए सरला को इसमें कोई शक नहीं कि महाकवि के स्वागत में या फ़ातिमा की शादी में लगायी गयी बत्ती की झालर या फूलों की माला लगाने जैसा कोई मामूली ख़र्च ही मगनलाल को फ़िज़ूलख़र्ची लगा होगा। ग़रीबी में जीने के तोलस्तोयी दर्शन को जीते हुए गांधी अब ख़ुद ही कटघरे में खड़े कर दिये गये हैं कि आश्रम में बेवजह ख़र्च किये गये। ऐसे माहौल में सरला का हमेशा के लिए आश्रम में रहने जाना क्या सही क़दम होगा?

●●●

मई महीने का एक सप्ताह बीतते-बीतते ही गांधी ने पत्र में सरला को गुरुकुल पर लिखे लेख का अनुवाद कर डालने की सूचना दी है। पहले तो इतना-सा अनुरोध करने पर इतनी खीझ दिखायी और अब दो दिन में ही अनुवाद कर डाला। सरला जवाब में लिखेगी-''ठीक है जनाब! आप मेरे सेक्रेटरी नहीं हैं। आगे से ऐसी कोई ख़ातिर की आपसे मैं उम्मीद नहीं रखूँगी!''

गांधी की कसौटियों पर खरा उतरना क्या आसान है? गांधी ने सिन्ध से उनसे मिलने आये जवान स्काउट छात्रों के बारे में क्षुब्ध होकर लिखा है कि स्टेशन से आश्रम आने के लिए पैदल चलने के बजाय उन्होंने पन्द्रह रुपये में गाड़ी भाड़े पर ली। गांधी लिखते हैं कि वे यदि उनके मास्टर होते

तो उन्हें पैदल ही चलवाते। बच्चों को शिक्षा देने का यह तरीक़ा एकदम बेवक़ूफ़ाना है। सरला के मन में अचानक दीपक का चेहरा घूम जाता है। क्या दीपक के साथ भी गांधी ऐसी सख़्ती करते होंगे? एक क्षण के लिए उसे दीपक को साबरमती भेजने के निर्णय पर सन्देह हुआ, पर गांधी तो दीपक के साथ काफ़ी नरमाई बरतते हैं। उसे अपने मामा ज्योत्स्नानाथ घोषाल से, जो वहाँ के कलेक्टर हैं, हर रविवार मिलने की छूट है। सरला को मालूम है कि मगनलाल गांधी इस बात से भी नाखुश है।

मगनलाल के बारे में सोचते हुए सरला के मन में एक सवाल हमेशा उठता है। क्या गांधी अपना विरोध करनेवालों के प्रति सचमुच उतने ही स्नेही हैं जितना वे दिखते हैं? ऐसे लोगों में एक तो बुर्जोरजी पादशाह हैं जो गांधी के 'असहयोग आन्दोलन' के विरोधी हैं। पादशाह के जैसा शिक्षित विद्वान पूरे देश में मिलना मुश्किल है। वे जमशेदजी टाटा के जमाई बनने वाले थे, पर शादी के पहले ही जमशेदजी की बेटी की मृत्यु होने पर जमशेद टाटा ने उन्हें दुनिया के सर्वश्रेष्ठ विश्वविद्यालयों का अध्ययन करने के लिए बाहर भेज दिया। इंडियन इंस्टीच्यूट ऑफ़ साइंस जैसी संस्था के निर्माण में पादशाह की बड़ी भूमिका है। पादशाह की अद्‌भुत स्मरणशक्ति, हर विषय में गहन अध्ययन और शिक्षा के लिए समर्पित जीवन के कारण गांधी स्वयं अपने विद्यार्थी-काल से ही उनके बड़े प्रशंसक रहे हैं।

सरला जब साबरमती आश्रम में थी तब 'ईस्ट एंड वेस्ट' पत्रिका में बुर्जोरजी पादशाह का एक लेख छपा था। गांधी की कई दिनों तक सरला से उस लेख पर चर्चा चली। पादशाह ने लिखा था कि, "जब अहिंसा को ख़ुद ही एक धमकी की तरह इस्तेमाल किया जा रहा हो, तो अहिंसा धर्म कैसे हो सकता है? यदि हम अपनी ताक़त से अपने विरोधी को डरा रहे हों कि वह हमारी बात मान ले, तो इसे कम-से-कम आध्यात्मिक या दिव्य तो नहीं कहा जा सकता।" गांधी का कहना था कि पादशाह की आपत्ति से सहमत न होते हुए भी वे उसका जवाब देने की कोशिश करेंगे। पादशाह अंग्रेज़ों की तरह अहिंसा को एक धमकी की तरह देख रहे हैं, किन्तु असहयोग आन्दोलन का लक्ष्य सच्चा सहयोग है। सामनेवाला अन्याय न करे, तभी उससे सच्चा सहयोग किया जा सकता है। वे पादशाह को बताना चाहते हैं कि अहिंसा का अर्थ ख़ुद को कष्ट देकर झुकना होता है, धमकी नहीं।

एक दिन गांधी ने सरला की ओर पादशाह को लिखा पत्र पढ़ने के लिए दिया। सरला ने हैरत से पढ़ा कि पादशाह को अहिंसा का अर्थ समझाने

के लिए गांधी अपनी निजी बातों का ज़िक्र कर रहे थे। कैसे तेरह साल की उम्र में उनकी नवविवाहिता पत्नी मार खाकर भी अपनी आँखों में दुनिया का गुस्सा भरकर उनका प्रतिवाद करती थी, किन्तु उन आँखों में धमकी न होकर पीड़ा सहने की एक गहरी ज़िद होती थी। बाद में गांधी ने अपनी पत्नी के प्रतिवाद की नक़ल करते हुए उसका परोसा खाना न खाकर, साथ न सोकर और बातचीत बन्द कर अपना विरोध जताया। पर गांधी भी यहाँ धमकी न देकर खुद को ही पीड़ा दे रहे थे। इस तरह गांधी ने असहयोग का पाठ अपने ही जीवन से सीखा है। अभी के माहौल में कष्ट सहने की अपनी आन्तरिक शक्ति का इज़हार करना धमकी माना जा रहा है।

गांधी अपने पत्र पर सरला की निष्पक्ष राय जानना चाहते थे। पहली बार सरला निरुत्तर हो गयी थी। उसे सूझ नहीं रहा था कि वह क्या बोले? पादशाह की बात उसे पूरी तरह ग़लत नहीं लग रही थी। हम बात अहिंसा की करें पर अहिंसा से सामने वाले को झुकने पर मजबूर करें, तो यह अहिंसा कैसे हुई? गांधी ने अपनी पत्नी के साथ अपने व्यवहार का जो ज़िक्र किया था, वह सरला को स्तब्ध कर गया था। असहयोग में अपने को कष्ट देने का लक्ष्य है, विरोधी को नहीं–यह बात पूरी तरह सरला के गले के नीचे नहीं उतर रही थी। सरला ने गांधी को कहा कि वह कुछ दिन सोचकर जवाब देगी। उसने कहा कि भले ही असहयोग करने के पीछे गांधी की भावना खुद को पीड़ा देने की हो सकती है किन्तु सामनेवाला उस भावना को न भी समझ सकता है। गांधी सरला की बात से सहमत हुए थे कि विरोधी पक्ष के लिए उनके मन्तव्य पर शक करना सहज है।

•••

गांधी का पत्र आया है। सरला को जानकर आश्चर्य हो रहा है कि गांधी अहमदाबाद के मिल-मालिकों और मज़दूरों में कोई समझौता न करा पाने के कारण बेहद परेशान हैं। वे लिखते हैं कि ईश्वर कभी ज़्यादा धनी न बनाये, इस प्रार्थना का अर्थ उन्हें अब जाकर समझ में आ रहा है। सिर्फ़ एक रुपया प्रति मज़दूर बढ़ाने के लिए दस घण्टे तक बहस कर गांधी का सिर चकरा रहा है और गला बैठ गया है, पर मिल-मालिक गिरगिट की तरह रंग बदल रहे हैं। लोगों की क्रूरता और मूर्खता मनुष्यता में विश्वास तोड़ने वाली है। दो दिन बाद हड़ताल शुरू करने के अलावा और कोई रास्ता नहीं दिख रहा।

सरला आश्चर्य में है कि अनसूयाबेन साराभाई के रहते हुए भी गांधी इतनी परेशानी से गुज़र रहे हैं। अनसूयाबेन मिल-मालिक अम्बालाल साराभाई की बड़ी बहन है। गांधी के हिन्दुस्तान आने के पहले से ही अनसूयाबेन मज़दूरों के अधिकारों के लिए संघर्ष करती आयी है। साबरमती आश्रम में रहने के दौरान सरला को अनसूयाबेन को क़रीब से जानने का मौक़ा मिला। साराभाई जैसे समृद्ध परिवार में जन्मी अनसूयाबेन नौ साल की उम्र में अनाथ हो गयी थी। तेरह साल की उम्र में उसके चाचा ने उसका विवाह कर दिया, पर शादी न टिकी। वह वापस मायके लौट आयी। भाई अम्बालाल ने सत्ताईस साल की उम्र में उसे इंग्लैंड पढ़ने के लिए भेजा। वहाँ वह फ़ेबियन सोसायटी के सम्पर्क में आयी, जहाँ सामाजिक न्याय, मज़दूरों के न्यूनतम वेतन और ट्रेड यूनियन की बातें चल रही थीं। लंदन की सड़कों पर 'सफ्रागेट' आन्दोलन की औरतें वोट के अधिकार के लिए लड़कर जेल जा रही थीं। अनसूयाबेन उनके आन्दोलन में भी शामिल हुई। लंदन स्कूल ऑफ़ इकोनॉमिक्स में उसने 'मज़दूर और समाज कल्याण' का विषय चुन पढ़ाई की।

सरला को अपने से तेरह साल छोटी अनसूयाबेन की आज़ादख़याली में अपना प्रतिबिम्ब नज़र आया था। अनसूयाबेन ने पश्चिम की औरत की तरह सड़कों पर अकेले घूमकर ज़िन्दगी को एक नये सिरे से जाना था। अनसूयाबेन ने सरला को अचरज में डालते हुए हँसकर कहा, "वहाँ बॉल डांस सीखा मैंने। और ख़ूब सिगरेट पी। अब्दुल्ला नम्बर आठ, लेडीज़ सिगरेट मेरी सबसे पसन्दीदा चीज़ थी।" सरला ने अनसूयाबेन को मैसूर जाकर पढ़ाने के अपने अनुभव के बारे में बताया था। कितना ज़रूरी था उसके लिए अपने देश-समाज-परिवार के दायरों से बाहर निकल ज़िन्दगी को देखना। ऐसी खुली हवा में साँस लेना, जहाँ आपकी साँसों की गिनती तक का हिसाब न रखा जा रहा हो।

विलायत में एक साल रहकर लौटने के बाद अनसूयाबेन ने मिल-मज़दूरों के बच्चों के लिए एक स्कूल खोला। यह गांधी के दक्षिण अफ़्रीका से लौटने के एक साल पहले की बात है। एक दिन मज़दूरों के एक थके-हारे जत्थे को लगभग गिरते-पड़ते घर लौटते देख अनसूयाबेन ने आश्चर्य से उनसे कारण पूछा। तब पता चला कि वे लोग लगातार छत्तीस घण्टे कई शिफ़्टों में काम कर इतने थके हुए हैं कि सीधे चल भी नहीं पा रहे। इस दृश्य ने अनसूयाबेन के आगे के जीवन की दशा तय कर दी। ख़ुद अपने मिल-मालिक भाई के ख़िलाफ़ मज़दूरों के अधिकारों की पहली लड़ाई उसने तभी लड़ी।

गांधी के हिन्दुस्तान लौटने के तीन साल बाद यानी 1918 में फिर मिल-मालिकों के ख़िलाफ़ इक्कीस दिन की हड़ताल हुई। तब तक गांधी साराभाई परिवार से जुड़ गये थे। किसी मज़दूर के तंज़ कसने पर कि गांधी भूखे मरने का कष्ट क्या जानें, गांधी आमरण अनशन पर बैठ गये। तब मिल-मालिकों ने मज़दूरी में पैंतीस प्रतिशत बढ़ोतरी मान ली। दो साल बाद इसी 20 फरवरी को गांधी ने हिन्दुस्तान का पहला ट्रेड यूनियन 'मजूर महाजन संघ' बनाकर अनसूयाबेन को उसका आजीवन प्रेसिडेंट बनाया है। तब फिर गांधी को एक रुपया वेतन बढ़ाने के लिए इतना तनाव क्यों मोल लेना पड़ रहा है? कहीं गांधी फिर आमरण अनशन पर न बैठ जायें, सरला ने कुछ आशंकित होकर सोचा। अब तो उनका शरीर इतना कमज़ोर हो चुका है कि अनशन झेल ही नहीं सकता।

गांधी की बातें फिर सरला के मन को हरने वाली हैं–"मैं रोज़ सूर्योदय के समय पेड़ों के पीछे से सूरज का अभिवादन करता हूँ। तुम्हारी कमी मुझे बहुत अखरती है। तुम्हारी कमी मुझे तब भी अखरती है जब मैं दूध पीता हूँ। मेरे पास कोई साझीदार नहीं है। मैं जब अपने बिस्तर से उठता हूँ तो देखता हूँ कि मेरी बायीं तरफ़ कोई बिछौना नहीं लगा है। ऐसा कोई नहीं है जिसको मैं उठाऊँ और जिसके लिए मैं इन्तज़ार करूँ। सचमुच प्रेम उतना ही क्रूर होता है, जितना कि नफ़रत। किन्तु एक आदमी को ऊपर उठाता है और दूसरा नीचे गिराता है। मैं हर वक़्त मुझे घेरे रहनेवाले तुम्हारे स्नेह के क़ाबिल बना रहना चाहता हूँ।" सरला सोचती है, वाक़ई दो जाग्रत आत्माओं की साझेदारी के जैसा कोई दूसरा अनुभव नहीं हो सकता। गांधी के साथ के लिए क्या सरला का मन कम बेचैन है!

गांधी अगले पत्र की शुरुआत ही इस वाक्य से करते हैं कि वे कल से चिड़चिड़े हैं, क्योंकि सरला का पत्र नहीं मिला। आग में घी इससे पड़ा कि मथुरादास ने सरला के उसको लिखे पत्र का सार गांधी को सुनाया। वैसे अगर सरला चाहती तो आश्रम के और लोगों को पत्र लिख सकती थी ताकि कम-से-कम सरला का समाचार गांधी तक पहुँच जाता। मसलन–सरला इमाम साहेब, फ़ातिमा, उसकी माँ को, श्रीमती गांधी को वग़ैरह-वग़ैरह कितने लोगों को लिख सकती थी। इससे सरला को जानकारी भी रहती कि गांधी आश्रम में हैं या कहीं और! इतनी सारी शिकायतें कर गांधी लिखते हैं, "मैं जानता हूँ कि मैं जब भुनभुनाता हूँ, तो एक भाई के अधिकार से ही।"

गांधी आगे सरला के बहानों की सूची खुद लिखने लग जाते हैं–सरला ने किसी को पत्र इसलिए नहीं लिखा क्योंकि उस व्यक्ति से ज़्यादा परिचय न था या कि उससे पिछले पत्र का जवाब नहीं मिला था या कि उसे अंग्रेज़ी समझ नहीं आती। खुद गांधी को यों न लिखा कि वे न जाने कहाँ थे या कि गांधी को ज़रा भी धीरज नहीं या कि वे सोचते हैं कि सिर्फ़ वे ही व्यस्त रहते हैं! गांधी को क्या मालूम कि किन हालात में सरला को प्रतिदिन ख़त लिखना पड़ता है। और तो और, गांधी के ही बताये इतने काम हैं कि वे कैसे उम्मीद करते हैं कि सरला के पास लिखने का वक़्त होगा!

गांधी की सूची पढ़ते हुए सरला हँस पड़ी। यह अच्छा तरीक़ा है कि सामने वाले की सारी बातें खुद ही कह दो कि उसके पास कुछ कहने को न बचे। गांधी से पूछना होगा कि यह कौन सी अहिंसा है?

मिल–मालिकों से बातचीत कोई नतीजे पर नहीं पहुँची। तथाकथित रूप से असभ्य मानी जानेवाली मज़दूर स्त्रियों की गांधी तारीफ़ करते हुए लिखते हैं कि अपनी शिकायतों को पेश करने और गांधी के जवाबों को सुनते वक़्त उनकी गरिमा देखने लायक़ थी। असल में तो उन्हें ही आभिजात्य वर्ग माना जाना चाहिए। जब गांधी ने यह घोषणा की कि हड़ताल शुरू हो गयी है, तो आकाश में उनका जो शोर गूँजा, उसे यदि सरला सुनती तो बेशक उसकी सैनिक वृत्ति जाग उठती। सरला फिर हँस पड़ी। गांधी कभी नहीं भूलते कि सरला का देशप्रेम उनकी तरह सरकार को अपील और आवेदन लिखनेवाला नहीं रहा है। सरला से सुनी अखाड़ों में तलवार की पूजा करवाने की कहानियों की ओर वे जब–तब इशारा कर देते हैं।

गांधी का मज़ाक़ आगे चलता है। सरला मुस्कराती हुई पढ़ती है–किसी ने आश्रम में गांधी को सरला की माँ स्वर्णकुमारी देवी की कहानियों की किताब में उनकी तस्वीर दिखाते हुए नाम छुपाकर पूछा कि बताइये, यह किसकी तस्वीर है? गांधी लिखते हैं, "मैंने तुरन्त कहा, सरलादेवी हैं, पर वह राजसी, गर्वीली, बेपरवाह आकृति तो स्वर्णकुमारी देवी की थी। ठीक उसी उम्र की तस्वीर थी, जितनी अभी तुम्हारी है। कितना मेल है!" सरला की मुस्कराहट अचानक मद्धिम पड़ गयी। गांधी क्या कहना चाहते हैं? पहले वे मज़दूरिन औरतों को असली आभिजात्य वर्ग बताते हैं। फिर सरला के व्यक्तित्व को उसकी माँ के हवाले से राजसी आभिजात्यपूर्ण बताते हैं यानी सरला की विरासत ओढ़े हुए नक़ली आभिजात्य की है? क्या गांधी उसे फिर कटघरे में खड़ा कर रहे हैं? इसके बावजूद कि उनके आश्रमवासियों से पहले सरला ने खादी पहनना शुरू कर दिया है? यह तो सरासर नाइंसाफ़ी है।

इस बीच सरला ने कस्तूरबा को पत्र लिखा था। गांधी लिखते हैं कि उनका पिछला शिकायती पत्र रास्ते में ही होगा कि इधर सरला का पत्र आ पहुँचा। वे खुश हैं कि दूसरों के पत्र से उन्हें सरला का हाल-चाल तो मिल रहा है। गांधी सरला के भाई कलेक्टर ज्योत्स्नानाथ घोषाल से मज़दूरों की हड़ताल के बारे में सूचना देने के लिए मिले थे। उसे गांधी से सरला के बरेली जाने का पता चला, तो ज्योत्स्नानाथ ने हँसकर कहा कि सरला के अन्दर इतनी बेचैनी है कि वह इधर-उधर गये बिना ख़ुश रह ही नहीं सकती। गांधी लिखते हैं कि दीपक के बारे में उसके मामा का मानना है कि सरला ने उसके ऊपर बहुत भार लाद रखा है। गांधी उससे सहमत नहीं हैं, पर हो सकता है कि कई बार विद्यालय बदलने के कारण दीपक का जीवन सरल न रहा हो।

भाई की बातों से सरला का मन बुझ-सा जाता है। गांधी से ज्योत्स्नानाथ का यह कहना कि सरला बिना दौड़-भाग किये ख़ुश नहीं रह सकती, क्या यही इंगित नहीं करता कि वह सरला की गतिविधियों से ख़ुश नहीं है? ज़ाहिर-सी बात है कि सरकारी नौकरी कर ऊँचे ओहदों पर बैठे लोग आश्रम के जीवन या चरख़ा-खादी या 'असहयोग आन्दोलन' को किस तरह देखते होंगे। ज्योत्स्नानाथ बम्बई प्रेजिडेंसी में खेड़ा का कलेक्टर है। दो साल पहले उसे अंग्रेज़ी साम्राज्य से सी.आई.ई. की उपाधि मिली है। यह ठीक है कि जोड़ासांको के जीवन में स्वदेशी अस्मिता की बातें घुट्टी में मिली थीं, पर अंग्रेज़ों की चाकरी करनेवाले भाई को सरला का खादी पहनना और चरख़े के प्रचार में गांधी के साथ लगना एक सनक से अधिक क्या लगता होगा? दीपक को इस तरह के जीवन में डालना भी उसे अव्यावहारिक ही लगता होगा। ज्योत्स्नानाथ शायद यह भी भूल गया है कि उनके पिता शुरू से कांग्रेस के सेक्रेटरी थे और माँ स्वर्णकुमारी कांग्रेस के अधिवेशन में भाग लेनेवाली पहली औरतों में थीं। कूचबिहार महाराजा की लड़की सुकृति देवी, जो ब्रह्मसमाज के टुकड़े करनेवाले केशवचन्द्र सेन की दुहित्रि है, से शादी कर पहले ही उसने अपने नाना महर्षि देवेन्द्रनाथ टैगोर का दिल दुखाया है। ख़ैर, हर इन्सान की अपनी गति-मति है।

गांधी चाहते हैं कि सरला उड़ीसा के अकाल के बारे में उनकी अपील पढ़े। मदद के लिए जो राशि इकट्ठी कर सके, वह करे। इधर हरिलाल के मार्फ़त उन्हें पता चला है कि जलियाँवाला बाग़ स्मारक के लिए बंगाल से कुछ ख़ास अनुदान नहीं मिला है।

गांधी के बहुत-से पत्र सरला को नहीं मिले हैं, इस बात से गांधी दुखी हैं। वे लिखते हैं–"उनमें मेरी आत्मा डाली हुई थी।" रोज़ लिखे उन पत्रों के बहुमूल्य सन्देश का खो जाना उन्हें उदास करता है। सरला भी उदास होकर आगे पढ़ती है कि गांधी का शरीर लगातार दुर्बल होता जा रहा है। उन्हें एकान्त, आराम और शान्ति की सचमुच ज़रूरत है। वे ज़्यादा दिन ये चिन्ताएँ और दवाब नहीं झेल सकेंगे। इसके आगे गांधी फिर अपना दिल खोलकर रख देते हैं–"तुम्हें अन्दाज़ भी नहीं होगा कि तुम मेरा कितना वक़्त ले लेती हो? कितनी उम्मीदें बना दी हैं तुमने? तुम अन्ततः क्या बनोगी, इसकी मुझे बड़ी फ़िकर है...मेरे जीवन की योजनाओं के प्रति तुम्हारा गहरा रुझान है। मुझसे तर्क-वितर्क करने के कारण मैं तुम्हारे मन में झाँक पाया हूँ। इसीलिए मुझे चिन्ता है कि तुम एक सम्पूर्ण स्त्री बन पाओ। तुम्हारा संकल्प हुआ, तो तुम बनोगी ही।"

सरला का मन उमगता है। गांधी सरला से न अपनी तबीयत की कोई बात छिपाते हैं और न सरला से उनकी उम्मीदों की। वे जानते हैं कि सरला और रामभज दत्त चौधरी को उनकी तबीयत की बहुत चिन्ता होगी, पर इतना काफ़ी नहीं। वे चाहते हैं कि वे दोनों पति-पत्नी गांधी को लेकर उतने ही गम्भीर हों, जितने गांधी उनके लिए हैं। उन्हें कोई भ्रम नहीं है कि वे पण्डित रामभज दत्त से उतनी उम्मीद रख सकते हैं, जितनी सरला से। वे पण्डित जी से प्रेम करते हैं, पर उन्हें सरला के जितना नहीं जानते।

सरला पढ़कर मुस्कराती है। गांधी इतने सरल हैं कि वे बिना ज़रूरत के भी अपने मन की बातें साझा कर लेते हैं मानो अपने पति का मन सरला ही न जानती हो! अब सचमुच समय आ गया है कि जगदीश की शादी के बाद उसे अपने जीवन का मार्ग तय कर लेना होगा।

•••

सरला ने देखा था कि गांधी के लिखे दो पत्र एक साथ आये हैं। दूसरा पण्डित रामभज दत्त चौधरी के लिए है। उसे पता है कि शादी की व्यस्तता के बीच पति पत्र एक मिनट में पढ़कर उसकी ओर बढ़ा देंगे। वह पत्र पढ़ते हुए पति के चेहरे पर आते-जाते भाव देख रही थी। गांधी ने ऐसा क्या लिखा है, उसके मन में कुछ बेचैनी हुई। रामभज दत्त ने पत्र बहुत धीरे-धीरे पढ़ा और एक गहरी साँस छोड़कर सरला को थमा दिया। सरला इन्तज़ार करती रही कि एकान्त मिले, तो वह गांधी का चौधरी जी को लिखा पत्र पढ़े।

ओह! गांधी के पति को लिखे पत्र को पढ़ते हुए सरला के मुँह से कई बार निकला। कोई किसी को इस तरह उच्च स्थान पर बैठाये, तो मन जितना हुलसता है, उतना ही डरता भी है। गांधी ने लिखा था–"सरला को मैंने मज़ाक़ में एक बार कहा था कि मेरी ज़िन्दगी में उसके आने के बाद से सुबह की मेरी पहली प्रार्थना में कोई ईश्वर न होकर एक देवी होती है। इसलिए उसे सतर्क रहना होगा कि वह मेरी भक्ति के लायक़ बनी रहे। मेरी कल्पना की देवी सिर्फ़ प्रेमपूर्ण है, मनुष्यता के लिए उसके लिए कोई काम भार नहीं, देश के लिए कोई सेवा छोटी नहीं, पवित्रता के लिए कोई त्याग अकरणीय नहीं। मेरी कल्पना की देवी विवाहित है, पर ब्रह्मचारिणी है।

ब्रह्मचर्य की बात पढ़ते हुए सरला को पति का गांधी का पत्र पढ़ते हुए चेहरा याद आया। सरला को मालूम है कि गांधी की ब्रह्मचर्य की बातें पति को नहीं जँचतीं। आश्रम में मगनलाल की दस साल की बेटी राधा ब्रह्मचर्य का संकल्प ले, गांधी की यह इच्छा जानकर रामभज दत्त चौधरी रोष से भर गये थे। सरला को भी गांधी की ऐसी बातें ठीक नहीं लगतीं। वैसे उन दोनों को यह पता नहीं है कि मगनलाल गांधी की इसी बेटी राधा से उनके पुत्र दीपक का विवाह उन दोनों की मृत्यु के बाद होगा।

गांधी रामभज दत्त को लिखे पत्र में आगे उनसे पूछते हैं–"क्या आप सरला की मदद करने आगे बढ़ेंगे ताकि मैं अपने आदर्श को सफल होते देख सकूँ?" सरला को यह पढ़कर पति का लम्बी साँस छोड़ना याद आया। गांधी जानते हैं कि वे एक समर्पित देशभक्त से कुछ माँग रहे हैं। रामभज दत्त देश के लिए ख़तरे मोल लेने और कुर्बानियाँ देने से कब पीछे हटे हैं? सरला से विवाह के इन पन्द्रह सालों में उन दोनों ने एक-दूसरे की देशभक्ति की धार को तेज़ ही किया है, पर यह तो मानो अपना सर्वस्व दे देने की माँग है। सरला जानती है कि यह रामभज दत्त चौधरी के लिए आसान नहीं है। उन्हें सरला के साथ की गहरी आदत है, भले ही सरला एक आम गृहिणी की तरह उनके छोटे-छोटे काम करने उनके आगे-पीछे नहीं घूमती। उन दोनों का मानसिक तादात्म्य उनके रिश्ते की नींव है। गांधी के प्रति रामभज दत्त के पूरे सम्मान के बावजूद गांधी पति-पत्नी के तादात्म्य के बीच एक विघ्न की तरह उपस्थित हो गये हैं। जाने नियति को क्या मंजूर है? अब पति का निर्णय कुछ भी हो पर सरला को अपना निर्णय तो लेना ही होगा। सरला ने गांधी को अब अपना जवाब लिखने का निश्चय किया।

•••

सरला के जवाब में गांधी का पत्र 'माई डियर सरला' की जगह पहली बार 'माई डियरेस्ट सरला' के सम्बोधन से आया है। वे लिखते हैं–"एक-दूसरे के प्रेम के योग्य बनने की कोशिश में कोई नुक़सान नहीं है, पर जानती हो, मुझे तुम्हारा प्रेम अपने प्रेम से ऊँचा लगता है। मैं स्वार्थवश तुम्हारा माँ-बाप, पति, भाई, मित्र, सब कुछ बनने की कोशिश करता हूँ। तुम तो बस सिर्फ़ प्रेम करती हो और आज्ञा मान लेती हो। तुम्हारी हर बात में मुझे कर्तव्य के प्रति नहीं, बल्कि प्रेम के प्रति पूर्ण समर्पण दिखता है। इसलिए तुम्हारे लिए क़ानून बनाना मुश्किल हो जाता है...तुम्हारे पास देने के लिए बहुत कुछ है क्योंकि तुम्हारे पास छोड़ने के लिए बहुत कुछ है।"

सरला पत्र पढ़ते अपने ही ख़यालों में खोयी हुई है। उसे पता नहीं चलता कि उसके बचपन की दासी ठाकुरमणि कब आकर उसके सामने खड़े होकर उसे देखती जा रही है। सरला ने चौंककर उसे देख बांग्ला में पूछा, ''सब ठीक है न?'' ठाकुरमणि निःसन्तान बाल विधवा थी। सरला के साथ लाहौर आयी तो कभी वापस नहीं गयी। अब पंजाबियों की तरह पंजाबी बोलती है, पर साड़ी अब भी बंगाली तरीक़े से पहनती है। दीपक के साबरमती जाने का ग़म उसे सरला से कम नहीं हुआ था। गांधी के प्रति आदर भाव से उन्हें महात्मा जी कहती है। उनके घर में रहते वह अपने काम ख़त्म कर सारे समय गांधी के कमरे के दरवाज़े पर बैठ जाती, जाने कब महात्मा जी को कोई सेवा की ज़रूरत पड़ जाये। सरला ने देखा कि ठाकुरमणि के चेहरे पर गहरी परेशानी फैली है। "क्या हुआ?" सरला ने फिर पूछा। "दीदीमणि, तुम जिस रास्ते पर जा रही हो, वह ठीक नहीं है। कभी जमाई बाबू का मुँह ध्यान से देखती हो? तुम्हारी सास कितनी परेशान हैं, तुम्हें पता है? तुम तो खुद बंकिमचन्द्र बाबू की 'देवी चौधरानी' हो, तुम्हें किसी की इतनी बात क्यों माननी है? चाहे महात्मा जी ही क्यों न हों!"

सरला को नहीं लगता कि कभी उसने ठाकुरमणि के मुँह से इतनी सारी बातें एक साथ सुनी हों। वह अवाक् है। ठाकुरमणि बोलकर तुरन्त चली गयी। सरला हक्की-बक्की-सी बैठी रही। एक मिनट में उसे सब समझ में आ गया था। सब जानते हैं कि सरला का मन किस क़दर कहाँ लग गया है। सिर्फ़ सरला ही नहीं जानती थी कि सब इस बात को जान रहे हैं। लेकिन लोग सच को पूरी तरह जानते कहाँ हैं? गांधी तो लिख रहे हैं–"मैं चाहता हूँ कि तुम पण्डित रामभज दत्त की ज़्यादा सच्ची पत्नी बनो। तुम्हारे सार्वभौमिक प्रेम का प्रवाह उन्हें घेरे रहे। इस प्रेम की तीव्रता ज़्यादा होगी क्योंकि यह ज़्यादा

पवित्र और ज़्यादा गहरा है। तुम सिर्फ़ दो नम्बर मुजांग रोड की ही महारानी न रहो, बल्कि सेवा के माध्यम से तुम लाखों के दिलों पर राज करो। मेरा लक्ष्य यही है...मेरा प्रेम तुम्हारे दिलोदिमाग़ को हर सच्चे आह्वान के लिए तैयार कर सके, इसके लिए तुम भी प्रार्थना करना।"

गांधी सरला के प्रेम को व्यापक कर पूरे देश के प्रति फैलाना चाहते हैं, जिसमें उसके पति शामिल रहेंगे। यह बात ठाकुरमणि क्या समझेगी? गांधी का आह्वान एक व्यक्ति का बुलाना नहीं है, यह एक देश का आह्वान है। गांधी उसे उसी रास्ते पर चलने के लिए पुकार रहे हैं, जिस पर वे ख़ुद चले हैं; अपने निजी छोटे-मोटे स्वार्थ छोड़कर सर्वकल्याण का मार्ग! सरला के अन्दर गांधी को जवाब लिखते हुए जैसे एक कविता फूट रही है। वह यज्ञ की अग्नि 'आहिताग्निका' बनने को तैयार है। उसने लिखा–"हिन्दुस्तान के करोड़ों लोग अपनी इस ग़रीब माँ से एकात्म हो जायें, यही मेरा प्रेय और ध्येय है।"

गांधी जो जवाब लिखते हैं, वह उसे कविता से वापस ठोस धरती पर उतार लाता है। वे पूछते हैं कि देश के करोड़ों ग़रीब उससे एकात्म हों, इसके बजाय सरला का उनसे एकात्म होना क्या ज़्यादा सही न होगा? अगर सरला 'ग़रीब माँ' कहलाना चाहती है तो उसे अपनी खादी के बोझ को बिना बोझ माने पहनना होगा। वह ग़रीब माँ तभी होगी, जब उसके कपड़े उन करोड़ों ग़रीबों की हालत को प्रतिबिम्बित करें। यदि सरला पूरे देश की आत्मा में यह गूँज पैदा कर सके, तो एक दिन ऐसा आयेगा कि हम अपने शरीरों पर उन करोड़ों ग़रीबों के साथ ही अच्छे वस्त्र पहन पायेंगे।

सरला को समझ में आ रहा है कि गांधी हर बार उसके हवाई शब्दों को छीलकर उनमें यथार्थ के रंग भर देंगे। क्या सचमुच वह मोटी खादी को उसी सहज स्वीकार से पहनती है जैसे गांधी ख़ुद पहनते हैं? नहीं, फ़र्क़ तो है। शायद वह त्याग की भावना में बहकर खादी पहन रही है, जबकि गांधी सचमुच ग़रीबों से एक होने के लिए खादी पहन रहे हैं।

गांधी अपने शब्दों की कठोरता को मानो कम करने के लिए 'प्रेम कविताएँ' नामक एक पुस्तिका से कविताएँ लिखते हैं–

मेरे प्रिय! मेरी वफ़ा सदा रहेगी
तुम न कभी फिसलना गिरना
सच मानो, मेरा प्रेम दिव्य है
तुम्हारा न बदले प्रिय!
वादा करो, न बदलेगा।

दूसरी कविता फिर यथार्थ की तस्वीर है–

कर्तव्य के बीच कुछ नहीं आता
जो इन्सान पार न कर पाता
शर्त वह ख़ुद न डगमग हो न भागे
यक़ीनन अपना यक़ीन तो बना रखे।

सरला कविताओं को पढ़ सोच में पड़ी है।

ठाकुरमणि की बातें। तुम तो ख़ुद बंकिमचन्द्र की 'देवी चौधरानी' हो। किसी और की बातों में क्यों आओ?...

पति का गांधी का पत्र पढ़ते हुए चेहरा...

गांधी का आह्वान और गांधी की अपेक्षाएँ। गांधी की कसौटियाँ...कुछ भी आधा-अधूरा नहीं चलेगा!

इन कविताओं में झाँकता गांधी का संशय, उसके प्रेम के प्रति। कर्तव्य की आस्था के प्रति। सरला के प्रति।

...तुम्हारे पास देने को बहुत कुछ है क्योंकि तुम्हारे पास छोड़ने को बहुत कुछ है...

जैसे एक भँवर में घूम रही है सरला! कहाँ गयी बंकिमचन्द्र की 'देवी चौधरानी'? कहाँ गयी उसकी दृढ़ता? उसका ख़ुद पर विश्वास? चित्त में संशय ही संशय हैं। दुविधा ही दुविधा। मन एक तरफ़ खिंचा जाता है, पर क्या वहाँ भी विश्रान्ति है या रोज़ अपने को प्रमाणित करने का भार? इधर रामभज दत्त चौधरी एकदम उखड़े हुए-से हैं। किसी को ख़ुश रखना आसान नहीं। न गांधी को, न रामभज को! उफ्फ! क्या करे वह? मन तो करता है कि सब कुछ छोड़-छाड़कर वह हिमालय पर चली जाये।

सरला सोचना छोड़ पत्र आगे पढ़ती है। गांधी लिख रहे हैं–"क्या तुम्हें ख़याल है कि तुम्हारी दो सप्ताह की छुट्टी की मियाद पूरी हो गयी है? मुझे मालूम है, तुमने अपनी छुट्टी की अन्तिम तारीख़ ख़ुद ही न जाने कब तक आगे खिसका ली होगी!" फिर वे लिखते हैं, "क्या तुम रोज़ पत्र लिख रही हो? पिछले सोलह दिनों में जब हम साथ नहीं थे, तुम्हारे आठ पत्र मिले हैं जबकि मैंने कम-से-कम पच्चीस पत्र तुम्हें लिखे हैं। मेरे पास हर पत्र को भेजने की तारीख़ का ब्योरा है। तुम्हें कितने मिले, मैं नहीं जानता।

और हाँ, कृपया मेरे सवाल का जवाब दो।" कौन सा सवाल? खोजने के लिए सरला फिर पीछे पढ़ती है। ओह, सवाल था कि क्या वह रोज़ पत्र लिखती है? गांधी का हिसाब-किताब कितना पक्का है! आख़िर हैं तो बनिया ही न! सरला हँस पड़ती है।

सरला ने इस बीच गांधी को 19 मई की शादी में आने के लिए तार भेजा था। गांधी जवाब में प्रेमपूर्वक लिखते हैं कि उनके पंख होते तो वे सिर्फ़ इसलिए आ जाते कि सरला को एक बार फिर खद्दर की साड़ी में देख लेते! गांधी की बातें सरला के मन को पंख लगा देती हैं, किन्तु आगे वह चिन्ता के साथ पढ़ती है...उनका शरीर जवाब दे गया है। पैर में कल्पना से ज़्यादा तकलीफ़ है। क्या सरला चाहेगी कि गांधी ऐसी हालत में यात्रा करें? इसके अलावा एक निजी कार्यक्रम के लिए मिल मज़दूरों की हड़ताल को छोड़ना क्या सही होगा? अपने तीस साल के सार्वजनिक जीवन में गांधी ने किसी पारिवारिक उत्सव के लिए ऐसा नहीं किया। लाहौर जाने-आने और शादी में तो सात दिन लगेंगे। चौधरी परिवार के एक सदस्य होते हुए भी उन्हें शादी के लिए आश्रम नहीं छोड़ना चाहिए, सरला और रामभज दत्त इस बात से अवश्य सहमत होंगे।

गांधी अपनी मजबूरियाँ बताने के बाद लिखते हैं-"और अब मैं तुम्हें बताता हूँ कि मैं तुमसे क्या आशा करता हूँ? शादी का काम पूरा होने के बाद और बाद के काम अच्छी तरह सलटा लेने के बाद यदि तुम दोनों ने निर्णय कर लिया हो, तो तुम जितनी जल्दी हो यहाँ आ जाओ और मुझे अपने आने की तारीख़ बता दो। पण्डित जी को भी आना चाहिए और उस जगह को देखना-समझना चाहिए जहाँ उनके बेटे दीपक का भविष्य गढ़ा जा रहा है।"

गांधी ने रामभज दत्त को भी पत्र लिखकर वही मजबूरियाँ बतायी हैं। सरला पति को लिखे गांधी के पत्र के अन्त में पढ़ती है-"पहले सरला से मिला स्नेह, और उसके माध्यम से आपका स्नेह मुझे चकित करता है और आनन्दित भी। साथ ही मुझे चिन्ता में भी डालता है। चकित इसलिए क्योंकि आप और आपके परिवार के लिए मैंने जो किया, वह उन्हीं परिस्थितियों में किसी के लिए भी करता। आनन्द होता है कि आपने मुझे इस तरह के व्यक्तिगत स्नेह के लायक़ समझा। चिन्ता यह है कि मैं नहीं जानता कि मैं इस स्नेह को पाने लायक़ हमेशा बना रह सकूँगा। अन्ततः इस नेह को देश के लिए किसी ऐसी ऊर्जा में बदलना चाहिए कि मैं उसे अपना सकूँ।" सरला को नहीं मालूम कि रामभज की क्या प्रतिक्रिया है, पर उसे लगता है कि गांधी

के शादी में न आने से वे राहत महसूस कर रहे हैं। गांधी के आने से उनसे मिलने को बेताब पूरे हुजूम को सँभालना आसान न होता।

●●●

शादी के पाँच दिन बचे हैं। काम का अन्त नहीं, पर गांधी के पत्र रोज़ चले आते हैं और सरला के मन में आरोह-अवरोह पैदा करते रहते हैं। 'माई डियरेस्ट सरला' से गांधी वापस 'डियर सरला' पर आते हुए कहते हैं कि इस विशेषण का इस्तेमाल उन्हें हल्के रूप में नहीं करना है...तभी करना है जब मन में वैसी तरंग उठी हो। सरला के पत्र से उन्हें अन्देशा हो गया है कि उसने रोज़ पत्र लिखने का वादा तोड़ा है। गांधी तब से सोच में पड़े हैं कि क्या कोई 'डियरेस्ट' व्यक्ति खुद किये गये ऐसे वादे के प्रति इतना लापरवाह हो सकता है, जिसे पूरा करना उसके लिए आनन्ददायी होना चाहिए था। तब सरला उन वादों को कैसे पूरा करेगी जो शुरू में कष्टकारी होंगे और सिर्फ़ प्रेम के कारण ही निभाये जा सकेंगे? वह रोज़ कैसे चरख़ा कातेगी? वह कैसे हिन्दी पढ़ेगी? यदि वह इतनी भुलक्कड़ है, तो उसे कैसे याद रहेगा कि उसे ज़िद्दी और तुनकमिज़ाज नहीं होना है? वे लिखते हैं—"इसलिए मेरे अन्दर का हिसाबी बनिया नुक़सान का ध्यान रखते हुए तुम्हें 'डियरेस्ट' तब तक नहीं पुकार सकता, जब तक तुमने इसे कमाया न हो।"

शायद गांधी को अन्दाज़ा है कि उनकी ऐसी बातों से सरला का दिल कितना टूटेगा। इसलिए फिर कहते हैं, ऐसा कोई डर नहीं कि तुम्हारे संकल्प का झरना सूख जायेगा, क्योंकि वहाँ तो निरन्तर नया स्रोत है। पर तुम्हें 'डियरेस्ट' वाला सम्बोधन चाहिए, तो उसके लायक़ बनना होगा। आगे तसल्ली देते हुए लिखते हैं, "तुम्हें खुद को विचलित करने की ज़रूरत नहीं है। तुम्हारे पास शादी के कामों को निपटाने के लिए काफ़ी वक़्त है। उसके बाद शायद तुम जल्दी सब समेट सको, किन्तु यह अन्तिम समेटना हो। उसके बाद काम को ठप करते हुए बार-बार यहाँ से वहाँ दौड़ने की ज़रूरत न पड़े।"

अगले पत्र में फिर 'डियरेस्ट' का सम्बोधन लौट आया है क्योंकि सरला के दो पत्र गांधी को एक साथ मिले हैं, लेकिन वही जल्दी आने की गुज़ारिश है—"तुम्हें यदि मेरा इलाज करना है, तो मेरी नर्स बनो। चिट्ठी से नुस्ख़े मत भेजो। यदि तुम्हारा प्रेम इतनी दूरी से मुझे ठीक कर सकता हो, तो वही करो। पर असीम प्रेम भी शायद ही इतना कारगर होता होगा।" गांधी सरला की हिदायतों का जवाब लिखते हैं—मोजे नहीं, पर पंजाबी कम्बल से पैर ढके हैं,

मालिश वे रोज़ करा ही रहे हैं, भूख लगी तो कुछ आटे की चीज़ लेंगे। सुबह उठकर बत्ती जलाने का मन हुआ था, पर सरला की हिदायत याद आयी तो आराम करते रहे।

सरला के मन में जैसे भाप का इंजिन चलता है, लगातार सीटी बजाता, धुआँ छोड़ता, किरकिरी उड़ाता। गांधी कहते, विचलित होने की ज़रूरत नहीं! वह कैसे विचलित न हो? क्या यह कोई छोटा-मोटा फ़ैसला होगा कि पन्द्रह साल की गृहस्थी को समेटकर वह साबरमती चल दे। गांधी कहते हैं कि यह अन्तिम समेटना हो। क्या देशसेवा सब कुछ छोड़े बिना नहीं हो सकती? जो घर फूँके आपना, सो चले हमारे संग–गांधी की उससे यह अपेक्षा क्या सही है? मन हज़ारों तारों से अपने घर-परिवार-रिश्तेदारियों से बँधा होता है। सबके लिए जीते-जी मरना क्या सहज है? सरला प्राणपण से इस देश के लिए अपनी आहुति देना चाहती है पर इस तरह पति को, परिवार को मँझधार में कैसे छोड़ दे? सारी रात वह बुरे सपने देखती है। वह जंगल में अकेली भटक गयी है। चौधरी जी को आवाज़ लगाते उसका गला फट गया है, पर सिर्फ़ उसकी आवाज़ गूँजकर लौट आ रही है। और तो और, सरला ठाकुरमणि को रावी नदी में डूबते देखती है। वह किनारे से रस्सी फेंकती है, पर ठाकुरमणि गुस्से से उसे नहीं पकड़ती और डूब जाती है।

गांधी अपनी रौ में पत्र लिख-लिख भेज रहे हैं। सरला को शादी में क्या पहनना चाहिए, इसकी भी चिन्ता कर रहे हैं–"तुमने अपनी मर्ज़ी के मुताबिक़ शादी में स्वदेशी वस्त्र का हुकुम तो चला लिया, पर ख़ुद सरलादेवी 19 मई को क्या पहनेंगी?" गांधी पूछते हैं। गांधी की मर्ज़ी मानी जाये तो उसे ख़द्दर पहनना चाहिए, बनारस की सिल्क नहीं। चाहे तो वह बंगाली तरीक़े से पहने या खद्दर की साड़ी का पंजाबी घाघरा बनवाये और बाक़ी के हिस्से की चुन्नी। गांधी कहते हैं–यह पंजाब और पण्डित जी का सुन्दर अभिनन्दन होगा, किन्तु सरला ने बनारस की सिल्क पहनना तय कर रखा है। गांधी चाहे तर्क से समझायें या प्रेम से, सरला सिल्क ही पहनेगी। सरला को मालूम है कि गांधी इसे उसके 'मन की कमज़ोरी' कहेंगे, जैसा कि वे पत्र में लिख रहे हैं। वे अपने प्रेम की ताक़त से उसके मन की कमज़ोरी को दूर करना चाहते हैं, पर गांधी को यह कैसे कोई समझाये कि सरला को प्रेम करनेवाले बाक़ी लोग उसे सिल्क में ही देखना चाहेंगे। उनके प्रेम को सरला कैसे ठुकराये?

मन इतना विचलित रहने लगा है कि सरला के मन में रह-रहकर सारी दुनिया से वैराग्य लेने की तीव्र इच्छा उठती है। वह न गांधी की कसौटी पर खरी उतर पायेगी न परिवार की कसौटी पर। उसमें गांधी जैसा बनने की क्षमता नहीं है। वह गांधी को लिखेगी कि सब छोड़-छाड़कर हिमालय पर चले जाने का सोच ही बस उसे राहत देता है।

उसका पत्र पढ़कर गांधी इसे बिलकुल कायरतापूर्ण ख़याल बताते हुए लिखते हैं, "क्या हमारा प्रेम इतना सतही है कि तुम हिमालय पर भाग जाना चाहती हो? तुम्हारे प्रेम में क्या वह शक्ति नहीं कि तुम अपनी कमज़ोरियों को जीत सको?...तुम्हारे जैसी मज़बूत स्त्री कब तक हिमालय पर जाने की बातें करती रहेगी? वह कौन सा मुक़ाम है जिसे पाने के लिए संसार से दीवारें बनानी पड़ें? और मुझमें ऐसा क्या है जिसका तुम अनुकरण नहीं कर सकती?" सरला को याद तक नहीं आ रहा कि उसने परेशान होकर झोंक में गांधी को क्या-क्या लिख डाला था! शायद उसने लिखा था कि वह गांधी की तरह नहीं बन पायेगी। गांधी लिखते हैं–"मेरे जैसा देशसेवा का संकल्प तो तुममें पहले से ही है। बस, तुम उसे पूरी तरह काम में नहीं ला पायी। तुम्हारा माहौल भी वैसा न था। नहीं, नहीं, यदि तुम वाक़ई मुझे प्रेम करती हो, तो आगे से हिमालय की बात कहकर मुझे चोट न देना। मैं तुम्हारा हिमालय बनना चाहता हूँ। तुमने मुझे 'लॉ गिवर' स्वेच्छा से माना, किन्तु क्या फ़ायदा हुआ? होगा भी नहीं, अगर तुम ऊपर उठने की अपनी क़ाबिलियत पर खुद ही सन्देह करती रहोगी।..."

●●●

रामभज देख रहे हैं कि सरला कैसे अपने को ज़बरदस्ती धकेलकर शादी के सारे काम करती है, जैसे उसके शरीर में ताक़त ही न हो। वे उसके मन में चलते बवण्डर से अच्छी तरह वाक़िफ़ हैं। उसे कभी इस तरह ग़मगीन नहीं देखा। उसकी शक्ति से रामभज को हमेशा ताक़त मिलती रही है। वे जानते हैं कि घर छोड़कर हमेशा के लिए साबरमती जाने का निर्णय सरला के लिए देश के प्रति समर्पित होते हुए भी सरल नहीं है। खुद वे क्या चाहेंगे कि वह ऐसा करे? सरला के बिना जीवन की कल्पना उतनी ही मुश्किल है जितनी सरला का साथ देने के लिए खुद भी लाहौर छोड़ देना। अन्ततः रामभज ने निर्णय लिया कि वे गांधी को सरला के बारे में लिखेंगे। कम-से-कम गांधी को पता होना चाहिए कि सरला की क्या हालत हो गयी है।

गांधी जी का जवाब पढ़कर रामभज बेचैन हैं। सरला उदास और बीमार-सी रहती है, यह उनसे जानकर गांधी इतने दुखी हैं कि वे उसका बयान नहीं कर सकते। उन्होंने पत्र मिलते ही रामभज को टेलीग्राम भेज दिया था कि वे सरला को वायदे के मुताबिक़ रोज़ पत्र लिख रहे हैं। गांधी लिखते हैं कि उनके लिए सरला का प्रेम एक ख़ज़ाना है। उनका यह अहसास सरला और उनके, दोनों के पत्रों से मज़बूत हुआ है। इस ख़ज़ाने को उन्हें न ख़र्च कर उड़ा देना है, न कंजूस की तरह ताले में रखना है। वे प्रार्थना करते हैं कि खुद उनमें इसी तरह का प्रेम लौटाने की शक्ति आये।

रामभज को साफ़ समझ आता है कि गांधी सरला के कष्ट को, उसकी दुविधा को समझ नहीं सकते। देश के लिए गांधी ने अपने परिवार को लगभग त्याग रखा है। सरला का ऐसा करना उन्हें सहज लगता है। रामभज ने यह निश्चय किया कि इस पत्र को वे सरला को पढ़ने नहीं देंगे। सरला इस बात से खिन्न हो सकती है कि रामभज ने गांधी को उसके बारे में लिखा। जगदीश की शादी के बाद वह चाहे जो निर्णय ले, वे उसे कुछ नहीं कहेंगे। गहरे अफ़सोस से रामभज उन गुज़रे दिनों को याद करते हैं, जब सरला और वे क़दम मिलाकर चल रहे थे। देश के लिए त्याग का संकल्प तब भी था, पर ऐसा न था कि उनके क़दम अलग-अलग दिशाओं में जाते हों। इधर जाने क्या हो गया है, हर छोटी बात पर दोनों में झड़प हो जाती है। किसी बात पर वे सहमत नहीं होते।

रामभज दत्त को पता नहीं है कि इस बीच सरला ने गांधी को तार भेज दिया है कि वह जगदीश की शादी के तुरन्त बाद हिमालय पर विवेकानन्द के 'मायावती आश्रम' जा रही है।

●●●

शादी के दो दिन बाद 21 मई को सरला के पास गांधी का पत्र आ पहुँचा है। गांधी ने सरला का तार मिलने के पहले यह पत्र लिखा है। वे लिखते हैं कि जब तक उनमें जीवन है, तब तक वे रोज़ सरला को एक पत्र लिखेंगे और वे उससे भी यही उम्मीद करते हैं। सरला के पिछले पत्र से उन्हें जानकर बहुत खुशी हुई कि वह अपने दूसरे बेटे धीरसेन के साथ सुबह-सुबह सैर पर गयी थी। गांधी को लगता है कि अब वह एक पूर्ण स्त्री बनने के सुन्दर मार्ग पर चल पड़ी है। उन्हें कोई सन्देह नहीं कि वह बहुत अच्छा चरख़ा कात रही होगी।

वे लिखते हैं–अब सरला उनके लिए भी सरला न रहकर माताजी हो जायेगी। सरला में ऐसा होने की क्षमता है। खुद गांधी अपने में नयी ऊर्जा की अब कोई सम्भावना नहीं देखते, पर सरला में अपार सम्भावनाएँ हैं। उसने अभी तक देश को अपना सर्वश्रेष्ठ नहीं दिया है। यदि वह पूर्ण रूप से प्रेम और सेवा को समर्पित हो जाये, तो सरला खुद गांधी के लिए लॉ गिवर और माताजी हो जायेगी। गांधी उसमें अपनी खोयी हुई माँ को पा लेंगे।

सरला मुस्कराती है। सभाओं में लोग सरला को 'माताजी, माताजी' कहकर पुकारते हैं। तो क्या गांधी सचमुच उसे भारतमाता के रूप में देखना चाहते हैं? पर गांधी यह आगे क्या लिख रहे हैं? वह अचरज से पढ़ती है–"अभी मेरा मन हो रहा है कि मैं तुम्हें पण्डित रामभज और सारी दुनिया के सामने एक बड़े भाई की तरह गले लगाकर चूम लूँ। तुम कहोगी कि हिन्दू धर्म में ऐसा नहीं होता, पर मेरा 'रामायण' का पाठ सबसे अलग है। ख़ैर, चिन्ता न करो, जनता के सामने इस तरह का सार्वजनिक प्रदर्शन करने का मेरा कोई इरादा नहीं है।"

गांधी को क्या हो गया है, सरला मुस्कराते हुए आगे पढ़ती है। गांधी लिखते हैं कि वे खुद नहीं समझ पा रहे कि वे इस तरह सरला के वश में कैसे आ गये हैं। श्रीमती गांधी ने भी किसी बात पर कहा कि सरला होती तो गांधी को उनके स्वास्थ्य को लेकर कोई बात भूलने न देती। कल गांधी ने सरला के कहे अनुसार बिना मन के भी वक़्त पर खाना खाया। ऐसा वह दुनिया में किसी के कहने से न करते। खाने के बाद रात भर वे असुविधा-सी महसूस करते रहे और रात भर सरला उनके साथ थी। कभी डाँटते हुए कि यह क्यों नहीं किया, वह क्यों नहीं किया, पर साथ ही उनकी तमाम छोटी-छोटी बातों की परवाह करते हुए। गांधी मज़ाक़ में चेतावनी देते हैं, "तुम मुझे इस तरह सम्मोहित मत करो, यदि तुम मेरे सपने को सफल बनाने का फ़ैसला न कर चुकी हो। याद रखना, तुम्हें तुनकमिज़ाज नहीं होना है...तुममें कोई ओछापन न हो...तुम्हें बस साक्षात् प्रेम होना है, सेवा होना है, कर्तव्य होना है, परोपकार होना है।"

सरला अवाक् है। गांधी की बातें, उनका प्रेम मनुष्यता की चरम सीमा तक उठानेवाला है। सरला के मन में रवि मामा की पंक्तियाँ गूँज उठती हैं–

आमार ऐई देहोखानि तूले धोरो,
तोमार ओई देवालयेर प्रदीप कोरो...

(मेरी इस देह को तुम उठा लो,
और अपने मन्दिर का दीया बना लो...)

यह प्रेम, यह भक्ति, यह समर्पण का अनुभव इस संसार के सारे अनुभवों से परे है, क्योंकि देश के लिए अनुराग में ये सब विलय हो जा रहे हैं। यह प्रेम वैयक्तिक भी है, निर्वैयक्तिक भी। सरला को समझ में आ रहा है कि गांधी ने क्यों लिखा था कि वे सरला का हिमालय होना चाहते हैं। गांधी अपने पत्र के अन्त में इसे 'कम्यूनियन' कहते हैं यानी आध्यात्मिक स्तर पर एकत्व का सन्देश। और हस्ताक्षर के पहले लिखते हैं–"प्रेम के साथ, जिसकी मैं व्याख्या नहीं कर सकता।"

सरला को अफ़सोस है कि उसने गांधी को हिमालय पर जाने का तार भेजा। उसके साथ-साथ उसने पत्र में गांधी से तमाम शिकायतें लिख भेजी थीं। जाने गांधी जवाब में क्या लिखेंगे!

●●●

सरला गांधी का पत्र कुछ घबड़ाहट से खोलती है। जिस झोंक में तार और पत्र लिख भेजा था, अब वह हड़बड़ी बेवक़ूफ़ाना लग रही है। ठीक ही गांधी लिखते हैं, 'माई डियरेस्ट गर्ल'! सरला जानती है कि 'गर्ल' का सम्बोधन प्रेम से नहीं, यह बताने के लिए किया गया है कि सरला में परिपक्वता की कमी है। "प्रेम क़रारा जवाब नहीं देता, प्रेम आपे से बाहर नहीं होता। उसे धैर्यवान होना है, कष्ट सहने के लिए तैयार होना है। मैं मान रहा हूँ कि तुम्हारा पत्र तुम्हारे महत् प्रेम के कारण लिखा गया है। तुम्हें लगता है कि मैं तुम्हें तौलता हूँ और तुममें कमियाँ पाता हूँ। तुम लिखती हो–'मैंने तुम्हारी एक छवि बना ली है और उससे प्रेम करने लगा हूँ। मेरा प्रेम वैयक्तिक हो गया है। तुम जैसी हो, मुझे तुमसे वैसे ही प्रेम करना चाहिए और तुम्हें बदलने का धीरज रखना चाहिए।' लेकिन सरला, यही आशा तो तुमसे रखता हूँ। तुम मुझे जितना जानती जाओगी, उतनी कमियाँ मिलती जायेंगी। क्या तुम तब भी मुझसे प्रेम करोगी?"

काश! उसने हताशा से भरकर वह तार न भेजा होता। काश! वह पत्र न लिखा होता। गांधी 'लॉ गिवर' की तरह लिखते हैं–"तुम वादा करो कि हिमालय पर जाने का तार भेजकर तुमने जो क़ानून तोड़ा, वह आगे कभी नहीं करोगी। मैं अपनी ज़िम्मेदारी जानता हूँ और क़ानून बनाने में संकोच नहीं करता। नया लॉ यह कि तुम्हें अपने नाम के मुताबिक़ रहना है; एक बच्चे की तरह सरल और एक देवी की तरह दिव्य। तुम्हें मेरे पिछले पत्र मिल गये होंगे, जो मेरे हिसाब से अनमोल थे। तुम यहाँ आ रही हो, यह नया तार मिलने से मैं

निश्चिन्त हुआ कि हिमालय पर जानेवाली बात गुस्से का दौरा पड़ने पर लिखी गयी होगी। तुम्हें उसके लिए माफ़ी माँगनी चाहिए।"

अन्त में गांधी लिखते हैं, "तुम इस पत्र में प्रेम के सिवाय कुछ मत पढ़ना।" सरला इन शब्दों से राहत महसूस करती है।

●●●

आज गांधी का 24 मई को लिखा पत्र आया है। सरला तारीख़ देखकर याद करती है कि ठीक सात महीने पहले 24 अक्तूबर को गांधी पहली बार लाहौर में उनके घर आये थे। इस बीच सरला का माफ़ीनामा गांधी को मिल गया है। सरला ने यह भी लिख दिया था कि वह हमेशा के लिए साबरमती आ रही है। वह यह निर्णय लेने के लिए स्वतन्त्र है और पण्डित रामभज दत्त चौधरी इस बात को अच्छी तरह जानते हैं।

गांधी का जवाब सरला का लाहौर से अपना सारा सामान बाँधने के उत्साह पर पानी फेरनेवाला है। गांधी फिर 'माई डियरेस्ट गर्ल' लिखकर कहते हैं–"मैं यह साफ़ करना चाहता हूँ कि तुम्हारे भविष्य की योजना तैयार करना मेरे लिए उचित नहीं है जब तक पण्डित जी ने हामी न भरी हो। तुम शायद हँसोगी पर तुम श्रीमती गांधी की तरह स्वतन्त्र नहीं हो...उसकी स्वतन्त्रता, मेरा उसके शरीर पर पति का अधिकार छोड़ने से उपजी है।" आगे गांधी ने लिखा है कि कस्तूर उनकी बहन की तरह है, पर अपने रख-रखाव के लिए गांधी पर उसका वह अधिकार बरक़रार है, जो एक बहन का नहीं होता। पण्डित रामभज दत्त चौधरी से गांधी ने सरला के लिए कस्तूर जैसी स्वतन्त्रता माँगी थी। यह हिन्दू धर्म का रहस्य है कि जीवन के ख़ास मुक़ाम पर आकर मनुष्य व्यक्तिगत बन्धन से मुक्त होकर समष्टि की सेवा करे। वे जिस आध्यात्मिक सम्बन्ध की अक्सर बात करते हैं, वह इस त्याग के बाद ही सम्भव है।

गांधी आगे लिखते हैं–"यक़ीन करो कि मैं हमारे बीच के अद्भुत प्रेम का चिन्तन और विश्लेषण कर रहा हूँ...हमें इसे पवित्रतम बनाना है। यह साफ़ है कि इसे भारत माँ को अर्पित करना है, पर मेरे लिए यह साफ़ नहीं है कि हम इस जीवन में इसे उस उच्च शिखर पर ले जा पायेंगे...यह विचार ख़िलाफ़त के मुद्दे से ज़्यादा मेरा समय और ऊर्जा लेता है और यह कोई मामूली बात नहीं है। तुमसे दूर रहने की मजबूरी के दौरान मैंने सारा समय आत्मनिरीक्षण और आत्मविश्लेषण में लगाया है।"

सरला के अन्दर विचारों का तूफ़ान घूम रहा है। 'जो मैं ऐसा जानती, प्रीत करे दुःख होय, नगर ढिंढोरा पीटती, प्रीत करे न कोय'–मीराबाई का दुःख क्या ऐसा दुःख रहा होगा? यहाँ तो हर घड़ी सूली पर चढ़ना है। शायद गांधी के लिए भी यह प्रेम उतना ही कष्ट देनेवाला है। सरला कैसे सरल हो, जब जीवन में कुछ भी सरल नहीं। न प्रेम सरल, न कर्तव्य; न छोड़ना सरल, न पकड़ना; न बने रहना सरल, न कुछ और बनना।

गांधी जानते हैं कि सरला के अन्दर कैसा तूफ़ान उठ रहा होगा। इसलिए हर बार की तरह अन्त में वे सांत्वना देते लिखते हैं–"कल मैंने मज़दूरों की एक बृहत् सभा में भाषण दिया। बुरी तरह थककर चूर हो गया। वहाँ तुम्हारी आवाज़ की कमी किस तरह मुझे महसूस हो रही थी! क्या तुम वहाँ हिन्दुस्तानी संगीत इकट्ठे कर रही हो? क्या वहाँ 'रामायण' की बिक्री कर रही हो?"

गांधी का अगले दिन का पत्र जैसे पिछले पत्र की कड़ी है। "तुम्हारे 10 मई और 21 मई के पत्रों के तमाम श्राप और दुआएँ मेरे सामने हैं...अफ़सोस कि मेरे हर पत्र में तुम्हें मैं कुछ और नज़र आता हूँ...मेरा दिल तुम्हारे लिए और तुम पर रोता है। यह लिखते हुए मेरा हाथ काँप रहा है। तुमने मुझे किस क़दर कमज़ोर कर दिया है। तुम मेरे लिए ख़िलाफ़त से भी बड़ी समस्या बन गयी हो। मैं हर तरह से तुम्हें सांत्वना देना चाहता हूँ, पर पल-पल बदलते मिज़ाजवाली शक्की लड़की के लिए मैं क्या कर सकता हूँ...तुम यथाशीघ्र हर हाल में मेरी ख़िलाफ़त की मीटिंग में पहुँच जाओ। आगे का मेरा कार्यक्रम तुम जानती ही हो।"

पत्र पढ़ते हुए सरला के आँसू बह निकले। गांधी कैसे लिख सकते हैं कि वह गांधी के लिए ख़िलाफ़त से बड़ी समस्या बन गयी है? इधर पति से उसकी बातचीत नहीं के बराबर होती है। दोनों तनाव से भरे रहते हैं। हर किसी के लिए वह समस्या है। नहीं, जीवन उसके साथ ऐसा मज़ाक़ नहीं कर सकता। वह निर्बल नहीं है, वह बंकिमचन्द्र की 'देवी चौधरानी' है। उसे सब ठीक करना होगा। सबको ठीक होना होगा। देश के लिए सब कुछ त्यागने के लिए घर-परिवार हो या गांधी, वह तैयार है। उसका लक्ष्य कोई व्यक्ति नहीं है, देश है। उसे अपने को मज़बूत कर अपने जीवन का रास्ता निकालना होगा। वह आँसुओं को पोंछ उठ खड़ी हुई। उसने शीशे में अपने को देखते हुए याद किया कि उसने जीवन में कभी अपने आँसू किसी के लिए बर्बाद नहीं किये हैं।

10

'मैंने तो सोचा था कि तुम्हारे लिए आश्रम घर है या मैं ही तुम्हारा घर हूँ!'

"तुम पूछती हो कि महादेव देसाई और दूसरे लोग ऐसा क्यों सोचते हैं कि तुम्हारे रहने से, तुम्हारे स्पर्श से मैं वापस ठीक हो जाऊँगा। इस वास्ते कि उन्होंने तुम्हारे प्रति मेरे प्रेम को जान लिया है। उन्होंने तुम्हारे लिए मुझे तड़पते देखा है। देखा है, मैंने अपना कितना समय तुम्हें प्रेमपत्र लिखने में लगाया है--मुझसे सुना है कि कैसे तुमने स्वेच्छा से खद्दर पहनकर मुझे ख़ुशी बख़्शी। उन्होंने तुम्हें मेरे स्वास्थ्य, भोजन और सब चीज़ों के लिए फ़िकर करते देखा है–इस तरह के व्यक्तिगत प्रेम का यह जीवन में मेरा पहला अनुभव है, पर मुझे सन्देह है कि ऐसी आसक्ति हितकारी हो सकती है।"

सरला गांधी के पत्र को बार-बार खोलती और बन्द करती रही। समझ में नहीं आता कि इन बातों का वह क्या जवाब दे? प्रेम होना ही एक चमत्कार है। उसकी इतनी चीर-फाड़ करके क्या मिलनेवाला है? क्या प्रेम ऐसे तराज़ू पर तोल-मोल कर किया जाता है–कि सरला ने खद्दर पहना तो कुछ ग्राम प्रेम हुआ...कि सरला ने उनका खाने का ख़याल रखा तो प्रेम कुछ और ग्राम बढ़ गया? दिल में बढ़ती खटास के बावजूद सरला के चेहरे पर इस विचित्र कल्पना से मुस्कान दौड़ गयी।

पत्र में शुरू में इतनी भाव-भरी बातें लिख अन्त में गांधी प्रेम को आसक्ति कह डालते हैं, वह भी अपने जीवन के पहले प्रेम को! गांधी की ऐसी बातें सरला के दिल में हर बार नयी दरारें बना डालती हैं। सरला ने इक्कीस मई के पत्र में गांधी को उनकी ऐसी बातों के लिए ही तो लिख डाला था–"आपकी बातों से मेरा दिल टुकड़े-टुकड़े हो गया है। आप तो अहिंसा के पुजारी हैं!

तब अपने चाहनेवालों के प्रति आप इतने क्रूर क्यों हैं? मैं बहुत बार आपके बड़े बेटे हरिलाल के बारे में सोचती हूँ, जो सत्याग्रही बन छह बार जेल गया, जिसे लोगबाग 'छोटे गांधी' कहते थे, वह किस क़दर बर्बाद हो गया। क्या इसमें आपकी कठोर आलोचना कारण नहीं थी? आपको लगता है कि हम काठ के पुतले हैं जिन्हें ठोंक-पीटकर आप मन-मुताबिक़ शक्ल दे देंगे। काश! आप देख पाते क़ि कैसे आपकी बातों से, आपकी आलोचना से मेरे दिल पर छेनी-हथौड़ी चलती है और मेरे दिल का एक कोना रोज़ छिटक जाता है।"

गांधी लिखते हैं-"अब तक उस पत्र के शब्द मेरे कानों में बज रहे हैं-क्या हमारा प्रेम ऐसा है जो हमें और ऊपर उठाये, हमें नीचे न गिराये? या यह सिर्फ़ अपरिपक्व विचारों की उपज है, जब हम एक-दूसरे में किन्हीं गुणों की कल्पना कर उन पर मुग्ध हो लेते हैं-फ़िलहाल ये सन्देह और तर्क मुझे मथ रहे हैं। इससे मेरी कमज़ोरी बढ़ती जाती है।" सरला कमज़ोरी की बात पढ़कर अफ़सोस से घिर गयी। शायद उसकी बातों ने गांधी को गहरी चोट पहुँचायी है। जाने ऐसा क्यों हो रहा है? दोनों की बातें एक-दूसरे को बिलकुल न चाहते हुए भी तकलीफ़ देने लगी हैं। गांधी ठीक ही आगे लिखते हैं कि उन दोनों को नित बदलती मन की तरंगों से बचना चाहिए, ताकि वे एक-दूसरे से मिल रहे झटकों से बच सकें। क्या असली प्रेम को इसी आग से गुज़रना होता है, गांधी पूछते हैं। गांधी का सवाल सरला का भी सवाल है!

गांधी 'ख़िलाफ़त कमेटी' की मीटिंग के लिए बनारस जायेंगे। वे चाहते हैं कि सरला और पण्डित जी वहाँ आयें या एक जून की मीटिंग में इलाहाबाद आयें। सरला ने निश्चय किया है कि वह इलाहाबाद जायेगी। वहाँ से गांधी के साथ बम्बई में खादी भण्डार के उद्घाटन में खद्दर की साड़ी और ब्लाउज़ पहनकर भाग लेगी। अब उसे भावनाओं की लहरों के उतार-चढ़ाव को छोड़ अपने काम पर ध्यान लगाना होगा। देश की सेवा में उसे गांधी की शक्ति बनना है, गांधी की कमज़ोरी का कारण नहीं।

गांधी न जाने इस गर्मी में कैसे तीसरे दर्जे में रेलयात्रा करते हैं। सेकंड क्लास की गद्दीदार सीट से खिड़की के बाहर आकाश से बरसती आग को देखती सरला सोचती रही। इस क़दर गर्मी है कि पसीना तक निकलने के पहले ही सूख जाता है। रेल के भाप इंजन की सीटी हिस्स-हिस्स कर भाप छोड़ने और चक्कों के घूमने के संगीत में सरला को एक सुकून महसूस होता है। बार-बार वह बर्फ़ से भरे काँसे के बड़े गिलास को हाथ में लेकर एक घूँट भर लेती। हर बार उसे बेसाख़्ता गांधी का ख़याल आता, जैसे वे सामने

बैठे इस विलासिता के लिए उसे टोकनेवाले हों। जाने गांधी उसे देखकर पहले की तरह खुश होंगे या नहीं! काश, उसने इक्कीस मई को उन्हें इतनी कटु बातें न लिखी होतीं।

सरला का स्वागत करते गांधी इस तरह प्रसन्न दिख रहे थे कि सरला पिछली ऊहापोह और गांधी का प्रेम के प्रति संशय बिलकुल भूल गयी। बम्बई में खादी भण्डार के उद्घाटन में गांधी ने स्कॉटलैंड की डचेस का उदाहरण देते हुए कहा था कि उस राजसी महिला ने औरतों द्वारा घरों में काती और बुनी गयी ट्वीड को लोकप्रिय बनाने में जीवन लगा दिया था। तब लोगों को समझ में आया था कि खुरदुरे और मोटे ट्वीड में मशीन से बने ऊनी कपड़े से अधिक कला है। जिस दिन भारत में लोगों को खादी की कलात्मकता दिखेगी, वे दूने दाम देकर उसे ख़रीदेंगे। सब लोग समझ रहे थे कि गांधी का इशारा सरलादेवी की ओर था। बाद में 'यंग इंडिया' के अंक में उन्होंने सरलादेवी की खादी पहनकर उद्घाटन में उपस्थिति का ज़िक्र करते लेख लिखा था। गांधी के साथ एक सप्ताह हवा के झोंके की तरह गुज़र गया था। पिछली सारी शिकायतें जैसे किसी बुरे सपने में घटी थीं।

बम्बई से पूना चले आने के बाद 11 जून का लिखा गांधी का पत्र जैसे सरला के ही मन की झाँकी है। प्रेम का करतब क्या ग़ज़ब है! जो गांधी लिखते हैं, हू-ब-हू वही सरला का हाल है। "तुम्हारे किये जाने के बाद बस जो एक ही ख़बर मैं तुम्हें दे सकता हूँ, वह यह है कि तुमने मेरे अन्दर एक शून्य छोड़ दिया है और तुम्हारी ख़ाली जगह मुझे बेतरह बेचैन करती है। तुम्हारे लिए इस पागल प्रेम को तुम तक ज़रूर पहुँचना चाहिए..." सरला का मन पूना में एक घड़ी किसी काम में नहीं लग रहा। हर काम एक भार है। कहे भी तो किससे?

पर गांधी के पत्र का आगे का वाक्य ने उसे चौंकाकर सपनीली दुनिया से निकाल दिया। "...जबकि तुम हमेशा की तरह आलसी हो और मैं हमेशा की तरह माफ़ करनेवाला। नतीजा है, गतिहीनता। मेरी कमज़ोरी पर मुझे शर्म आनी चाहिए...जानता हूँ, मुझे तुम्हारे साथ धीरज रखना होगा, पर हिम्मत बटोरकर तुमसे अधिक सख़्ती बरतने के लिए मुझे तुम्हारी रज़ामन्दी चाहिए।" सरला इस बात पर मुस्कराये बिना न रह सकी, 'मेरी ही आज्ञा चाहिए मुझे भला-बुरा कहने के लिए? ऐसा तो कभी किसी ने किसी से कहा न होगा। स्कूल मास्टर तो हैं गांधी, पर कितने विनम्र?'

पूना में स्वदेशी के काम के लिए गांधी आदतन हिदायतों के ढेर लगा देते हैं। सरला कितना भी ज़ोरदार भाषण दे, पर उसके खद्दर के वस्त्र ज़्यादा बोलेंगे। "बेफ़िकर रहो क्योंकि जिनकी तुम्हें परवाह है, वे तुम्हारा या तुम्हारे कपड़ों का मज़ाक़ नहीं बनायेंगे। और मोल तो इसी बात का है, मलमल की साड़ियों का क्या?...यदि तुम और मैं मेहनत करें, तो हम हाथ से काते सूत से हाथ की बुनी मलमल बनाने लगेंगे। तब तुम मलमल पहन सकती हो, उसके पहले नहीं...खद्दर भले एक कठोर इलाज है, पर गम्भीर बीमारियों का इलाज कठोर ही होता है।" सरला सोचती है, जाने क्यों गांधी को हमेशा भय रहता है कि सरला खद्दर छोड़ वापस मलमल पहनने लगेगी। वह गांधी को लिखनेवाली है, क्या आपके पागल प्रेम को ज़रा भी भरोसा नहीं है? "उम्मीद है कि तुम वहाँ पूना में सबसे हिन्दी में बात करती हो और रोज़ हिन्दी लिखने का अभ्यास करती हो"–सरला ने कहा–"उफ्फ! फिर वही खादी, फिर वही हिन्दी!"

इस बीच सरला को जाड़ा देकर बुख़ार आ गया। गांधी को ख़बर मिलते ही उनका पत्र आ पहुँचा–उन्होंने उसके लिए कुनैन की बोतल ले ली है जिसे आगे से वह साथ रखे। वह तो जैसे एक असहाय लड़की है, जिसे पता नहीं कि अकेले होने पर क्या करना चाहिए। हर्बर्ट स्पेंसर ने कहा है कि दीर्घजीवी वे होते हैं जो सब साधन अपने पास रखते हैं और हर स्थिति के अनुकूल बन सकते हैं। गांधी चिन्तित हैं। अगले पत्र में बुख़ार के एक दिन में ही उतर जाने की उम्मीद करते हुए लिखा–"मैं नहीं चाहता कि बुख़ार तुम्हें दुबला बनाये...एक क़ानून तो बता दूँ। परिवार में तुम्हें बीमार पड़ने का हक़ नहीं। वह सिर्फ़ मेरा अधिकार है।" सरला गांधी की प्रीत की रीत देख रही है, पहले डाँट, फिर चिन्ता और स्नेह की बौछार!

गांधी आगे फिर 'लॉ गिवर' उर्फ़ स्कूल मास्टर की भूमिका में चले आते हैं–सरला को दो दिन बाद स्वदेशी पर जो भाषण देना है, उसमें वह खद्दर पहनकर अच्छी हिन्दुस्तानी में बोले। हिम्मत जवाब देने पर अंग्रेज़ी में बोलना पड़े, तो याद रखे कि हिन्दुस्तानी हर आदमी समझ सकता है जबकि पूना में भी सब लोग अंग्रेज़ी नहीं समझते। भले ही अंग्रेज़ी बोलने से लोग ज़्यादा प्रभावित होंगे, किन्तु उद्देश्य उन्हें प्रभावित करना नहीं, उन्हें स्वदेशी के रास्ते पर लाना है। सरला याद रखे कि खादी बेचना ही काफ़ी नहीं, उत्पादन बढ़ाने के लिए चरख़े और हथकरघों की संख्या बढ़ना बहुत ज़रूरी है। सरला और उसके परिकर की स्त्रियों को रोज़ कुछ देर सूत कातने की शपथ लेनी चाहिए।

पैसेवाली औरतों के लिए कुछ गज़ खादी ख़रीदकर कभी-कभी पहन लेना काफ़ी नहीं। रोज़ चरख़ा चलाना उनके लिए पुनर्जन्म जैसा होगा, जब वे अपना श्रम देश को दान करेंगी।

पैसेवाली औरतों पर गांधी का तंज़ सरला को चुभता है, पर गांधी को यह बात समझाना मुश्किल है कि कोई बात मुलायम करके भी कही जा सकती है। ठीक है कि वे चाहते हैं कि घर-घर में चरख़ा चले और अमीर लोग उसमें शामिल हों, पर इस बात को सरला के परिकर से जोड़कर इस तरह कहना क्या ज़रूरी था?

पूना में भाषण के अगले दिन सुबह की रेल से सरला को आश्रम पहुँचना है। उसे पता है कि गांधी बेसब्री से इन्तज़ार करते होंगे। वह नहीं पहुँची, तो गांधी लिखते हैं–"तुमने आने में हद देर लगा दी...यह शिकायत नहीं है...तुम्हारे बुख़ार की चिन्ता तुम्हारे न आने से ज़्यादा परेशान करती है।" और अन्त में फिर वही... "तुम अपने हिन्दी लेखन के कुछ अच्छे नमूने लेकर आना।"

●●●

ज़िन्दगी आगे क्या चाल चलेगी, कौन बूझ पाता है? सब कुछ समेटकर सरला के हमेशा के लिए आश्रम आने की बात तो जाने कहाँ गुम हो गयी है। सरला पूना से लौटकर बम्बई में गांधी के साथ एक सप्ताह 21 जून तक रही। फिर लाहौर लौटना ही सही लगा। एक बुरे सपने की तरह सरला उस पिछले सप्ताह को भूल जाना चाहती है। इस सप्ताह में जो बीता, उसकी कल्पना न गांधी कर पाये थे और न सरला।

बम्बई से दो दिन के लिए पूना जाने के बाद गांधी ने मद्रास में अपने परम अनुयायी राजागोपालाचारी को एक पत्र लिखकर सरला के प्रति अपने मन के भावों को उनसे साझा किया होगा। गांधी को ऐसा करने की क्या ज़रूरत थी, गांधी को जानते हुए यह सवाल करना बेकार है। गांधी ने न राजाजी से कुछ छिपाया और न राजाजी का जवाब सरला से। राजाजी का जवाब सरला को पढ़ाने में गांधी ने संकोच किया होता, तो उसे कभी पता न चलता कि गांधी को लेकर उसे इस तरह कठघरे में खड़ा होना होगा। न ही यह पता चलता कि उसके प्रति प्रेम को लेकर गांधी की इतनी जवाबदेही होगी।

गांधी ने राजाजी को लेकर क्या 'क़बूल' किया होगा, सरला को नहीं मालूम, पर राजाजी का पत्र गांधी को उनकी 'भयंकर भूल' के प्रति आगाह करता है। भयंकर भूल?–सरला ने सोचा। वह तो शायद उसी से हुई है। अपने

बारे में इस तरह लिखा हुआ अपमानजनक पत्र दुनिया में शायद ही किसी ने पढ़ा होगा। पत्र पढ़ते हुए सरला का दिल बुरी तरह धकधका रहा था। जून की गर्मी असह्य हो रही थी। उसे ऐसे लग रहा था, उसका पूरा वजूद गरम भाप बनकर उड़ रहा हो। एक-एक शब्द जैसे उस मरुभूमि की आग को बढ़ा रहा था, जिसमें सरला खड़ी हुई जल रही थी।

कैसे-कैसे शब्द थे जो बिच्छू की तरह डंक लिये हुए थे! 'शरीर... वासना...शैतान'! सरला ने शैतान का रूप धर गांधी के तप को नष्ट करना चाहा है? सरला की देशसेवा और त्याग की यह व्याख्या! राजगोपालाचारी जैसे लोग सोचते हैं कि गांधी की दमन की हुई वासना उनके हृदय में सरला के प्रति प्रेम का भयानक भ्रम पैदा कर रही है! राजाजी के शब्द सरला की आँखों के सामने जैसे खड़े हुए उस पर अंगुली उठा रहे हैं—"...सरला आश्रम की मिस फ़ेयरिंग के जूतों की रस्सी बाँधने लायक़ भी नहीं है...सूर्योदय के सूरज-सी श्रीमती गांधी के सामने किरासन के तेल की ढिबरी के समान है! महादेव देसाई जिसे सरला की सुन्दरता और महानता समझने की भूल कर रहे हैं, वह कोबरा साँप के सिर की सुन्दरता जैसी है! गांधी ने न सिर्फ़ खुद को, बल्कि सम्पूर्ण साधुता को, पवित्रता को, वैराग्य को, हिन्दुस्तान की सारी आशाओं को अकथनीय लज्जा और नष्ट होने के कगार पर खड़ा कर दिया है..."

सरला ने जब से पत्र पढ़ा है, तब से वह सकते में है। यह तो द्रौपदी के चीर-हरण की तरह उसकी अस्मिता को, उसके वजूद को तार-तार करना है। क्या उसकी अपनी जीवन-यात्रा का, देश-हित की उसकी साधना का कोई मूल्य नहीं है? सरला के माध्यम से गांधी हिन्दुस्तान की औरतों को देश की आज़ादी की लड़ाई में हिस्सा लेने का आह्वान करना चाहते हैं, क्या कोई इसमें भी शक कर सकता है? क्या एक ब्रह्मचारी किसी स्त्री के गुणों से प्रेम नहीं कर सकता? सरला ने तिलमिलाकर सोचा, यह सिर्फ़ सरला की देश के प्रति निष्ठा पर ही सवाल नहीं है, यह 'माई डियरेस्ट मास्टर' लिखनेवाले भक्त राजगोपालाचारी की अपने आराध्य के प्रति विश्वास की कमी है। गांधी और सरला को लेकर पुराणों में वर्णित किसी अप्सरा के किसी मुनि का व्रत-भंग करने जैसी कथा गढ़ी जा रही है! सैंतालीस साल की उम्र में, जब वानप्रस्थ में सिर्फ़ तीन साल बचे हैं, उसे कैसी औरत की भूमिका में देखा जा रहा है? सरला जानती है कि प्रेम की अलौकिक अनुभूति गांधी के मन में जागने का वह एक माध्यम भर है। गांधी ने उस अनुभूति को साझा किया, पर ऐसे व्यक्ति से, जो उसे उनका पतन समझता है।

सरला ने पत्र पढ़कर गांधी की ओर देखा था। गांधी ने उसकी आँखों में छल-छल करते पानी को देखते हुए कहा कि वे राजगोपालाचारी को इसका जवाब लिखेंगे और सरला को भी इस बारे में उन्हें लिखना चाहिए। सरला को अचम्भा हुआ। उसे क्यों और क्या लिखना चाहिए ऐसे व्यक्ति को? क्या गांधी को सरला की पीड़ा का ज़रा भी अनुमान नहीं है? यह सिर्फ़ उसका अपमान नहीं है, महर्षि देवेन्द्रनाथ टैगोर के परिवार का भी अपमान है। रवि मामा देश के एकमात्र नोबेल पुरस्कार विजेता लेखक हैं, उसकी माँ बांग्ला की पहली उपन्यास लेखिका है और उसके पिता कांग्रेस के संस्थापक सदस्य हैं। उसके पति पंजाब के प्रमुख देशभक्तों में से एक हैं। नहीं, नहीं...किसी ऐसे व्यक्ति को, जिसे उसकी ईमानदारी पर, उसके वजूद पर इतना शक है, उसे वह अपने पर लगाये आरोपों के जवाब में क्या लिख सकती है? सरला को मालूम है कि गांधी ऐसा नहीं सोचते। उन्हें लगता है कि हम हर व्यक्ति को अपना सत्य समझा सकते हैं, उसका हृदय-परिवर्तन कर सकते हैं, हर ग़लतफ़हमी दूर कर सकते हैं। सरला के जवाब की प्रतीक्षा करते गांधी को सरला ने अन्त में कहा-"मुझे कुछ वक़्त लगेगा लिखने में।"

सरला रात भर सो नहीं पायी थी। पत्र से शब्द निकल-निकलकर उसके दिमाग़ पर आघात कर रहे थे। "...गांधी की महिमा की आभा में अपनी औक़ात को भूलनेवाली" औरत है वह? -"जिसने न कभी गांधी से उनकी तरह सच्चा प्रेम किया, न ही कोई संघर्ष किया...जिसने दुनिया के हृदय में बसे हुए सन्त को अपना ग़ुलाम बना लिया।" राजगोपालाचारी उसमें कोई महानता नहीं देखते। "दूसरी सैकड़ों औरतों की तरह है वह, जिन्हें थोड़ी-सी शिक्षा आकर्षक बना देती है...उसकी अंग्रेज़ी कविता की शब्दावली मानो शैतान के साथी के पंख हैं। जो हो रहा है, उसके परिणामों के प्रति उसके दुस्साहस और बेपरवाही को माफ़ करना कठिन है। गांधी को तुरन्त उससे पूरी तरह छुटकारा पाना ही होगा।"

सरला को सुबह की सैर पर बुझे हुए देख गांधी ने उससे कहा कि वह 'यंग इंडिया' में 16 जून को छपे 'लॉ ऑफ़ सफ़रिंग' यानी कष्ट सहने की अनिवार्यता पर उनका लेख पढ़ ले। सरला समझ रही थी कि गांधी उसे राजगोपालाचारी को पत्र लिखने के लिए तैयार करना चाहते हैं। हम दुनिया में कष्ट सहन करने आये हैं, गांधी का यह दर्शन क्या अब तक जानना बाक़ी है, सरला ने सोचा। ठीक है, वह पत्र लिखेगी। अपनी बात अपनी तरह से लिखेगी। सामने वाले पर कोई असर हो न हो, अपने आत्मसम्मान को बचाने के लिए उसे लिखना ही होगा।

गांधी ने 'लॉ ऑफ़ सफ़रिंग' लेख सरला के पूना प्रवास के दौरान लिखा था। सरला को मालूम है कि उसके न रहने से गांधी एक असह्य ख़ालीपन महसूस कर रहे थे। गांधी ने लिखा है–कष्ट सहन हमारे अस्तित्व का अपरिहार्य अंग है। कितनी प्रगति हुई, इसे मापा जायेगा कि कितनी शुद्धता से कितना कष्ट सहन किया गया? हमें यातनाएँ तब तक भोगनी होंगी जब तक हम स्वेच्छापूर्वक कष्ट सहन करना और उसी में सुख का अनुभव करना नहीं सीख जायेंगे। अन्याय करनेवाले को अपने अन्याय का भान न हो जाये, उस समय की हमें प्रतीक्षा न करके, किसी भी रूप में सहयोग न करके अन्याय का मुक़ाबला करना चाहिए।

सरला ने उतना पढ़ा, जितना उसके खुद के लिए मायने रखता था। शायद गांधी उसे यह लेख पढ़वाकर यह कहना चाहते हैं कि कष्ट तो सहना ही होगा, पर बिना किसी प्रतिहिंसा के। बिलकुल शुद्धता से कष्ट सहना यही होता होगा। सरला को अपने बारे में ऐसा पत्र पढ़कर भी उसके मन में लिखनेवाले के प्रति क्रोध या वैर नहीं होना चाहिए, लेकिन अपनी बात लिखने से बचना अन्यायी के साथ शायद एक तरह से सहयोग करना होगा।

सरला को राजगोपालाचारी को बताना होगा कि बचपन से उसकी माँ ने उसे यह कहकर बड़ा किया था कि उसका जीवन देश के लिए उत्सर्ग होने के लिए है। बाद में माँ ने उसे ब्याहना चाहा, पर सरला खुद देश के यज्ञ की अग्नि, 'आहिताग्निका' बनने के संकल्प पर टिकी रही। 'वन्देमातरम्' के रचयिता बंकिमचन्द्र की प्रेरणा से उसने दुर्बल बंगाली जाति का मनोबल बढ़ाने के लिए अखाड़े खुलवाये और 'भारती' पत्रिका से देश के लिए मर मिटने का आह्वान किया। उसे जेल भेजे जाने से बचाने के लिए उसके माता-पिता ने लाहौर के देशभक्त वकील और पत्रकार रामभज दत्त चौधरी से उसकी शादी करवायी। पति जलियाँवाला काण्ड के बाद से जेल में थे। गांधी के उनके घर मेहमान बनने के बाद सरला का परिवार उनका अनुयायी बना। देश को आज़ाद करने के संघर्ष में किसी व्यक्तिगत राग-द्वेष की कोई जगह नहीं है। 'आहिताग्निका' बनना अब भी उसके जीवन का लक्ष्य है।

सरला के बम्बई से लाहौर रवाना होने के दिन ही लिखा गांधी का पत्र आया है। सरला का राजगोपालाचारी को लिखा 'नोट' गांधी ने पढ़कर खुद उन्हें भेज दिया था। गांधी लिखते हैं–"मैं इन बातों का अर्थ जानता हूँ और मेरा दिल दुखता है। फिर भी मुझे लगता है कि यह सब हम सबके भले के लिए ही है। चाहे मित्र हों या परिवार या देश, 'लॉ ऑफ़ सफ़रिंग' यानी

कष्ट सहने की बाध्यता सबके लिए समान है...कल हम सबने तुम्हारे बारे में प्रेम-भरी बातें की थीं। सारी रात तुम मेरे ख़यालों में बनी रही और मैं सुबह उठा, तो थका हुआ और भारी-सा था...पर मुझे अपने सारे व्यक्तिगत दुःख और निराशाओं को सामने फैले काम के समुद्र में डुबो देना होगा।"

गांधी सरला को भी वही सलाह देते हैं। उसे अपने दुःखों को अकेले में रोकर या रोज़मर्रा के कामों में नहीं भुलाना है बल्कि उसे देश के किसी महत् काम में लग जाना है, जिससे उसके पास किसी और चीज़ के लिए समय ही न बचे। देश को उसकी सख़्त ज़रूरत है।

आगे गांधी के शब्द जैसे रूई के जादुई फाहे हैं जो सरला के दुःखों को मेट देते हैं। सरला की कितनी छोटी-छोटी ज़रूरतों का उन्हें ख़याल है—देवदास उसे जाते समय रूमाल देना भूल गया था। इसलिए वे उसे आज रूमाल भेज रहे हैं। वह बिना मिट्टी की सुराही लिये ही रेलयात्रा में चली गयी। गांधी ने सुबह सुराही देखी, तब से अपने को कोस रहे हैं कि वह बिना पानी के कैसे रही होगी।

•••

सरला के लाहौर पहुँचकर भेजे हुए पोस्टकार्ड में दुःख और निराशा की ध्वनि गांधी को उदास करती है। गांधी लिखते हैं—"मैं निराशा में नहीं डूबता। मेरी उदासी मुझे दिखायी देते काम में गुम हो जाती है। मेरी आशा का स्रोत कभी नहीं सूखता। मैं चाहता कि तुममें भी यही आशावाद जगा दूँ...मेहरबानी कर इस अवसाद से निकल आओ।"

गांधी चाहते हैं कि सरला उदास न रहे, पर वे उसे अपने बारे में कोई भ्रम पालने की रियायत नहीं देते। सरला ने उन्हें लिखा था कि उसे लगता है कि वह दुनिया के सारे प्राणियों में सबसे निरीह है। गांधी जैसे उसे आईना दिखाते हुए लिखते हैं—"कहीं यह सिर्फ़ अपने अन्दर के दूसरे हिस्से को ढकने की चाल तो नहीं? अपने कुछ न होने का अहसास तो दुनिया की सबसे बड़ी उपलब्धि है...किसी महामूर्ख से अपने को कम मानना मेरे लिए एक असम्भव-सी कोशिश है, पर एक सत्याग्रही के रूप में मुझे उसका भी सेवक होना होगा...असम्भव को सम्भव बनना ही होगा। प्रार्थना है कि यह तुम्हारे और मेरे लिए सच हो।"

गांधी के पत्र आते रहते हैं। किसी शाम वे बम्बई में अकेले घूमने के लिए निकले। महालक्ष्मी में घूमते हुए उदासी और अकेलेपन का अहसास बना रहा।

सरला के साथ सैर करने की स्मृतियाँ आती रहीं और वे एक मरीज़ की तरह सैर करते हुए लौट आये..."मैं तुम्हारे पत्रों का इन्तज़ार बड़ी चिन्ता और आशा के साथ करता हूँ। क़ानून याद रहे–सैर पर जाना, पढ़ाई करना, दीपक को पत्र लिख उसका हिन्दी अनुवाद करना, सूत कातना, हिन्दी पढ़ना और लिखना, स्वदेशी का प्रचार करना...और याद रखना, मुझे अपनी रोज़ की डायरी और 'यंग इंडिया' के लिए साप्ताहिक चिट्ठी तुम्हें भेजनी है...अब भी तुम मेरी नींद में चली आती हो। मैं जब भी उठता हूँ, मुझे लगता है तुम कमरे में हो। मैं चाहता हूँ कि तुम जीवन भर और हमेशा मेरे पास रहो, पर एक पूर्ण स्त्री बनकर, जिसके जीवन में देश के हर घर की चिन्ता शामिल है।"

सरला ने पण्डित रामभज दत्त चौधरी के हवाले से दीपक की पढ़ाई के बारे में चिन्ता करते हुए गांधी को एक पत्र लिखा था। इसे एक स्नेही माँ के अधिकार के साथ-साथ उसकी कमज़ोरी क़रार देते हुए गांधी लिखते हैं–"दीपक की शिक्षा तुम्हारे साथ खुद मेरे लिए भी एक प्रयोग है। यदि तुम दीपक को मग़रूर लाटसाहब, या मंच से लोगों को उकसानेवाला लीडर या नकचढ़ा बन्दा बनाने पर आमादा हो, तो आश्रम उसके वास्ते वाज़िब जगह नहीं है...सच तो यह है कि तुम्हें खुद त्याग करना होगा, खुद को बेटे के लिए आदर्श बनना होगा...।"

सरला ने गांधी को मज़ाक़ में छेड़ने के लिए लिख भेजा था–"आपको यह पत्र लिखते हुए मैं अपने बालों में दाई से तेल लगवा रही थी, यह जानने से आपको क्या धक्का लगेगा?" पत्र भेजने के बाद उसे लगा था कि वह यह न लिखती तो शायद बेहतर होता। ठीक ही सोचा था! गांधी लिखते हैं कि सरला की बातों से झटके लगने के वे आदी हो चुके हैं, उन्हें कष्ट बस यह है कि इस तरह की विलासिता से वह कभी आत्मनिर्भर लड़की नहीं बन सकेगी। लड़की? हाँ, क्योंकि गांधी के अनुसार उम्र के बावजूद उसका दिमाग़ एक लड़की जैसा है। गांधी लिखते हैं कि सरला के थके होने पर गांधी को खुद उसके बालों में कँघी करने में एतराज़ नहीं, पर तभी जब मक़सद उसे और आलसी बनाना न हो। पर सच तो यह है कि सरला को सिर्फ़ आलस के कारण ख़रीदी हुई सेवा की ज़रूरत है। गांधी की बातें सरला को चोट पहुँचाने के लिए हैं। खुद वे स्वीकार करते हैं कि वे निर्ममता से पेश आ रहे हैं ताकि वह वापस अपने पुरानी आदतों पर न लौट जाये।

सरला ने गांधी को यह भी लिखा था कि घर घर ही होता है। लाहौर में घर ने उसका दिलोजान से स्वागत किया। इस पर गांधी का तंज़ है–"तुमने

स्वागत को मालिकाने से जोड़ा है, सेवा से नहीं...मैंने तो सोचा था कि तुम्हारे लिए आश्रम घर है या मैं ही तुम्हारा घर हूँ। तुम यदि देश को पूरी तरह समर्पित हो, तो तुम्हारा कोई घर नहीं या हर घर तुम्हारा ही है...पर दो टूक भाषा में कहूँ, तो तुम सिर्फ़ गुलामों पर मालिकाना चाहती हो। मैं चाहता हूँ कि जैसा तुम अपने पत्र में दावा कर रही थी, तुम सच में दुनिया की सबसे कमज़ोर जीव बन जाओ...ईश्वर के राज्य में सबसे निरीह सबसे आगे होगा और सबसे ताक़तवर सबसे पीछे।"

सरला पढ़कर अपने दिल पर एक पत्थर का-सा भार महसूस करती है। बात साफ़ है। गांधी सबको केलनबैक बनाना चाहते हैं। उसे बेंचमार्क-मानदण्ड बना लिया है। जो उसके जैसा नहीं बन सकता, वह हर समय अपने को कमतर महसूस करता रहे। सरला के मन में गांधी से सुनी हुई उनकी साझी की हुई स्मृतियाँ घुमड़ती हैं। गांधी के बम्बई में कोर्ट से लौट वकील की पोशाक खोलकर घर में पोंछा लगाने की स्मृति। दक्षिण अफ़्रीका में केलनबैक के साथ खाना बनाने की स्मृति। अपने कपड़े धोकर सुखाते हुए गांधी। साफ़ है कि गांधी की कड़वी बातों के घूँट हलक़ से न उतारने हों, तो उनके जैसा बनना ही होगा। क्या सरला के लिए सचमुच सम्भव है कि वह अपने सारे छोटे-मोटे काम ख़ुद करे?

सरला किसी से अपने लम्बे बालों में तेल लगवा ले, तो वह गुलामी करवा रही है! गांधी को क्या मालूम कि ठाकुरमणि से वह सप्ताह में एक बार बालों में तेल न डलवाये, तो ठाकुरमणि का लाहौर से मन उठ जाये! ठाकुरमणि का प्रेम ऐसे ही ज़ाहिर होता है और सरला की उस प्रेम की स्वीकृति भी। हर आदमी एक तरह से जीने का आदी होता है। ठाकुरमणि से उसका यह काम छीन लेना उसका तिरस्कार होगा। गांधी क्या जानें कि सारे सम्बन्ध मालिक-गुलाम की परिभाषा में नहीं आते।

गांधी लिखते हैं-"मैं चाहता हूँ कि तुम्हारे चेहरे पर सदा ऐसी मुस्कान रहे जिसमें उदासी की छाया न हो, किन्तु वह मुस्कान ज्ञान और अर्थ से भरी हुई हो। ऐसी मुस्कान नहीं, जो दुःखों और कष्टों को भूलकर आयी हो, बल्कि ऐसी मुस्कान जो अपनी शक्ति और अन्तिम विजय में विश्वास रखती है...मेरा पत्र न मिलने पर तुम्हारी शिकायत मुझे ख़ुशी देती है। यही प्रेम का गणित है।" सरला बार-बार आश्चर्य करती है कि यह प्रेम आख़िर है क्या? किस क्षण उसे पता चला था कि यह प्रेम है? जब दूर होने की कल्पना से ही दिल टूटने लगा था? क्या गांधी ने भी प्रेम को ऐसे ही जाना था?

गांधी लिखते हैं–"तुम्हारा मन जब आने के लिए बेचैन हो जाये, तुम मेरे पास आ सकती हो। तुम्हारे जाते वक़्त हमारा यही क़रार हुआ था...मैं उस दिन का बेसब्री से इन्तज़ार कर रहा हूँ जब तुम्हें ट्रेनिंग देने की जगह तुम मेरी पूर्ण सहयोगी और मददगार होगी।"

काश! राजगोपालाचारी गांधी की इस ज़रूरत को समझते! गांधी कांग्रेस का संविधान लिख रहे हैं। वे चाहते हैं कि इसे पूरा बोलकर सरला से लिखवा लें। "बीसियों ऐसे काम हैं जो तुम मेरे लिए कर सकती हो, जिनसे मेरा समय बचे और हम दोनों को लाभ हो।" पर यह लिखकर फिर गांधी सरला के आलस और जवाबदेही की कमी पर आ जाते हैं। उफ्फ! आज तक सरला ने पूरे जीवन में किसी से अपने लिए ऐसी बातें नहीं सुनी थीं। 'भारती' का सम्पादन करते हुए लोग पत्रिका हाथ में आने से समझ लेते थे कि नया महीना शुरू हो गया है। आख़िर गांधी क्या चाहते हैं उससे? यही न कि वह आठ हाथ उगाकर दुर्गा बन जाये?

अब गांधी कह रहे हैं कि सरला दीपक के लिए अपने जीवन की कहानी लिखे। यदि उसे लगे कि उसके जीवन का शुरुआती पक्ष प्रेरणादायक है, तो वहाँ से शुरू करे। जीवन का जो हिस्सा प्रेरक न हो, उसे एक उपन्यासकार की तरह खुद अपनी आलोचना करते हुए लिखे। सरला को उन दिनों की स्मृति हो आयी, जब लाहौर में रोज़ शाम को गांधी उसके जीवन की कथा सुनते थे। उस समय भी सरला जानती थी कि गांधी की अहिंसा के दर्शन का सरला के पिछले जीवन के संकल्पों से मेल नहीं है। तो क्या गांधी यह चाहते हैं कि वह वीराष्टमी में युवकों से शस्त्र-पूजन करवाने की आलोचना करे, पर क्यों? इधर सरला के मन में लाहौर आने के बाद से एक बात घुमड़ रही है। अरविन्द क्रान्तिकारी आन्दोलन से संन्यास लेकर पाण्डिचेरी जा बसे हैं। वह एक बार उनसे मिलकर जानना चाहती है कि 'असहयोग आन्दोलन' के बारे में उनका क्या मत है? क्या इससे मुल्क को आज़ादी मिल जायेगी?

गांधी चाहते हैं, सरला उन्हें पंजाब की पूरी ख़बर ही न दे बल्कि उसे दिशा भी दे। सुना है कि लाला लाजपत राय ने वहाँ 'असहयोग' का झण्डा फहरा दिया है। किन्तु सबसे पहले जलियाँवाला काण्ड के समय के अफ़सरों की बर्ख़ास्तगी की माँग उठानी चाहिए, जो अब भी सरकार में बैठे अत्याचार कर रहे हैं। गांधी सरला को पत्र में पूछते हैं–"पण्डित रामभज इसके लिए क्या कर रहे हैं?" सरला क्या कहे? गांधी की सब बातें कहाँ ठीक लगती हैं? 'यंग इंडिया' में गांधी ने जनरल डायर पर महाअभियोग की माँग करने

को बेकार की चीख़-पुकार बताया है। वे ज़ुल्मी अधिकारियों की बर्ख़ास्तगी को उससे ज़्यादा ज़रूरी समझते हैं। उन्होंने यहाँ तक लिख डाला है कि पंजाब के नेताओं का जेल से छूटना व्यर्थ था, यदि वे इन अधिकारियों को और शैतानी करने से रोक न पायें। सरला को भय है कि रामभज दत्त इसे पढ़कर बहुत बुरा मान जायेंगे। उसने 'यंग इंडिया' की इस प्रति को अपनी साड़ियों की तह के नीचे रख दिया है। गांधी सरला को याद दिलाते हैं कि उसे पहले विश्वयुद्ध में बंगाल के युवकों को सेना में भर्ती करने की चेष्टा के लिए मिले मेडल को पहली अगस्त को एक सुन्दर चिट्ठी के साथ सरकार को वापस लौटाना है। उसे उस चिट्ठी को लिखना शुरू कर देना चाहिए। सुन्दर चिट्ठी? सरला हँसती है, क्या कविता लिख डाले वह अंग्रेज़ी सरकार को?

गांधी दीपक के लिए लिखते हैं कि वह तो एक कवि है। सरला उसके लिए आत्मा का हनन करनेवाली पुरानी तरह की शिक्षा का आग्रह न रखे। सरला फिर रामभज दत्त के बारे में सोचती है। वे अपने बेटे को क्या कवि बनाना चाहेंगे? खुद सरला बंगाल के युवकों को अपना शरीर का बल बढ़ाने के लिए प्रेरित करने में जुटी थी। वह अपने आधे पंजाबी बेटे को किस रास्ते पर ले जाना चाहती है, गांधी समझते ही होंगे, इसलिए लिखते हैं—"चिन्ता मत करो और अपने निर्णय पर भरोसा रखो।" गांधी लिखते हैं कि दीपक पूछता है कि माँ कब आयेगी और क्या पिता जी कभी आयेंगे? गांधी को लगता है कि पण्डित जी को सरला के साथ आना चाहिए। सरला ने एक लम्बी साँस छोड़कर पत्र रख दिया। अब चौधरी जी के साथ दीपक को लेकर कोई बात करना मुश्किल होता जा रहा है।

इधर, गांधी के साथ बात करना कौन सा आसान रह गया है! गांधी पत्र को 'माई डियरेस्ट सरला' के बाद नाराज़गी से शुरू करते हैं—"तुमने मुझे बताने की कोई ज़रूरत नहीं समझी कि तुम सब सियालकोट क्यों जा रहे हो और कब तक रहोगे?" सरला ने अपने पिछले पत्र में खद्दर पर हुई सभा का लम्बा वर्णन लिख भेजा था। उसे पढ़कर गांधी लिखते हैं कि उन्हें इस बात में कोई सन्देह नहीं है कि अपने को आकर्षक बनाने की सरला में बेहद क़ाबिलियत है। फिर गांधी अपने उसी शिकायती लहज़े में आगे लिखते हैं—"बस, तुम्हारी मंशा यह न हो कि तुम्हें लोगो को प्रभावित करना है...जो कि तुम्हें कुछ अटपटा बना देता है। यदि तुम सिर्फ़ अपने विषय में पूरी तरह डूबकर, बिना अपने बारे में सोचे हुए बात करो, तब वे बातें ज़्यादा प्रभाव डालेंगी। क्या तुम इस बात से सहमत हो?"

सरला का मुँह उतर गया। गांधी की ऐसी आलोचना ख़ंजर की तरह उसके दिल को भेद डालती है। वह बेमन से आगे पढ़ने लगी। पढ़ते-पढ़ते वह इतना हँसी कि आँखों से पानी गिरने लगा। जंजीरा की महारानी नजली बेगम से सरला की दोस्ती पुरानी है। उनकी बहन अतिया बेगम गांधी से मिलने पहुँची। उसने रवीन्द्र संगीत और सरला की संगीत प्रतिभा को घटिया बताया। यहाँ तक कि सरला के हार्मोनियम बजाने की नक़ल उतारी और उसे भयानक बताया। गांधी लिखते हैं–"मैंने उनसे कहा कि मैं सरला को हू-ब-हू वर्णन कर आपकी बातें कहूँगा, तो उन्होंने कहा, मुझे ज़रूर ही ऐसा करना चाहिए। तुम्हारे 'नमो हिन्दुस्तान' को तो वह संगीत ही नहीं मानती; कहती है कि न वह अंग्रेज़ी है न हिन्दू...अपने को मैं बमुश्किल रोक पाया कि ऐसी बेतुकी बातों को बोलने से रोकने के लिए उनके मुँह में कुछ ठूँस दूँ।" सरला की कल्पना में गांधी ऐसा करते हुए चले आये। उसकी हँसी रोके नहीं रुक रही थी। गांधी आगे लिखते हैं–"...ख़ैर मैं तो 'नमो हिन्दुस्तान' को एक हज़ार बार बिना थके सुन सकता हूँ।" सरला का चित्त बहुत दिनों बाद तरंगित हो उठा।

गांधी जैसा कोई क़द्रदान कहाँ मिलता है किसी को? राजगोपालाचारी जैसे व्यक्ति गांधी और सरला के रिश्ते को क्या समझेंगे? क्या समझेंगे गांधी की इस ज़रूरत को, कि वे बम्बई से रेल में आश्रम लौटते हुए अपने पत्र और लेख लिखवाने के लिए सरला को न पाकर बेहद अकेला महसूस करते हैं। वे लिखते हैं–"लौटकर आश्रम मुझे उजाड़-सा लगा क्योंकि वहाँ वह दमकता हुआ चेहरा न था।"

राजगोपालाचारी का गांधी से माफ़ीनामा सरला को तक़रीबन तीन सप्ताह बाद पढ़ने को मिला। उसमें लिखा था, चिन्ता और क्रोध के वश में आकर वे बहुत कड़ी बातें लिख गये थे। गांधी ने उन्हें माफ़ कर दिया, यही उनकी सज़ा है। सरलादेवी ने इतनी कठोर बातों के बावजूद उनको पत्र लिखा, इसमें निश्चय ही सरलादेवी की महानता है। अपने आराध्य गांधी के प्रति सरला का समर्पण और त्याग उन्हें पहचानना चाहिए था। वे उम्मीद करते हैं कि एक दिन सरलादेवी उन्हें माफ़ कर देंगी।

11

'मैं उसे अपनी आध्यात्मिक पत्नी कहता हूँ!'

जून का महीना भी बीत गया। जुलाई में गांधी पंजाब और सिन्ध की यात्रा पर होंगे। मक़सद है, 'असहयोग आन्दोलन' के लिए जनता को तैयार करना। गांधी चाहते हैं कि कौंसिल चुनाव का हिन्दुस्तानियों द्वारा बहिष्कार किया जाये। चुनाव में भाग लेने का ख़र्च और मेहनत करने के बाद 'असहयोग' करने का मतलब उन्हें समझ में नहीं आता, लेकिन बहुत-से लोग ऐसा नहीं सोचते। सरला की मुश्किल यह है कि उसके पति रामभज दत्त चौधरी भी गांधी की इस बात से सहमत नहीं हैं। वे कहते हैं कि हम कौंसिल में नहीं जायेंगे तो दूसरे ग़लत लोग चले जायेंगे। हमें चुनाव जीतकर कौंसिल के अन्दर से अंग्रेज़ों का विरोध करना चाहिए।

गांधी अमृतसर से सिन्ध तक कहते घूमेंगे कि इस अन्यायी रावण-राज्य से असहयोग कर पूरी तरह सब कुछ रोकने से ही बात बनेगी। सरकारी स्कूलों से बच्चों को निकालना होगा, वकीलों द्वारा अदालतों का बहिष्कार करना होगा और लोगों को सरकारी नौकरियाँ, पदवियाँ और तमग़े छोड़ना होगा। गांधी जानते हैं कि लोग 'असहयोग' से डरते हैं क्योंकि इसके लिए त्याग करना होगा और कष्ट सहना होगा। फिर भी उनका यक़ीन है कि लोग 'असहयोग' के लिए तैयार हो जायेंगे और इससे लोगों की आत्मशुद्धि होगी। सरला जब गांधी को सुनती है, तो उसे लगता है कि वाक़ई असहयोग करके नैतिक बल से अंग्रेज़ी सरकार को झुकाया जा सकता है, पर बाद में उसके मन में सन्देह उठने लगते हैं। जलियाँवाला काण्ड में निहत्थे लोगों पर गोली चलानेवाले खूँख़ार अंग्रेज़ों को क्या फ़र्क़ पड़ेगा कि लोग-बाग़ नौकरियाँ छोड़ बेरोज़गार हो जायें? और बच्चों को स्कूल से निकालकर उनका भविष्य ख़राब नहीं होगा?

जुलाई का एक सप्ताह बीत चुका है। सरला सुबह उठी, तभी से गर्मी के कारण परेशान थी। धरती-आकाश आग उगल रहे हैं। अभी बंगाल में तो घने बादल छाये होंगे और जब-तब बूँदों का मल्हार राग बज रहा होगा। इस गर्मी में गांधी की यात्रा जारी रहेगी। उम्मीद है कि बीच में आँधी-बारिश कुछ राहत ले आये। सरला ने अख़बार खोला, जो कल से आया हुआ पड़ा था। प्रसन्न होकर देखा कि 7 जुलाई के 'यंग इंडिया' में लाहौर में सरला द्वारा आयोजित स्वदेशी की तीन सभाओं के बारे में गांधी ने लिखा है–सरलादेवी ने सैकड़ों औरतों को सम्बोधित करते कहा कि भारत की घोर ग़रीबी स्वदेशी से ही दूर हो सकती है। कुछ औरतों ने खुरदुरी खादी पहनने के लिए सरला से हमदर्दी जतायी, पर सरलादेवी ने कहा कि आपके हल्के विदेशी दुपट्टों से मेरी खद्दर की साड़ी आत्मनिर्भर होने के आनन्द के कारण हल्की है।

यह क्या! सरला के अन्दर आगे पढ़ते हुए खीझ की लहर उठी..."मेरी समझ में श्रोताओं पर सरलादेवी के भाषणों से अधिक असर उनकी खद्दर की साड़ी ने डाला; फिर उसके बाद उनके गायन ने!" गांधी यह क्या लिख रहे हैं? मतलब कि सरला के भाषण का कोई असर न था? असर था तो खद्दर की साड़ी का और उसके गाने का! भले यह बात सरला ने ही अपने पत्र में गांधी को लिखी थी कि उसकी खद्दर की साड़ी का लोगों पर बहुत असर दिखा, पर क्या अख़बार में इस तरह अर्थ का अनर्थ करते हुए छापने के लिए? लाहौर, सियालकोट, गुजराँवाला, लायलपुर की गली-गली में सरला चरख़ा और खद्दर के प्रचार के लिए घूमी है। उसके आग्नेय भाषणों से पंजाब के स्त्री-पुरुषों के दिल में स्वदेशी की आग जलने लगी है। जगह-जगह स्पिनिंग कमेटियाँ खोली गयी हैं। क्या यह लिखकर गांधी सरला की क़ाबिलियत पर सन्देह नहीं ज़ाहिर कर रहे? सरला की जगह कोई दूसरी औरत खद्दर की साड़ी पहन लेने भर से यह असर पैदा कर लेती?

सरला ने 'यंग इंडिया' छोड़कर पाँच दिन पहले का 'द ट्रिब्यून' उठा लिया। अपने भाषण से उद्धृत टुकड़े को उसमें पढ़ते हुए उसका दिल गौरव से भर उठा–"हमारे देश के शिल्प और आर्थिक सर्वनाश के उत्तरदायी हम ही हैं। यदि आप सब शपथ लें कि अपने शरीर से विदेशी वस्त्रों को उतार फेंकेंगे और स्वदेशी ही पहनेंगे, तो अंग्रेज़ों से हम अपनी मातृभूमि का शोषण कर उसे सर्वहारा और दीन-हीन बनाने का बदला ले सकते हैं। यदि घर-घर में हमारी औरतें चरख़ा चलाने लगें, कपड़ों के व्यवसायी उनके बुने को बेचें,

और देशवासी उसी को ख़रीदें तो जानते हैं क्या होगा? ब्रिटिश राजकोष में हमारे देश से जानेवाला साठ करोड़ रुपया हम रोक देंगे।"

कल फिर सरला ने मुसलमान औरतों की सभा में शिक्षा, चरख़ा और खद्दर पर भाषण दिया है। कराची के ख़ालिक़दीन हॉल में 'असहयोग' और 'स्वदेशी' पर उसके भाषण से जनता में जैसे एक हिलोर उठी। सरला के गान, अपने गहनों का दान, खद्दर का पहनावा, सरला की शिक्षा, और सबसे ज़्यादा उसके आवेगपूर्ण भाषण का चमत्कार है कि पंजाब में 'स्वदेशी' और 'असहयोग' के समर्थन का ज्वार उठ गया है। रात-रात जागकर सरला का स्वास्थ्य ठीक नहीं रहता और पति के साथ मतभेद गहरे होते जाते हैं। क्या गांधी यह सब कुछ नहीं देख पाते? लगता है, उसे ही यह सब पत्र में लिख गांधी को बताना होगा। गांधी को पता होना चाहिए कि उनकी बात से सरला के मन को कितनी ठेस लगी है।

•••

बम्बई से लाहौर के लिए निकलने के पहले लिखा गांधी का ख़त सरला को मिला, जिसमें 'माई डियरेस्ट' के बाद तीन विशेषण लगाये हुए थे– 'स्टूपिड ओवरग्रोन वीपर'! यानी कि सरला की उम्र और क़द तो ऊँचा हो गया है, पर है वह बेवकूफ़ और बच्चे की तरह रोनेवाली! गांधी लिखते हैं– "तुम एक प्यारी लड़की हो, इसमें कोई शक नहीं। पर मुझे दर्द देकर तुम्हें निश्चय ही खुशी होती होगी। शायद यही अक्सर प्रेम का पुरस्कार होता है...मेरी तर्कबुद्धि कितनी मन्द हो गयी है कि मैं तुम्हारी मूर्खता के बावजूद तुमसे प्रेम करता हूँ।" सरला अपने अन्दर उठते गुस्से को जज़्ब करती आगे पढ़ती गयी।

आगे गांधी उसे हज़ार धन्यवाद दे रहे हैं कि उसने अपने लिए खद्दर की साड़ियाँ माँगी हैं। बम्बई से निकलने के पहले ही उन्होंने अठारह गज़ खद्दर उसके लिए बिना माँगे ले लिया था। सरला ने उन्हें लिखा था कि उसे खद्दर की नयी साड़ियाँ चाहिए। उसकी खुद की साड़ियाँ अगर गन्दी दिखेंगी, तो लोग खादी ख़रीदना नहीं चाहेंगे। इस पर गांधी कहते हैं–"मैं तुम्हें मिल की साफ़-सुथरी मलमल की बनिस्बत गन्दी खादी में देखना पसन्द करूँगा। मुल्क भी तुम्हें अधिक सम्मान देगा। किन्तु मुल्क से ज़्यादा महत्त्व मेरे सोच का है और उससे भी ज़्यादा तुम्हारे अपने मन का...क्या तुम्हें पता है कि हमारे

जौहरी मोतियों को कपड़ों के लीरे-लत्तों में रखते हैं?...मुझे वचन दो कि तुम हिन्दुस्तान के लिए अमूल्य मोती बनोगी, जैसी कि तुम मेरे लिए हो, पर ऐसा होने के पहले मुझे तुम्हें चमकाना होगा। काश! तुम मेरे प्रेम को ही मेरे प्रेम की कमी न मानकर मुझसे झगड़ना बन्द कर देती।"

सरला की आँखें यह पढ़कर आनन्द से मुँद गयीं। वह हिन्दुस्तान के लिए अमूल्य मोती बनेगी जैसे वह गांधी के लिए है! सरला बार-बार उसी वाक्य को पढ़ती रही। गांधी ने दक्षिण अफ़्रीका से लौटकर बम्बई में वकालत करने के दिनों में दो साल तक जैन धर्म के रायचन्द भाई की बहुत संगत की है। रायचन्द भाई पेशे से जौहरी थे। इसीलिए मोतियों की उपमा गांधी बहुत देते हैं। अब तो गांधी से जल्दी ही मिल रहे हैं। तब बातें होंगी। क्यों जौहरी इतने सुन्दर मोतियों को चीथड़ों में रखते हैं? और गांधी किसे 'प्रेम' कहते हैं, जो सरला को प्रेम की कमी जैसा लगता है।

अगले ही दिन गांधी लाहौर में थे। दिल्ली गेट पर रामभज दत्त चौधरी की अध्यक्षता में हुई सभा रात देर तक चली। सरला पति के चेहरे की एक-एक रेखा पढ़ रही थी। गांधी को वह सुन रही थी, पर उसकी आँखें रामभज दत्त के चेहरे पर चिपकी थीं। गांधी कह रहे थे कि कुछ यूरोपीय लोगों को मार डालने में कोई बहादुरी नहीं है...बहादुरी झेलने में है, भले अपना रक्त आपको बहाना पड़े—जलियाँवाला बाग़ जैसी हज़ारों घटनाएँ क्यों न हो जायें, लोगों को उत्तेजित नहीं होना है। सरला ने देखा कि पति के चेहरे पर वेदना की रेखाएँ दौड़ रही थीं जो कह रही थीं कि जलियाँवाला काण्ड का दर्द अभी ताज़ा है। रिसते हुए घाव की तरह है। उस पर उत्तेजित न होना किसी इन्सान के लिए तभी सम्भव है जब वह महसूस करने की क्षमता ही खो दे।

गांधी ने आगे कहा कि वे चकित हैं कि पंजाब के लोग काउंसिलों में चुनाव लड़ने और अपने बच्चों को स्कूल भेजने के लिए कैसे तैयार हैं; वह भी तब जबकि पंजाब में वे ही अत्याचारी अधिकारी अपनी नौकरियों पर जमे हुए हैं। सरला कौंसिल की बात पर पति का तमतमाया चेहरा देख रही थी कि गांधी 'ख़िलाफ़त' के मुद्दे पर बोलने लगे। सरला जानती है कि उसके आर्यसमाजी पति का गांधी से मतभेद सिर्फ़ कौंसिल चुनाव को लेकर नहीं है। वे 'ख़िलाफ़त' के प्रश्न पर मुसलमानों का साथ देने के बदले मुसलमानों से गोहत्या रोकने का वायदा चाहते हैं। पर गांधी का कहना है कि ऐसा हो ज़रूर,

पर मुसलमानों की अपनी प्रेम-भावना से, 'ख़िलाफ़त' में उनकी सहायता करने के बदले सौदे में नहीं। जाने कैसे ऐसा हुआ है कि गांधी के प्रति रामभज दत्त की श्रद्धा के बावजूद दोनों के बीच कोई ऐसा रास्ता सरला को नहीं दिख रहा है, जिस पर दोनों साथ चल सकें।

गांधी की सारी बातें–अहिंसा, असहयोग–आदमी के विवेक और उसकी कष्ट सहने की क्षमता पर टिकी हैं, पर क्या देश की साधारण जनता से ऐसी उम्मीद करना कोरी आदर्शवादिता नहीं है? गांधी बावर्चियों तक से कह रहे है कि सरकारी नौकरों के लिए रोटी पकाना भी ज़ालिम सरकार के ज़ुल्मों में हाथ बँटाना है। क्या लोग नौकरी-स्कूल-कचहरी-काउंसिल-ख़िताब सब छोड़ सकेंगे? गांधी कहते हैं कि आगे वे सैनिकों और किसानों से कहेंगे कि वे नौकरी करना और टैक्स देना छोड़ दें; कि यह सब अगर किया जाये तो दुनिया एक ऐसी शान्तिपूर्ण क्रान्ति का नज़ारा देखेगी जैसी उसने कभी नहीं देखी है। 'असहयोग' सफल हुआ तो रक्तपात और हिंसा हिन्दुस्तान में ही नहीं, दुनिया से ख़त्म हो जायेंगे। काश कि गांधी के इस विराट् सपने को बाक़ी लोग भी देख पाते। स्टेट सेक्रेटरी मोंटेग्यू साहब कह रहे है कि गांधी अब पागल हो गया है और उसे जेल में बन्द रखना ठीक रहेगा।

सरला निराश होकर देख रही है कि लाहौर में अब गांधी से व्यक्तिगत बातें करना असम्भव है। गांधी हमेशा लोगों से घिरे रहते हैं। सिर्फ़ एक बार सरला और रामभज दत्त से सुबह कुछ देर गांधी की अकेले में बात हुई। सरला ने जान-बूझकर सबसे पहले स्वदेशी पर चर्चा चलायी–गांधी की इच्छा के अनुसार उसने अमृतसर जाकर जलियाँवाला की विधवा रतनदेवी को, जो उस रात अपने पति का शव गोद में रखकर रातभर विलाप करती रही थीं, चरख़ा चलाना सिखा दिया है। जेल में बन्द रतनचन्द और बुग्गा चौधरी की पत्नियाँ भी स्वदेशी के काम में जुट गयी हैं। गांधी इस बात से बहुत ख़ुश दिखे।

सरला को लगता है कि 'असहयोग' और 'ख़िलाफ़त' के विषय में फ़िलहाल गांधी से बहस टालना ठीक रहेगा, क्योंकि रामभज दत्त की असहमति तुरन्त ज़ाहिर हो जायेगी। अपने घर के मेहमान से बहस बाहर करना ही ठीक होगा, घर में नहीं। पण्डित रामभज से अपने मत का अन्तर गांधी जानते हैं क्योंकि वह सार्वजनिक मंच से प्रकट किया गया है। कल गांधी रावलपिण्डी जा रहे हैं। आज भर ऐसी ही बातें हों, जिन पर उनमें और रामभज दत्त में कोई मतभेद नहीं है। कुछ दिन बाद दोनों पति-पत्नी का सिन्ध में गांधी के पास जाना तय हुआ है।

गांधी के जाने के बाद सरला अनमनी-सी थी। पति रामभज दत्त चौधरी में वह एक उदासीनता महसूस कर रही है, जैसे उनका मन किसी बात में न लग रहा हो। कई बार गांधी से बातें करते सरला ने देखा है कि रामभज जैसे कुछ सुन ही न रहे हों। उसे अच्छी तरह पता है कि गांधी भी यह देख पा रहे थे। रामभज की तबीयत जेल से आने के बाद ठीक नहीं रहती। गले में दर्द बना रहता है।

सरला ने अपने मन को दुरुस्त करने के लिए कुछ पढ़ने के लिए 'यंग इंडिया' को उठा लिया। पन्ना उलटते ही उसे अपना नाम दिख गया। 'चरख़े का संगीत' में गांधी ने लिखा था कि सरलादेवी चौधरानी ऐसे परिवार की हैं, जो भारत के राज-परिवारों की श्रेणी में आता है। चरख़े की कला सीखकर सरलादेवी मन-प्राण से इस आन्दोलन में शामिल हैं। गर्मी के मौसम में भी वे खद्दर की साड़ी पहनती हैं।...

सरला का मन गुनगुना उठा। वाक़ई जब वह चरख़े पर सूत कातती है तो संगीत जैसा ही आनन्द आता है। जंजीरा की महारानी और उनकी बहन भी चरख़ा चलाने लगी हैं। गांधी ने लिखा था कि मदनमोहन मालवीय जी हिन्दुस्तान की सब रानी-महारानियों को सूत कातने लगवाकर ही चैन लेंगे। गांधी की यही तो ख़ास बात है। राजा-महाराजा से लेकर किसान-मज़दूर सबको गांधी अपने मार्ग पर ला सकते हैं। वह सिन्ध से लौटकर स्वदेशी के प्रचार में अपना पूरा प्राण लगा देगी।

सिन्ध पहुँचकर वहाँ के राष्ट्रीय कॉलेज में गांधी के साथ सरला ने सब विभागों का भ्रमण किया। गांधी को हिन्दी में मानपत्र दिये जाने पर वे बेहद ख़ुश हुए। सरला की ओर देखते हुए गांधी बोले, "हिन्दी उन वस्तुओं में से एक है जिनकी मुझे लगन लगी हुई है।" वह हल्के-से हँसकर रह गयी। गांधी उसे पूरी तरह हिन्दी में लिखना-बोलना सिखाकर ही दम लेंगे। अगले दिन नागरिक संघ में स्वदेशी अपनाने पर गांधी बोले, तो ऐसी बात बोल गये कि श्रोताओं के समूह से स्तब्ध होने की ध्वनि-सी उठी। अपनी पत्नी कस्तूरबा के प्रति अपनी शिकायत को जनता के सामने रखते हुए बोले, "मेरी पत्नी भी मिलों में तैयार किये गये वस्त्र पहनती हैं जबकि उन्हें पूर्ण रूप से हाथ के कते-बुने वस्त्र ही पहनने चाहिए।"

अभी लोग इस बात को पचा ही रहे थे कि गांधी ने कहा, "मैं भारत के अपने भ्रमण में सरलादेवी को साथ रखता हूँ क्योंकि उन्होंने स्वदेशी के मेरे सिद्धान्तों को मेरी पत्नी से भी ज़्यादा अच्छी तरह समझ लिया है।"

सरला का मन इस तुलनात्मक प्रशंसा से हर्षित होता, इसके पहले ही गांधी ने आगे जोड़ दिया, "यों सरलादेवी भी स्वदेशी कपड़े का उतना उपयोग नहीं करती, जितना मैं चाहता हूँ।" सरला का चेहरा शर्म और क्रोध से काला पड़ गया। उसने देखा कि सारे लोग उसकी तरफ़ ही देख रहे हैं, तो उसने मुस्कराने की कोशिश की। क्या कहा जाये? गांधी को व्यक्तिगत और सार्वजनिक व्यवहार में जैसे अन्तर ही मालूम नहीं है!

सिन्ध से सरला और रामभज दत्त गांधी के साथ ही साबरमती जा रहे हैं। रेल छूटने में थोड़ी देर क्या हुई, सरला बेचैन हो उठी। उसकी दीपक से मिलने की व्यग्रता को समझ रामभज हँस पड़े। कई दिन बाद वे दोनों सहमना होकर एक ही तरह से सोच रहे हैं। गांधी सरला के मन को समझते हुए उसे देख मुस्कराते हैं। गांधी इसलिए भी खुश हैं कि उन्हें लग रहा है कि पंजाब में उनका आना सफल रहा है। उन्हें उम्मीद है कि अब पंजाब पूरी तरह 'असहयोग' के रास्ते पर चल पड़ेगा। एक अगस्त से आन्दोलन शुरू होना तय हुआ है। जवाहरलाल नेहरू भी अहमदाबाद आ रहे हैं। वहाँ से सब बम्बई जायेंगे। माहौल में जैसे एक युद्ध शुरू होने की आहट और उत्तेजना है। सरला दीपक के पास आश्रम में कुछ दिन रहकर गांधी के पास बम्बई जायेगी।

●●●

एक अगस्त आ ही गया। गांधी ने 'कैसरेहिन्द' और दूसरे ख़िताब लौटा कर 'असहयोग आन्दोलन' की शुरुआत की। संयोग से लोकमान्य तिलक की मृत्यु उसी दिन हुई। लोगों से तरह-तरह की बातें सुन सरला के मन में 'असहयोग' को लेकर ऊहापोह की जैसे रोज़ नयी लहर उठती है। तिलक की मृत्यु से आहत गांधी को सरला ने न चाहते हुए भी कहा, "असहयोग आन्दोलन को लेकर लोगों में काफ़ी सन्देह है। लोग कह रहे हैं कि एकाध लोग सरकारी नौकरी छोड़ देंगे या वकालत न करेंगे या बच्चे को स्कूल से निकल लेंगे, उससे अंग्रेज़ों को क्या फ़र्क़ पड़ेगा?" गांधी ने जवाब में धीरे से कहा, "ऐसा सोचना भूल है।" सरला आगे न बोल पायी। वह चुप हो गयी।

पण्डित मदनमोहन मालवीय जी ने गांधी को कहा है कि कांग्रेस की राय आने तक 'असहयोग' शुरू न करें, पर गांधी उनकी बात भी मानने को तैयार नहीं हैं।

रामभज दत्त ने सरला से रात को कहा, "तुम्हें शायद नहीं मालूम कि 'बॉम्बे क्रॉनिकल' में कई मान्य लोगों ने मिलकर एक लेख लिखा है। इसमें 'असहयोग' का कड़ा विरोध किया है।" सरला चुप रही। कल खोजकर पढ़ेगी। अगले दिन गांधी ने ख़ुद उस लेख का ज़िक्र करते हुए सरला से कहा...लोग 'असहयोग' के ख़िलाफ़ जिहाद भले करें, पर एक अन्यायी सरकार के ख़िलाफ़ असहयोग ही धर्म और कर्तव्य है।

सरला की दुविधा का पार नहीं है। कभी उसे गांधी का निर्णय सही लगता है तो कभी उसे दूसरे लोग सही लगते हैं। गांधी मद्रास की यात्रा पर जानेवाले हैं। सरला ने निश्चय किया है कि गांधी के जाने के बाद वह अरविन्द घोष के पास पाण्डिचेरी जाकर 'असहयोग' पर उनकी राय लेगी।

●●●

कई वर्षों से गांधी का केलनबैक से सम्पर्क छूटा हुआ था। अभी अचानक उन्हें उसका पता चल गया है। गांधी सारे काम छोड़कर उसे एक लम्बा पत्र लिखने बैठे हैं। सरला 'रामायण' के पन्ने पलटती हुई उन्हें देख सोच रही है कि गांधी क्या पत्र में उसका भी ज़िक्र करेंगे। गांधी जैसे उसके मन की बात पढ़कर उसकी तरफ़ देखकर मुस्कराते हैं और पत्र उसकी ओर बढ़ा देते हैं। सरला मन में उठते हज़ारों कम्पनों के साथ पढ़ती है, "...अभी मैं देवदास और एक दूसरे भरोसेमन्द साथी के साथ यात्रा कर रहा हूँ। उसे देखोगे तो उस पर मुग्ध हो जाओगे। बात यह है कि इस महिला से मेरा बहुत घनिष्ठ सम्पर्क हो गया है। वह अक्सर यात्रा में मेरे साथ रहा करती है। इसके साथ मेरे सम्बन्धों को किसी परिभाषा में नहीं बाँधा जा सकता। मैं उसे अपनी आध्यात्मिक पत्नी कहता हूँ...मैं चाहता हूँ कि तुम उससे मिलो।"

राजगोपालाचारी के शब्दों से अब तक घायल सरला के दिल पर आज जाकर मरहम लगा है। उसने गांधी को कृतज्ञता से देखा। कितनी ख़ुशनसीब है वह, कि गांधी ने बौद्धिक स्तर पर उसे अपने साथी का दर्जा दिया है। जो लोग स्त्री को एक शरीर से अधिक कुछ नहीं देखते, चाहे वह किसी भी उम्र की क्यों न हों, उनके बीच गांधी एक अपवाद हैं। वे स्त्री को एक बराबर का मनुष्य होने का दर्जा देते हैं, पर गांधी का सोच सिर्फ़ गांधी का सोच है। उनके दूसरे साथियों के सोच में कहाँ है एक स्त्री के प्रति वैसी उदारता? सरला की बौद्धिकता उसकी पहचान है। छोटी-छोटी बातों और नियमों के लिए उसे परेशान न किया जाये, यह समझ है उनमें से किसी में?

मथुरादास त्रिकमजी गांधी की सौतेली बहन का पौत्र है। वह गांधी के सेक्रेटरी के तौर पर जनवरी-फरवरी की पंजाब की यात्रा के दौरान सरला के घर में गांधी के सबसे छोटे बेटे देवदास के साथ रह भी चुका है। गांधी व्यस्तता के कारण अगर उसे पत्र नहीं लिख पाते, तो वह उद्विग्न होकर गांधी को ऐसी बातें लिखता है कि गांधी को उससे माफ़ी माँगते हुए दिलासा देना पड़ता है कि वे एक बेटे की तरह की हुई उसकी सेवा को नहीं भूलते। उसने गांधी के भाषणों और विचारों का अंग्रेज़ी से अनुवाद कर एक पुस्तिका भी गुजराती में छापी है, पर मथुरादास इस दुविधा में रहता है कि वह पैसा कमाने में लगे या देशसेवा में अपने को खपा दे? यह जानने के कारण सरला उसकी गांधी के प्रति भावुकता को बेमौसम बारिश से ज़्यादा नहीं मानती।

मुश्किल यह है कि मथुरादास जैसे लोग गांधी को अपनी बपौती समझ लेते हैं। सरला को अपने से बीस साल छोटे मथुरादास से साबरमती आश्रम के नियम समझने की बेशक कोई ज़रूरत नहीं थी। उनमें आपसी बहस गांधी के सामने ही हुई। और गांधी ने क्या किया? वे बेधड़क सरला के बजाय मथुरादास को सही ठहराते उसका पक्ष लेते रहे। गांधी बाद में सरला को ही समझाते रहे कि उसे उनके सहयोगियों के साथ खुले मन से रहना चाहिए।

यह घटना गांधी की दक्षिण यात्रा में जाने से ठीक पहले हुई थी। अब गांधी बेजवाड़ा में रेल से पत्र में लिखते हैं–"तुम्हारे पत्रों में वही निराशा, वही संशय और शक दिखता है। तुम अभी भी मथुरादास को नहीं समझ पाई हो। वह और हमारे दूसरे सहयोगी हमसे बेहतर लोग हैं..." गांधी के अनुसार, उन्होंने ऐसे लोगों को अपना साथी चुना है, जिनमें उनसे ज़्यादा सम्भावनाएँ हैं। वे ऐसे लोग हैं जो उनके चरित्र में अपना आदर्श देख रहे हैं। "मुझे और (यदि तुम सही अर्थ में मेरी हो) तुम्हें उनका प्रेम और स्नेह पाने और बनाये रखने के लिए सब तरह का त्याग करना चाहिए...वे मेरा सहारा हैं, जैसे मैं उनका लंगर हूँ। तुम्हें उनकी ईर्ष्या और चौकन्नेपन पर गर्व होना चाहिए। वे कोई ख़तरा नहीं लेना चाहते और वे सही हैं। तुम्हारा और मेरा फ़र्ज़ बनता है कि हम उनकी हर उचित आपत्ति पर ध्यान दें।"

सरला को नहीं लगता कि वह गांधी की तरह आश्रम के मामूली लोगों का ऐसा व्यवहार सहन कर सकती है। गांधी के न रहने से साबरमती क्या वही आश्रम रहता है? लोग एक-दूसरे के प्रति कम सहनशील हो जाते हैं। दोष ही दोष देखने लगते हैं। गांधी मद्रास के रास्ते से लिखी चिट्ठी में भी सरला को अपना काम खुद करने की सलाह देना नहीं भूलते–जब हम किसी

से कोई सेवा नहीं लेते, तो असल में हम उनकी सेवा करते होते हैं। तोलस्तोय का नियम, कि भरसक खुद अपने सारे काम करो, क्या हम अपने पर लागू कर सकते हैं? सेवा में स्त्री या पुरुष होने का कोई लाभ नहीं मिलता और सरला को कोई ऐसी रियायत नहीं लेनी चाहिए। "क्या तुम अपना बिस्तर खुद नहीं लगाओगी? अपने कपड़े खुद नहीं धोओगी? अपनी सफ़ाई खुद नहीं करोगी?" गांधी लिखते हैं।

हो सकता है कि उसके बारे में ये सब बातें मथुरादास ने गांधी को लिख भेजी हों और गांधी वहीं से उतारकर लिख रहे हों। सरला को गांधी को मद्रास तार भेजना था। वह नहीं भेजती। मन नहीं होता। गांधी आश्चर्य करते हैं हर ख़त में कि उसका तार नहीं मिला। इसलिए उन्हें पता नहीं चला है कि पण्डित रामभज दत्त आश्रम आये हैं या नहीं? सरला ने गांधी को आश्रम के खाने के बारे में लिखा था–"इसे बेहतर बनाने की बेहद ज़रूरत है।" गांधी ने इस पर भी उसी का दोष निकालते हुए लिख भेजा है कि वे सरला से उम्मीद करते हैं कि वह दूसरों की तरह खुद भी तरह-तरह की चीज़ें बनाये। उन्हें आश्चर्य है कि इतनी सरल-सी बात का उसे अपने-आप ख़याल क्यों नहीं आया। यदि उसका मन नहीं है कि वह खाना बनाये तो उसे अपने मन को ठीक करने की ज़रूरत है।

सरला महसूस कर रही है कि गांधी उससे हर ऐसा काम करवाना चाहते हैं, जिसमें उसकी कोई रुचि नहीं है। बचपन से उसने माँ को कभी चौका-चूल्हा सँभालते नहीं देखा था और न कभी माँ ने चाहा कि वह यह सब करे। शादी के बाद भी उसके पास स्त्रियों के अधिकारों को लेकर बड़ी-बड़ी योजनाएँ थीं, बजाय इसके कि घर-गृहस्थी में डूबकर अपने वजूद को भूल जाये। कोई इन्सान अपनी सारी ज़िन्दगी एक तरह से बिताकर, अपने जीवन के अर्थ को ख़ास कामों में पाकर अचानक कैसे कोई और राह पकड़ सकता है? और तो और, खाना पकाने, कपड़े धोने, झाड़ू-पोंछा करने की राह जिससे हर प्रबुद्ध औरत मुक्ति चाहती है? खादी पहनने और हिन्दी सीखने तक भी गांधी की अपेक्षाएँ रहतीं, तो सरला को दिक़्क़त नहीं थी, पर यह सब करना तो उसके लिए बड़ा झमेला है।

सरला गांधी से कितनी भी नाराज़ हो जाये, फिर भी गांधी एक पल उसका संग नहीं छोड़ते। कुछ भी करते, उठते-बैठते-सोते-जागते उनका ख़याल मन से जाता नहीं। अगर कुछ करने में मन रम जाये और उनका ख़याल न आये, तो हैरानी होती है कि कैसे इतनी देर वे भुलाये गये।

गांधी भी ठीक यही लिखते हैं...कभी रेल में खाने के साथ पान-सुपारी आयी, तो तुम्हारा ख़याल आया...रेल और दक्षिण की ओर जाती है तो तुमसे और दूरी बढ़ती जाती है...लगातार यात्रा करते और भाषण देते वक़्त तुम बराबर साथ बनी रहती हो..."वैसे मैं क़बूल करता हूँ कि अच्छा हुआ कि तुम साथ नहीं हो। कई जगह तो मैं तुम्हें चाय तक नहीं पिला पाता, न ही मामूली सुविधाएँ ही दे पाता।" सरला को समझ नहीं आता कि इसे वह गांधी की प्रेम से उपजी चिन्ता समझे या उसकी आलोचना कि वह सुविधाजीवी है। गांधी ने किसी का भेंट दिया हुआ विदेशी 'परफ़्यूम' का डिब्बा सरला को भेजा है क्योंकि उन्हें समझ नहीं आया कि उसका क्या करें। वे बुरा नहीं मानेंगे कि सरला उसे काम में ले, पर उसे क्रमशः विदेशी चीज़ों के प्रति लगाव को छोड़ना है। वाह, सरला ने सोचा, बिना माँगे कोई चीज़ भेजी और उस पर भी हिदायत कि ऐसी चीज़ से दूर रहो।

गांधी क़रीब दो सप्ताह की दक्षिण यात्रा में लगभग रोज़ तार भेजते हैं और प्रायः रोज़ पत्र लिखते हैं। उनके साथ 'ख़िलाफ़त आन्दोलन' में मुसलमानों के मुखिया शौक़त अली हैं। गांधी और शौक़त अली में दूर-दराज़ तक कोई समानता नहीं है। शौक़त अली अपनी विराट् काया पर हरे रंग का लबादा पहने सिर पर शौक़ीन टोपी लगाये रखते हैं जिस पर आधा चन्द्रमा बना रहता है। गांधी की दुबली देह की फुसफुसाती-सी आवाज़ के बनिस्बत शौक़त अली के पास गरजती हुई आवाज़ है। गांधी 'ख़िलाफ़त' के लिए 'असहयोग' में मुसलमानों का साथ देकर हिन्दू-मुस्लिम एकता की नींव मज़बूत करने में लगे हैं, पर सरला के मन में पति के मन का सन्देह रह-रहकर घुमड़ता रहता है। 'ख़िलाफ़त' में मुसलमानों का काम निकल जाने पर वे आगे के कामों में हिन्दुओं के साथ नहीं रहना चाहेंगे। गांधी नागोर नामक एक मुस्लिम शहर में जा रहे हैं। इस सूचना के बाद वे लिखते हैं कि पण्डित रामभज दत्त चौधरी साथ होते, तो बहुत असुविधा महसूस करते! सरला को यह बात चुभ जाती है। लगता है, शौक़त अली के साथ रहते गांधी रामभज दत्त चौधरी को मुस्लिम-विरोधी ही मान बैठे हैं।

गांधी शौक़त अली से जाने कितने प्रभावित हैं! शौक़त अली के लिए पत्र में यह लिखना कि दक्षिण की यात्रा के दौरान उन्होंने शौक़त अली की महानता और अच्छाई को जान लिया है, सरला के गले नहीं उतरता। गांधी कहते हैं कि किसी के इरादों में ऐसा खरापन जल्दी से देखने को नहीं मिलता।

कभी वे शौक़त अली को उदार, स्पष्टवादी, बहादुर और कभी विनम्र कहकर उसकी तारीफ़ के पुल बाँधते हैं। सरला को सबसे ज़्यादा आश्चर्य इस बात का है कि शौक़त अली को अहिंसा में बिलकुल विश्वास नहीं है। यहाँ तक कि वह दुश्मन को धोखे से मारने में भी कुछ ग़लत नहीं देखता। वह साफ़ कहता है कि फ़िलहाल देश की हालत देखते हुए गांधी का मार्ग ही उसके लिए सही है। ज़ाहिर है कि वह निहायत मौक़ापरस्त व्यक्ति है! गांधी हैं कि उसे अपना रक्त-बन्धु और भी न जाने क्या-क्या कह रहे हैं।

गांधी की चिट्ठियों में एक तरह की मानसिक थकान नज़र आने लगी है। मद्रास की यात्रा निश्चय ही बहुत थकानेवाली है। इतनी गर्मी में शहर-दर-शहर भटकना और भाषण देना क्या आसान काम है? गांधी ने लिखा था कि मद्रास पहुँचने पर स्टेशन पर भीड़ का इतना बड़ा जुलूस था कि वहाँ से निकलना ही एक इम्तिहान था। शौक़त अली जैसा तन्दुरुस्त पहलवाननुमा आदमी ही बीच में बीमार पड़ गया था। महादेव भाई भी अस्वस्थ हो गये थे। गांधी वहाँ अक्सर बैठकर बोलते हैं। खड़े रह नहीं पाते। शौक़त अली के कारण मुसलमान स्त्री-पुरुष सभाओं में ख़ूब जुटते हैं। लगता है, गांधी को उसने इसी से वश में कर लिया है। महादेव भाई को भी शौक़त अली के तामझाम और तमाशेबाज़ी से परेशानी होती है, पर गांधी तो जैसे उससे चकाचौंध हो रखे हैं। उन्हें उसमें गुण ही गुण नज़र आते हैं। गांधी जानते हैं कि महादेव भाई सरला को लम्बे-लम्बे ख़त लिख रहे हैं। उनसे सरला का ख़ूब 'मनोरंजन' हो रहा होगा, ऐसा अन्देशा वे करते हैं।

बेशक सरला को शौक़त अली के बारे में बहुत-सी बातों का पता महादेव भाई से ही लग रहा है। गांधी के पत्रों में तो वही बातें हैं—चरख़ा चलाओ। अपनी सारी सिल्क की साड़ियाँ मुझे भेज दो। इस ज़िन्दगी में और सिल्क तुम्हें नहीं पहनना है! हिन्दी सीखो। हिन्दी का अभ्यास करो! सरला जवाब में लिखे बिना नहीं रह पायी थी कि किसी बात को इतनी बार दोहराना कहीं एक तरह की मानसिक ग्रन्थि तो नहीं है? इस पर गांधी का जवाब है कि हिन्दी को लेकर सरला को गांधी को सहना होगा। वह उन पर इसके लिए प्रतिबन्ध नहीं लगा सकती..."मैं तुम्हारी ज़िन्दगी में सोडे की तरह बनकर तुम्हें अपनी पूरी ऊँचाई तक उठाना चाहता हूँ। मैंने बहुत-से लोगों के तुम पर भरोसा न होने के बावजूद तुम्हें अपना बनाया है।

तुम्हें मेरे भरोसे को सही सिद्ध करना है, उच्चतम ऊँचाई तक उठकर।" सरला एक लम्बी साँस छोड़कर पत्र बन्द करती है। भरोसा तो शौक़त अली जैसे लोगों को सिद्ध करना चाहिए, पर गांधी आँखें खोलकर देखें तो दिखे न!

राजगोपालाचारी की बातें, उनका सरला के इरादों पर शक, सरला को एक मामूली औरत बताना–क्या ये बातें कभी भुलायी जा सकती हैं? और अब यह मथुरादास त्रिकमजी! सरला को पूरा शक है कि राजगोपालाचारी के पत्र की बातें उसे मालूम हैं। केलनबैक को पत्र में सरला को अपनी 'आध्यात्मिक पत्नी' बताने की बात भी उसे मालूम हो, तो कोई बड़ी बात नहीं। ये सब मिलकर उसे गांधी से दूर करना चाहते हैं। गांधी की मद्रास यात्रा के ठीक पहले सरला से आश्रम के नियमों को लेकर मतभेद को गांधी के सामने लाना इसी तरह की चेष्टा रही होगी! गांधी लिख ही रहे हैं कि उनके बहुत-से लोगों को सरला पर भरोसा नहीं है।

उन सब लोगों की कोशिशों के बावजूद गांधी का प्रेम बेरोक-टोक बहता है और सरला तक पहुँचकर उसे दिलासा देता रहता है। मंगलूरु से रेल की यात्रा में गांधी बदलते दृश्यों को देखते हुए सरला के साथ होने पर उसके आनन्द की कल्पना करते हैं; समुद्र के साथ चलती गयी पहाड़ियों की क़तार और बीच-बीच में समुद्र में मिलने आती नदियाँ कितना कुछ कहती हैं। क्या हमारे अन्दर प्रेम का ऐसा समुद्र है जिसमें हिन्दुस्तान का हर बन्दा समा सके? ये दृश्य थके हुए यात्री का जोश जगानेवाले हैं, पर गांधी की प्रकृति की कविता अन्ततः फिर शौक़त अली और हिन्दी सीखने पर आकर रुकती है। गुजराती हिन्दू औरत ने उन दोनों को भाई कहकर कुमकुम का टीका लगाकर हाथ में गुड़-नारियल दिया! इससे अधिक आनन्द और क्या हो सकता था, गांधी लिखते हैं–"उन औरतों की हिन्दी आशीर्वाद सरीख़ी लगी। लगा कि अब सफलता ज़्यादा दूर नहीं है। बस, सत्य पर टिकना और कोशिश करते रहना है।"

गांधी की प्रेम की कविता भी उड़ान भरती-भरती ज़मीन से उठ नहीं पाती–"तुम्हें किस नाम से पुकारूँ? तुम्हारे कई नाम हैं–तुम सूत कातनेवाली ही, बुनकर हो, उपदेशक हो और भी क्या-क्या हो। पर तुम्हें सूत कातने में एकदम प्रवीण होना है, आधा-अधूरा नहीं...हिन्दी बोलने में प्रवीण होना है, और देवनागरी लिखने में भी। मुल्क के लिए प्रशिक्षण की यह बुनियाद है..." आगे भी गांधी उसी रौ में लिखते हैं कि एक दिन भी चरख़ा कातना और हिन्दी

लिखना-पढ़ना छूटना नहीं चाहिए। सरला उन्हें हिन्दी में पत्र क्यों नहीं लिखती? प्रेम की भाषा सर्वश्रेष्ठ होती है। वह दोनों की हिन्दी को बेहतर बना देगी।

गांधी का हिन्दी-राग सुनते-सुनते कहीं उसे हिन्दी से ही चिढ़ न हो जाये, सरला सोचती है। प्रेम की भाषा भला हिन्दी ही क्यों हो? और प्रेम क्या बिना भाषा के नहीं हो सकता? अब वह उन्हें एक चिट्ठी सादे काग़ज़ पर बिना कुछ लिखे भेजेगी! देखें गांधी उसे पढ़कर क्या कहते हैं, यह कल्पना सरला के कमरे के एकान्त को उसकी हँसी से गुंजा गयी।

लाहौर में अगस्त की गर्मी में खिड़की से बाहर अंगूर के गुच्छों से बेल लद गयी है। काश, गांधी इन अंगूरों की सुगन्ध और स्वाद ले पाते। अब तो जीवन में जो कुछ भी आनन्द देता है, वह गांधी के साथ आनन्द लेने की कल्पना से जुड़ जाता है। देशसेवा के यज्ञ में अपने को अग्नि बनाने के सरला के पुराने संकल्प में गांधी का प्रेम उस यज्ञ को निश्चय ही समिधा देता है। चरख़े का संगीत उसका मन्त्र है, पर हिन्दी सीखने को उसका आधार और कसौटी बनाना? बस, यही सरला को समझ नहीं आता।

गांधी के पत्रों में 'हिन्दी-हिन्दी' की रट बढ़ने के पीछे उनकी थकान ही है। गांधी का शरीर क्या इस तरह की यात्रा करने लायक़ है? सरला को इस बात से कम झुँझलाहट नहीं होती। गांधी खुद लिखते हैं-वे बिना आराम के पागल की तरह भागदौड़ कर रहे हैं जिसका नतीजा बुरा होनेवाला है। एक बार लाहौर में गांधी की तबीयत ख़राब हुई थी, तो सरला ईश्वर से लड़ पड़ी थी-ऐसे ईश्वर-भक्त और देशभक्त का भी तुम ख़याल नहीं करते? गांधी उस बात की याद दिलाते हुए कहते हैं कि उनकी ग़लती के लिए इस बार सरला ईश्वर को दोषी न बताये। उन्हें पता है कि सरला उनके अच्छे स्वास्थ्य के लिए रोज़ प्रार्थना करती है और ईश्वर को उसकी बात सुननी ही होगी। ईश्वर सच्चे और अच्छे लोगों की ज़रूर सुनता है।

आगे गांधी का सवाल पढ़ सरला हतप्रभ हो गयी-"क्या तुम पूर्ण रूप से अच्छी हो, अन्याय से पूरी तरह दूर हो, पूर्ण रूप से काम के प्रति ईमानदार हो कि तुम्हारी प्रार्थना सुनी जायेगी?" गांधी पूछते हैं। इसका अर्थ तो यही है कि उसकी अच्छाई और सच्चाई पर गांधी प्रश्न-चिन्ह लगा रहे हैं! लगता है, गांधी के शरीर के साथ उनका दिमाग़ भी जवाब दे रहा है। गांधी का यह सवाल क्या उसके समूचे वजूद को कठघरे में नहीं खड़ा करता?

क्या यह काम के प्रति उसकी ईमानदारी की आलोचना नहीं है? तन-मन-धन से गांधी के काम को करने का यह पुरस्कार उसे दिया जा रहा है?

गांधी शौक़त अली से चकाचौंध हो गये हैं, साफ़ ज़ाहिर है। यह सच गांधी को बताना ज़रूरी है। गांधी से यह पूछना भी ज़रूरी है कि गांधी के लिए उसने उनके लिए जो महान त्याग किया है, उसका उसे क्या इनाम मिला है? गांधी जवाब में कहते हैं–"तुम ऐसा कर पायी, यही अपने आप में इनाम है।"

यह तो हद है आत्ममुग्धता की। पति और सास से अनबन हुई, बेटे को अपने से दूर भेज दिया, चरख़ा और खादी के प्रचार के लिए ज़मीन-आसमान एक कर दिया, हिन्दी सीखने के लिए कितनी मेहनत की, पर गांधी के लिए उसके त्याग का कोई मोल नहीं है। उसकी ज़िन्दगी का सब किया-धरा गांधी के आने से उलट-पलट हो गया। कपड़े बदल गये, खाना बदल गया, सारे सुख-साज छूट गये, पर गांधी को उसमें सिर्फ़ कमियाँ दिखती हैं। सरला आँखों में आ रहे आँसुओं को रोकने के लिए आँखें भींचती है। उसे रोने से नफ़रत है। गुस्से का ताप आँसुओं को सुखा डालता है। वह अब और नहीं सह सकती। सरला लिखती है गांधी को–"मैंने ज़िन्दगी के सारे सुख और ख़ुशियाँ एक पलड़े पर रखीं और दूसरे पलड़े पर आपको और आपके क़ानूनों को...और दूसरे को चुनने की बड़ी ग़लती कर डाली।"

●●●

गांधी का मद्रास से बम्बई आते हुए रेल से लिखा जवाब आया है। "तुम्हारे पत्रों से मुझे दुःख पहुँचा है। तुम्हें मेरे उपदेश पसन्द नहीं। पर जब तक तुम स्कूल की छात्रा की तरह बनी रहती हो, मैं उपदेश देने के सिवाय क्या कर सकता हूँ? जानकर दुःख हुआ कि तुम्हें लगता है कि तुम्हें अपनी जीवनशैली बदलने की ज़रूरत नहीं थी..." सरला अपने अन्दर उठते तूफ़ान को रोकने की कोशिश करती है। आगे गांधी उसके सवाल, मुझे अपने त्याग का इनाम क्या मिला, का जवाब देंगे। वह पढ़ती है–"जान देकर भी सदा सच बोलने का क्या इनाम हो सकता है?...पियानो सीखने में बरसों की तुम्हारी मेहनत का इनाम क्या था? हम अपने लक्ष्य के लिए अपना सब कुछ इसलिए देते हैं कि हम ऐसा करने को बाध्य होते हैं। पर जो समर्पण सन्तोष नहीं देता, वह आत्मसम्मान को चोट पहुँचाता है। यदि मेरे साथ रहकर तुमने इस सरल

बात को नहीं समझा, तो मैं तुम्हारे प्रेम के लायक़ नहीं हूँ...मुझमें असीमित आत्मसमर्पण और सच्चाई पर टिकने की ताक़त के अलावा और कुछ नहीं है जिसका कोई मोल हो...मेरी ज़िन्दगी में इतने गहरे प्रवेश कर भी तुमने यह नहीं जाना, तो मुझमें निश्चय ही कुछ कमी होगी...मेरे उपदेश तुम उसी प्रेम से ग्रहण करो जिस प्रेम से वे दिये जाते हैं–मुझे शाश्वत सवालों या देश के लिए अति महत्त्वपूर्ण मुद्दों पर अपने विचार तो तुम्हारे सामने रखने दो। भले तुम्हारा 'लॉ गिवर' बनकर न भी सही...विनती करता हूँ कि तुम ऐसे बुरे विचार मन में न लाओ।"

सरला सन्न बैठी रहती है। गांधी और उसके रिश्ते यहाँ तक कैसे पहुँच गये? क्या उसने ग़लत लिखा कि वह कोई स्कूली छात्रा नहीं है जिसे हर समय उपदेश की ज़रूरत हो? गांधी क्यों नहीं देख पाते कि गांधी की बातें उसके आत्मविश्वास में, उसकी आत्मछवि में दरारें पैदा करती हैं? कहाँ तो गांधी उसे अपने क़दम-से-क़दम मिलाकर चलनेवाले सहयोगी की तरह देख रहे थे, और कहाँ उसकी हर बात में दोष निकालने लगे हैं। गांधी उसके हिन्दी अभ्यास को जाँचते हैं और अगर वह किसी कारण से उन्हें नहीं भेज पाती, तो वे लिखते हैं कि–"तुम दीपक के लिए ग़लत मिसाल बन रही हो। ऐसा नहीं चलेगा। इस स्कूल-मास्टर को नियमित और व्यवस्थित छात्र पसन्द हैं।" सरला जानती है कि यह उनके बीच पुराना चुटकुला है। गांधी स्कूल-मास्टर हैं, सरला के 'लॉ गिवर' हैं, पर जाने कैसे यह मज़ाक़ मज़ाक़ न रहकर कोंचने लगा है। आत्मा में छेद करने लगा है। शायद गांधी की मद्रास यात्रा के भव्य स्वागत ने उन्हें गुमराह कर दिया है।

सरला इस बीच पाण्डिचेरी जाकर दो दिन श्री अरविन्द से भेंट कर आयी है। उनका मत है कि जनता में उठती छोटी-छोटी भावनात्मक लहरों से आज़ादी नहीं मिलेगी। इसके लिए ज़मीनी स्तर पर जैसी मज़बूत तैयारी चाहिए, वह अभी नहीं दिख रही। रवि मामा तो 'असहयोग' के बिलकुल ख़िलाफ़ हैं। बिना किसी का नाम लिए सरला को गांधी को लोगों का मत बताना होगा।

गांधी का जवाब आया है। वे सरला की बात को अपने तर्क से काटते हुए कहते हैं–"नहीं, मद्रास में स्वागत ही स्वागत नहीं हुआ, लोगों का अनुमोदन भी मिला।" आगे लिखते हैं–"हो सकता है कि तुम्हारी भविष्यवाणी सही निकले और मुझे अभी पूरी व्यवस्था बनाने में एक साल और लगे।

यदि मैं उतने दिन तक जीवित नहीं रहा, तो भी क्या? कोई और, जैसे कि तुम, वहीं से उस सूत्र को आगे बढ़ा लेगा। किन्तु यदि तुम ऐसा करोगी, तो तुम्हें ख़ुद में अभी से अधिक विश्वास जगाना होगा। फ़िलहाल तुम दो नौकाओं पर सवार हो। मैं चाहता हूँ कि तुम अपनी नौकाएँ जला दो और अपने इरादों की अक्लमन्दी पर शक करना छोड़ दो।" सरला को समझ में आ रहा है कि गांधी को कोई समझा नहीं सकता। उनके इर्द-गिर्द ऐसे ही लोग हैं, जो उनकी पूजा करते हैं। उन लोगों में इस हक़ीक़त से आँखें मिलाने की समझ नहीं है कि देश अभी किसी बड़े आन्दोलन के लिए तैयार नहीं है।

गांधी सरला के पत्रों की सारी बातें और 'असहयोग आन्दोलन' पर उसके विचार आश्रम के नाक़ाबिल लोगों से साझा करते हैं। सरला को मालूम है कि गांधी के लिए व्यक्तिगत और सार्वजनिक व्यवहार में कोई भेद नहीं है। गांधी ने सरला के विचारों पर आश्रम के लोगों की प्रतिक्रिया लिख भेजी है। सरला इसमें अपमानित महसूस करेगी, यह बात गांधी की समझ के परे है। वे लिखते हैं-"तुम्हारे जैसा तुरन्त भड़क उठनेवाला साथी मैंने कभी नहीं देखा। मैं तुम्हें क्यों न बताऊँ जो मैं तुम्हारे बारे में सुन रहा हूँ? तुम अपनी प्रशंसा से परेशान नहीं होती, तो अपनी निन्दा से क्यों होती हो? तुम अपनी आलोचना से लाभ क्यों नहीं लेती? चापलूसी हमें बिगाड़ती है..." गांधी को कोई समझा नहीं सकता। वे बार-बार कहते हैं कि उन्होंने जान लिया है कि वह एक परिपक्व औरत के बजाय एक लड़की की तरह व्यवहार करती है। ठीक ही उसे एक शिक्षक की ज़रूरत है।

गांधी अब भी समझ नहीं पा रहे कि सरला को कौन सी बात क्यों बुरी लगती है? यह बात तो सबसे ज़्यादा, कि उसमें अब भी बचपना है। गांधी ने भला कैसे सोच लिया कि उनके कहने से सरला इस बात को सच मान लेगी? प्रेम बराबरी में होता है। क्या गांधी का सोच उन पुरुषों से अलग है जो स्त्रियों को मूर्ख मानकर उन्हें अपने पैर की जूती समझते हैं? जो गांधी अख़बार और पत्रिका में सरला की शिक्षा-दीक्षा-ज्ञान का बखान करते नहीं थकते थे, वे हर पत्र में उसे अपरिपक्व और तुनकमिज़ाज बताने लगे हैं। सच ही है, कोई पुरुष स्त्री को अपने बराबर खड़ा हुआ नहीं देख सकता। गांधी कोई अपवाद नहीं हैं। सरला ने ही उन्हें समझने में भूल की थी।

12

'क्या तुम मेरी वैसी आध्यात्मिक पत्नी हो?'

गांधी ने सितम्बर में कांग्रेस के विशेष अधिवेशन में सरला को कलकत्ता आने से मना कर दिया! गांधी के तार को पढ़कर सरला की पल भर को साँस ही रुक गयी। सरला ने गांधी को लिखा था–"आपके और माँ से एक साथ मिलने का यह मौक़ा मुझे उल्लास से भर रहा है।" पर गांधी तार के बाद भेजे अपने पत्र में लिख रहे हैं कि कलकत्ता आने का अभी कोई लाभ नहीं है। वह लाहौर में ही रहकर अपना काम करे तो ठीक रहेगा। राजनीतिक हलचल कम होने पर माँ से मिलना बेहतर होगा। गांधी लिखते हैं–"पहले तुम चरख़ा चलाने और हिन्दी में बिलकुल प्रवीण तो बनो। लाहौर में पूरी तरह हमारा काम जमना ज़रूरी है...मैं चाहता हूँ, तुम वहाँ की नींव पक्की करो।"

सरला के अन्दर गुस्से का उबाल उठता है। सरला के कलकत्ता जाने में सबका फ़ायदा है, गांधी का भी। आख़िर गांधी बंगाल को जानते ही कितना हैं? वे विलायत से पढ़े हुए वकील हों तो क्या, बंगाली जाति उन्हें एक शाकाहारी गुजराती बनिये से ज़्यादा कुछ नहीं मानेगी। बंगाल में किसी बाहरी व्यक्ति को आदर-सम्मान मिलना क्या इतना आसान है? एक से एक बड़े नेता को बंगाली परे बैठा देते हैं।

और फिर, अंग्रेज़ों से 'असहयोग' वाली बात बहुत लोगों को समझ में नहीं आ रही है। नोबेल पुरस्कार विजेता रवीन्द्रनाथ टैगोर 'असहयोग' को 'झगड़ालू राष्ट्रवाद' कहते हैं। गांधी क्या भूल गये हैं कि बंगाल में सरला की अपनी पहचान है? उसके व्यक्तित्व की गरिमा गांधी के लिए फ़ायदेमन्द होगी। गांधी कुछ भी कहें, सरला को कलकत्ता जाना ही है।

जाना इसलिए भी है कि उनके और सरला के रिश्तों में जो खटास आ गयी है, उसे दूर करना है। सरला को यक़ीन है कि उसे देखते ही उनके बीच के सारे तनाव काफ़ूर हो जायेंगे।

सरला ने कांग्रेस अधिवेशन में अचरज से देखा कि गांधी के प्रति बंगाल के रुख़ और असहयोग को लेकर उसके अनुमान बिलकुल ग़लत निकले। अधिवेशन के पहले दिन जैसे ही ऐनी बेसेंट ने 'असहयोग आन्दोलन' के ख़िलाफ़ बोलना शुरू किया, देश के विभिन्न हिस्सों से आये लोगों ने उन्हें चुप कराने के लिए भीषण हल्ला मचाना शुरू कर दिया। गांधी को एक कुर्सी पर खड़े होकर हाथ जोड़-जोड़कर लोगों को शान्त कराना पड़ा। वहाँ हवा के हर क़तरे में, हर निःश्वास में गांधी गूँज रहे थे। लोगों का मन भाँपकर तीन दिन बाद गांधी ने जोश में यहाँ तक कह डाला कि लोग 'असहयोग आन्दोलन' में उनका साथ दें, तो एक ही साल में स्वराज मिल सकता है। जिन्ना और मालवीय जी जैसे बड़े नेताओं द्वारा 'असहयोग' का विरोध करने के बावजूद वोट हुआ, तो गांधी को क़रीब सत्ताईस सौ प्रतिनिधियों में अठारह सौ से अधिक वोट मिले।

सरला ने गांधी को रात्रि-भोजन के समय मौक़ा देखकर धीरे-से कहा, "आपको कई लोग 'तानाशाह' बोल रहे हैं।" यह सुनकर गांधी हँस पड़े, जैसे सरला उनसे मज़ाक़ कर रही हो। पर अगले दिन अपने भाषण में गांधी ने इसका ज़िक्र कर दिया–"मुझ पर ये आरोप हैं कि मैं बड़ा 'महात्मा' हूँ और तानाशाही चलाना चाहता हूँ...पर मैं तो सिर्फ़ आपके सामने अनेक वर्षों के 'असहयोग' का अनुभव लेकर खड़ा हूँ।" लोग इस बात पर देर तक तालियाँ बजाते रहे।

सरला देख-देखकर हैरतज़दा है कि गांधी इतने लोगों के विरोध के बावजूद 'असहयोग' को लेकर अपनी ज़िद पर टिके हुए हैं। बंगाल कांग्रेस के बड़े नेता चित्तरंजन दास क्रान्तिकारी 'अनुशीलन समिति' के दिनों से सरला के साथी रहे हैं। उन्होंने सरला से कहा कि, "तुम समझ रही हो न कि 'असहयोग' को तुरन्त लागू करना कितना अव्यावहारिक है? इसे लेकर कांग्रेस में हो रहे मतभेद को टालने के लिए 'असहयोग' को दिसम्बर तक स्थगित करना होगा।" पर जैसे ही उन्होंने गांधी से कहा कि स्कूल और अदालतों का बहिष्कार 'धीरे-धीरे' करना होगा, गांधी ने उनकी बात काट दी, "धीरे-धीरे कहना हमारी कमज़ोरी को ज़ाहिर करता है। बच्चों को स्कूल से आज ही क्यों न निकाला जाये? वकील अदालत जाना आज ही क्यों न छोड़ दें!" ज़ाहिर है कि गांधी किसी की कोई बात सुनने को तैयार नहीं हैं।

श्री अरविन्द का मत सरला गांधी को बता चुकी है कि अभी देश किसी बड़े आन्दोलन के लिए तैयार नहीं हुआ है, पर गांधी हैं कि हर मंच से एक साल में स्वराज दिलाने का वादा करते जा रहे हैं। गांधी और नेहरू के साथ सरला 'अमृतबाज़ार पत्रिका' के सम्पादक मोतीलाल घोष से मिलने गयी। घोष बाबू कहने लगे, ''वकीलों की ऐश वकालत से होती है। वे भला वकालत क्यों छोड़ेंगे? बेहतर है कि आप जनता को समझाइए कि लोग मुक़दमेबाज़ी छोड़ दें।'' गांधी सरला की ओर देख मुस्कराते रहे। गांधी का सुझाया हुआ रास्ता आम आदमी के लिए कितना कठिन है, सरला सोचती है। क्या लोग अपनी सारी पुरानी आदतें और सुविधाएँ छोड़कर कष्ट सहने के लिए तैयार हो जायेंगे? गांधी में न जाने कैसे इतना आत्मविश्वास है कि लोग उनकी बात मान लेंगे।

कलकत्ता से गांधी चार दिन के लिए शान्तिनिकेतन गये, पर सरला उनके साथ नहीं गयी। टैगोर परिवार में सिर्फ़ सरला के बड़े मामा द्विजेन्द्रनाथ ठाकुर को गांधी पर पूरा भरोसा है। 'यंग इंडिया' के लिए 'असहयोग आन्दोलन' के पक्ष में उन्होंने एक लेख में लिखा है कि, "सरकार की सत्ता बन्दूक़ पर नहीं टिकी है। हम लोग खुद तीन तरह की माया-मृग के मोह में फँसे हैं–विधान परिषदों में बैठने का मोह, अदालतों का मोह और शिक्षा का मोह।" बड़े मामा गांधी के साथ सरला का सहयोग देख बड़े खुश हैं–"तेरा रवि मामा रवीन्द्रनाथ मुझसे बीस साल छोटा है। वह अभी आनन्द और संगीत में डूबा है जबकि देश स्वराज के लिए तड़प रहा है। तेरा रास्ता बिलकुल सही है, सरला", बड़े मामा ने उसे कहा था। "किन्तु बोड़ोमामा, स्कूल और अदालत छोड़ने की बात पर श्रीमती ऐनी बेसेंट कहती हैं कि सरकार को गांधी की डाक बन्द कर देनी चाहिए और रेलगाड़ी के टिकट भी नहीं देने चाहिए।" बड़े मामा हँस पड़े थे, "इस चरम मुसीबत के समय देश को ऐसे परम ज्ञानी की ज़रूरत है, जो अपने आदर्श का मार्ग खुद निकाले। देख सरला, मेरी समझ में 'असहयोग' का मक़सद जनता को जगाना है, सरकार को झुकाने की अपनी क्षमता का अहसास कराना है।" बड़े मामा की बातों से सरला को कुछ तसल्ली मिली थी, पर अब उसका भरोसा डगमगा रहा है। शायद गांधी जल्दबाज़ी कर रहे हैं।

गांधी कलकत्ता से साबरमती जा रहे हैं। सरला कलकत्ता में माँ स्वर्णमयी के पास कुछ दिन रहकर साबरमती आश्रम पहुँचेगी। सरला गांधी की मर्ज़ी के ख़िलाफ़ कलकत्ता के अधिवेशन में आयी थी। तब गांधी ने उसे देखकर इस बारे में कुछ नहीं कहा था। पर गांधी से विदा लेते समय तक़रार हो ही गयी।

गांधी की बातों की कड़वाहट बर्दाश्त करना मुश्किल था। सरला के दिल से आवाज़ आयी–क्या यही प्रेम है? जिस व्यक्ति में इतना अहंकार हो, वह प्रेम कर ही नहीं सकता! वह दूसरे के मन-इच्छा की परवाह कर नहीं सकता। गांधी उसे अपनी मर्ज़ी से कभी कुछ नहीं करने दे सकते।

सरला का क्रोध उफन पड़ा, "आप हर समय मुझे कहते रहते हैं, यह करो, वह मत करो! मैं कोई स्कूल की छात्रा नहीं हूँ जिसे हर बात पर आपको ज्ञान देना पड़े! मैं तंग आ गयी हूँ सुनते-सुनते। कितना धीरज रखूँ मैं?" गांधी सरला के विस्फोट के बाद एक़दम-से चुप हो गये थे। एक लफ़्ज़ भी नहीं बोले थे। सरला उस सन्नाटे से घबरा गयी थी। बाद में किसी तरह गांधी को अकेले में खोजकर उसने कहा था, "मेरी गुस्से में कही बातों को भूल जायें। बताइए कि लाहौर से आने-जाने के बारे में मेरे लिए आपका क़ानून क्या कहता है?" गांधी सिर्फ़ मुस्कराते रहे, पर बोले कुछ भी नहीं। इतने में कुछ मिलनेवाले चले आये थे।

सरला गांधी के जाने के बाद से अफ़सोस में डूबी हुई है। हर घड़ी मन बेचैन रहता है। काश कि ऐसा न हुआ होता। उनके जाने के बाद माँ के पास रहते हुए भी सरला का मन उखड़ा रहता है। कहाँ तो सोचा था कि कलकत्ता में मिलने से पिछली ग़लतफ़हमियाँ दूर हो जायेंगी, पर हुआ बिलकुल उल्टा। साबरमती जाने से शायद आश्रम के शान्त माहौल में कुछ तफ़सील से उनके साथ गुफ़्तगू हो सकेगी।

•••

सरला आश्रम पहुँची, पर गांधी आश्रम से उत्तर भारत की यात्रा पर पहले ही निकल चुके हैं। वे दो दिन पहले रोहतक में थे। वहाँ से अलीगढ़, लखनऊ, बरेली जायेंगे। सुबह की सैर पर सरला अकेली विनोबा की कुटिया के पास से सूरज को उगते देखती है। पिछली बार ठीक यही दृश्य था। यहीं पर गांधी साथ थे। आज मन में कोई उमंग नहीं है। प्रकृति नीरस हो गयी है। सूरज की हल्की किरणें तक जैसे आँखों में चुभ रही थीं। सुबह सैर पर निकलने से पहले आश्रम के पुराने बाशिन्दे लक्ष्मीदास ने सरला से कहा–"कितना अच्छा हो कि आप सदा के लिए आश्रम को ही अपना घर बना लें। आपके ज्ञान और संगीत का लाभ आश्रम को मिलता रहे।" सुनकर सरला को समझ नहीं आया कि उस मूरख के भोलेपन पर ठहाके लगाये या अपनी हालत पर फूट-फूटकर रोये।

ये लोग उसे आश्रम के साधारण बाशिन्दों की तरह समझ रहे हैं। देशवासियों को जगाने में गांधी के बराबर उसकी भूमिका होनी थी। वह जिसके लिए आश्रम में आयी थी, वही यहाँ नहीं है तो यहाँ सरला के लायक़ कौन सा काम धरा है! सरला का मन हर पल टूट रहा है। यहाँ एक-एक साँस लेना भी भारी हो चला है।

सरला को आज गांधी को पत्र लिखना होगा। क्या लिखे वह? कल दिन भर का ब्योरा देने के अलावा और क्या लिखा जा सकता है? कल कुछ लोगों का समूह आश्रम आया था। उनमें एक दर्जन औरतें और लड़कियाँ थीं। वे लोग सरला से कुछ 'उपदेश' देने के लिए आग्रह करने लगे। सरला ने खद्दर पहनने की ज़रूरत के बारे में उन्हें समझाया तो नौ औरतों ने शपथ ली कि वे उत्सवों में और रोज़ाना मन्दिर जाने में खद्दर पहनेंगी। इस तरह सिर्फ़ शुद्ध स्वदेशी खद्दर ही शरीर पर रखने की आदत डाल लेंगी। बाद में आश्रम के कुछ लड़कों ने सरला को कुछ गीत सिखाने के लिए कहा, जो रात तक चलता रहा।

सरला ने गांधी को पत्र में यह सब लिख डाला, पर लक्ष्मीदास की बात बताकर अपने मन का आक्रोश लिखे बिना वह नहीं रह पायी-"...स्नानघर ही एकमात्र जगह है जो मेरे आँसुओं को समेट लेता है। मुझमें यह आशा बनी हुई है कि बस अब कुछ ही दिनों में ऐसा नहीं रहेगा। मेरी आत्मा शाम और सुबह की प्रार्थना 'जय-जय राम' में रम गयी है...जय-जय ज्ञान...जय जय उन ज़हरीले तीरों की भी, जो विदा होते समय छोड़े गये...जय-जय उस नफ़रत और अहंकार की, जिसने अनन्त प्रेम के वायदे की जगह ले ली है।" सरला यह सब लिखकर कुछ देर सन्न-सी बैठी रही। क्या उसे यह पत्र फाड़ देना चाहिए? पर क्यों? अपने मन की बात वह क्यों न बताये? गांधी उसे बिना बताये आश्रम से चले गये। यहाँ एक-एक पल उसे पहाड़-सा लगता है। सबके सामने वह खुशी से आश्रम में रहने का नाटक करते थक चुकी है। सरला को अब यहाँ बिलकुल नहीं रुकना है। उसने पत्र के अन्त में जोड़ दिया कि वह आज ही अहमदाबाद से 'मीटर गेज' की ढाई बजे की रेल पकड़ लाहौर के लिए निकल रही है।

दिल को कड़ा कर पत्र बन्द करते हुए सरला को लाहौर की अपनी बंगाली दाई ठाकुरमणि की बात याद आयी, "दीदी, तुम तो खुद बंकिमचन्द्र की 'देवी चौधरानी' हो। तुम्हें किसी की इतनी बात क्यों सुननी है? भले ही वह महात्मा जी क्यों न हो!'' सरलादेवी चौधरानी अपने आँसुओं की बात किसी

को लिखे, यह शोभा नहीं देता, चाहे वह गांधी ही क्यों न हों। इस बार तो उसने आँसुओं की बात लिख दी है। अब उसे इन बातों से ऊपर उठना होगा। उसका मन इतना ख़राब करनेवाले को उसे यह लिखना ज़रूरी था कि अनन्त प्रेम के वायदे की जगह सरला को सिर्फ़ नफ़रत और अहंकार दिख रहा है।

सरला अहमदाबाद से रेल में बैठी तो उसका शरीर इस तरह जल रहा था, जैसे तेज़ बुख़ार हो। उसने हवा खाने के लिए गर्दन खिड़की पर टिका ली। जाने कब उसे नींद आ गयी। वह उठी तो गर्दन अकड़ी हुई थी और आधा चेहरा रेल इंजन से उड़ते कोयले के बारीक कण जमकर काला पड़ गया था। इस तरह कोई उसे देखे, तो क्या सोचेगा? ठाकुरमणि तो उसे ऐसे बेहाल देखकर तुरन्त उसका मन भाँप लेगी। सरला ने गीले गमछे से मुँह पोंछा और पिछली कोई बात पर न सोचने की प्रतिज्ञा की। उसका दिमाग़ चकरी की तरह घूम रहा था—उसने पत्र में क्या लिख दिया, क्यों लिखा, क्यों नहीं पत्र फाड़ दिया? कहते हैं न, गुस्से में पत्र ज़रूर लिखो, पर उन्हें पोस्ट मत करो! पर पत्र तो पोस्ट हो गया है। नहीं, उसे कुछ नहीं सोचना है।

लाहौर पहुँचकर उसे चैन पड़ा। घर सचमुच घर होता है, चाहे वहाँ रहनेवालों से मत न भी मिलते हों, पर अगले दिन से ही मन फिर बेचैन होने लगा। गांधी उसके पत्र का जवाब लिख रहे होंगे। शायद लिखकर डाक में डाल ही चुके होंगे। ठीक दो दिन बाद सरला को गांधी का पत्र मिला। उसे पढ़कर उसका मन बिलकुल डूब गया। पत्र खोलने के पहले ही उसे आभास था कि गांधी उसे फिर ऐसी कठोर बातें लिखेंगे कि उसके दिल के हज़ार टुकड़े हो जायेंगे। वह कल से ही छटपटा रही थी। किसी काम में मन नहीं लग रहा था। उसका अन्देशा बिलकुल सही निकला।

गांधी लिखते हैं कि अब सरला के लिए 'पश्चात्ताप' करना ही उपाय है। पर...सरला ने सोचा, पश्चात्ताप तो मनुष्य खुद अपनी ग़लती के अहसास से करता है। गांधी तो उसे सज़ा दे रहे हैं। वे चाहते हैं कि वह उनसे दूर रहकर पश्चात्ताप करे? सरला ने जवाब में लिखा—"यदि आपने मुझे मेरी ग़लती समझाकर मुझे चुनने की आज़ादी दी होती कि मैं अपने को सज़ा दूँ, तो यह मुझे ऊँचा उठनेवाला और सुधारनेवाला अनुभव होता। पर आपने तो अपने हाथ में कोड़ा ले लिया। यह तो प्रतिशोध है। यह मेरे टुकड़े-टुकड़े कर रहा है। कलकत्ता में मेरा आपके प्रति क्रोध इस ग़लतफ़हमी से उपजा था कि आप हमेशा अपनी धारणाएँ मुझ पर थोपते हैं, पर आपसे मकान की छत पर उस बातचीत के बाद सारी रात मैं सोचती रही। मुझे अपनी भूल का अहसास हो गया था।

मैंने प्रमाण भी दिया था आपको–क्या मैंने नहीं पूछा था कि मेरे लाहौर से आने-जाने के बारे में आपका क़ानून क्या है?"

सरला को अहसास है कि उसके बिना सोचे-विचारे प्रचण्ड गुस्से से गांधी को गहरा घाव मिला है, पर उसके अचानक उफने हुए गुस्से के बरक्स गांधी का गुस्सा तो क्रूर ही कहा जायेगा। यह तो सोचा-समझा गुस्सा है। उसके गुस्से में प्रेम था, गांधी के गुस्से में अहंकार है। "आप कहते हैं, 'नहीं', आपकी सज़ा के पीछे आपका प्रेम है", सरला ने लिखा, "अगर प्रेम है, तो मुझे कहिए...सीधी-सीधी दिल से निकली भाषा में कि मेरा पास न होना आपको रोज़ सताता है, आपको भी दूरियाँ कष्ट देती हैं, आप उस दिन के उगने के लिए बेताब हैं जब हम फिर मिलेंगे।"

सरला ने लिखकर पत्र बन्द कर दिया। ओह, प्रेम आदमी को कितना कमज़ोर बना देता है? सरलादेवी चौधरानी क्या गांधी से प्रेम की भीख माँग रही है? नहीं, नहीं। वह अपने को इस तरह गिरा नहीं सकती। गांधी के मन में उसके प्रति वैसा प्रेम अब शेष न हो तो क्या? उसे सच जानना होगा, चाहे वह सच कितना ही तकलीफ़देह क्यों न हो? उसने फिर पत्र खोलकर लिखा–"यदि प्रेम है, तो अहंकार को हमेशा के लिए झुक जाने दीजिए और प्रेम को एक बार फिर उसकी भाषा में बोलने दीजिए, पर यदि प्रेम मर चुका है और उसे वापस जिलाया न जा सकता हो, तो एकदम साफ़ कह डालिए। गोरी जाति की तरह आपको काले लोगों को ऊपर उठाने का भार लेने की ज़रूरत नहीं है।"

सरला रात-दिन बेचैन रहती है। रामभज से बातचीत बहुत कम होती है। शायद उन्हें अन्दाज़ है कि गांधी और उसके बीच कुछ ग़लतफ़हमी हुई है। पर न वे पूछते हैं न सरला अपने-आप कुछ बताना चाहती है। इस बीच गांधी का एक और पत्र आ पहुँचा है। सरला को उसे पढ़ते हुए लगा, जैसे घर के दर-ओ-दीवार भूकम्प से हिल रहे हों। यह सच है कि गांधी ने जलियाँवाला काण्ड के बाद उसे देशसेवा का एक नया रास्ता दिखाया था और वे 'लॉ गिवर' बन सरला को अपने सहयोगी के रूप में तैयार करना चाहते थे, पर क्या कभी उसके मन में गांधी से एक पल के लिए भी प्रतिस्पर्धा की भावना आयी थी?

गांधी के उस पर लगाये ऐसे आरोप का वह क्या जवाब दे? सरला ने टूटते हुए मन से लिखा–"मेरे कई पुराने दोषों में आपने एक और जोड़ दिया है कि मुझे आपसे ईर्ष्या है!...मैं इस अभियोग पर सिर्फ़ हँस सकती हूँ।

मुझे समझ नहीं पड़ता कि आप कैसे मेरे बारे में ऐसा सोच सकते हैं?...मुझे लगता है कि हम दोनों एक-दूसरे के उद्देश्य को समझ नहीं पा रहे। इस तरह डाक से हमारी ग़लतफ़हमी दूर नहीं होगी। मेरे सारे पत्र आपको मिलते ही कहाँ हैं। आपके जन्मदिन पर मैंने आश्रम के कामकाज का वर्णन करते हुए लम्बा ख़त दिया था। अलीगढ़-कानपुर-लखनऊ-बरेली सब जगहों के पते पर पत्र डाले हैं। आप लाहौर आयें। तभी सही तरीक़े से बातचीत हो पायेगी।"

भिवानी से लोग सरला को अपने सम्मेलन में गांधी के साथ बुलाने के लिए बार-बार तार भेज रहे हैं। सरला ने गांधी को लिखा–"मैं भिवानी नहीं– जाऊँगी, जब तक मुझे पता न चले कि आप मुझसे वहाँ मिलना चाहते हैं। चूँकि डाक पर भरोसा नहीं किया जा सकता, गांधी तार से ही बतायें, यदि मेरे लिए कोई सन्देश आपके पास देने के लिए हो तो।"

गांधी सरला के बुलावे पर वाक़ई दो दिन के लिए लाहौर आ रहे हैं। सरला के रोएँ-रोएँ की जलन पर जैसे मलहम लग गया है। पिछले अक्तूबर से तक़रीबन एक साल बीत गया है। पृथ्वी सूरज की पूरी-पूरी तीन सौ साठ परिक्रमाएँ कर चुकी है। सरला और रामभज एक साथ गांधी के स्वागत के लिए अपने घर के द्वार पर खड़े हुए। सरला ने पिछले साल की सिल्क की साड़ी की जगह मोटी खद्दर की साड़ी पहनी है। रामभज के हाथ में सरला द्वारा चरखे पर काते हुए सूत की माला है। पहली बार सरला पति के जेल में होने से मुरझायी हुई थी, इस बार वह जैसे किसी आशंका में घिरी हुई सुस्त दिखती है। उसके चेहरे पर दमक नहीं है। रामभज भी अस्वस्थ-से दिखते हैं। सरला ने निराशा से देखा कि गांधी के साथ चलनेवाला हुजूम बढ़ गया है। उनसे मिलने आनेवालों की भीड़ बढ़ती जा रही है। अकेले में बात करने का सुयोग न रात देर में है न एकदम भोर में।

सरला को याद आता है पिछला अक्तूबर। गांधी का उससे उसकी जीवन की कहानी सुनना। गांधी के साथ उसका हर बहस-मुसाहिबे में भाग लेना। पहली बार के बाद गांधी कितनी बार इस घरं में आ चुके हैं। कैसे वह उनके लिए साबूदाने की खिचड़ी बनवाकर लायी थी। उनकी तबीयत की कैसे चिन्ता करती थी। उसे याद आता है, गांधी का उसकी हर बात पर राय माँगना। अपनी तबीयत को लेकर उसकी देखभाल की सबसे सराहना करना। उससे गाने की फ़रमाइश करना। उसे रोज़ चिट्ठी लिखने का वादा करना।

ऊपर से सब कुछ पहले जैसा है, पर कुछ भी पहले जैसा नहीं है। सरला का मन हर घड़ी जैसे थोड़ा और दरक जाता है।

लाहौर में 'असहयोग' के बारे में सभा हुई। गांधी से पहले 'ख़िलाफ़त' के नेता शौक़त अली के भाई मुहम्मद अली का भाषण था। मुहम्मद अली भूल से या कि जान-बूझकर अपने दिल की बात बोल गया-"भले ही अभी नहीं, पर भविष्य में हमें तलवार का सहारा लेना पड़ेगा।" इस बात पर लोग इतने उत्साहित हुए कि देर तक ताली बजाते रहे। गांधी का रंग उड़ गया। गांधी ने बोलने का मौक़ा आते ही लोगों की तालियों पर दुःख प्रकट किया और कहा कि हिंसा से मिली आज़ादी हमें हरगिज़ नहीं चाहिए। सरला की आँखें अनजाने ही उठीं और पति रामभज दत्त की आँखों से मिल गयीं। कितना साफ़ दिखता है कि पंजाब में लोगों के मन में आक्रोश भरा हुआ है। 'अहिंसा-अहिंसा' का जाप किसी को रास नहीं आता। लोगों की तालियाँ यही कह रही थीं। दोनों ने देख लिया कि दोनों यही सोच रहे थे। आगे गांधी ने जब कहा कि बिना इन्द्रियों पर विजय किये कोई स्त्री या पुरुष 'असहयोग' के योग्य नहीं बन सकेगा, तो रामभज और सरला की आँखें फिर मिलीं। गांधी अपने से मिलने आनेवाले विद्यार्थियों के जमघट को ब्रह्मचर्य पर ज़ोर देते रहते हैं। किसी समय यह भ्रम होता है कि वे राजनीति कर रहे हैं या कि तप-साधना। वायसरॉय ने 'असहयोग' का मज़ाक़ उड़ाते हुए इसे अद्भुत मूर्खतापूर्ण योजना और कल्पना-लोक की चीज़ बताया है। रामभज दत्त की आँखों में सरला को उसी उपहास की झलक दिख गयी।

अगले दिन लाहौर कॉलेज के भाषण में गांधी ने अपने मेज़बान का नाम लेकर जो कहा, उसे वहाँ पर उपस्थित श्रोताओं से सुनकर सरला सकते में आ गयी। ग़नीमत कि उस दिन रामभज दत्त और सरला गांधी के साथ नहीं गये थे क्योंकि रामभज की तबीयत ठीक नहीं थी। गांधी ने मंच से कहा, "दक्षिण अफ़्रीका में बोअर युद्ध के दौरान बोअर (डच) स्त्रियाँ अपने लड़कों से कहती थीं कि वे अंग्रेज़ी का एक भी शब्द न बोलें, लेकिन यहाँ तो स्त्री-पुरुष-उदाहरण के लिए पण्डित रामभजदत्त चौधरी और सरलादेवी-एक-दूसरे के साथ अंग्रेज़ी में पत्र-व्यवहार करते हैं। इसमें मुझे नामर्दी दिखायी देती है...हमारी स्त्रियों में ऐसी बहादुरी कब आयेगी?" सरला गांधी की इस बेबाक बेपरवाह आलोचना से अवाक् है। अंग्रेज़ी बोलने को नामर्दी कहना क्या सही है? रामभज जैसे देशभक्त के लिए यह विशेषण क्या उचित है? तब गांधी 'यंग इंडिया' नामक अंग्रेज़ी साप्ताहिक किसके लिए निकालते हैं?

पर सरला को मालूम है कि अभी इस बात को गांधी के सामने उठाने का सही समय नहीं है। गांधी और उसके बीच यूँ ही बहुत-सी बातें दीवार बनकर आ खड़ी हैं, पर कभी भविष्य में मौक़ा देखकर इस मुद्दे को उठाएगी ज़रूर वह!

गांधी दो दिन लाहौर रहकर लौट गये। 'असहयोग' पर बात करने इतने जत्थों में विद्यार्थी उनसे मिलने आते रहे कि कोई मौक़ा नहीं मिला कि आपसी उलझन को सुलझाया जा सके। गांधी के पास व्यक्तिगत बातों के लिए समय नहीं है, पर पहले कैसे वे उसके लिए समय निकाल लेते थे? गांधी के जाने के दो दिन तक सरला बहुत सोचती रही। स्मृति का जाल वर्तमान को साँस नहीं लेने देता। अचानक ज़िन्दगी में एक ऐसा मोड़ आ गया है कि उसे समझ में नहीं आता कि वह आगे जाये तो किधर जाये? गांधी को उसने आने के लिए लिखा और गांधी आ भी गये। पर ऐसा नहीं लगा कि उसके लिए आये हों। 'असहयोग आन्दोलन' के लिए लाहौर की जनता से बात करना ही जैसे उनका मक़सद रहा हो।

मन की उथल-पुथल एक घड़ी चैन से नहीं जीने देती। कभी कहा गया प्रेम से भरा कोई शब्द परेशान करता है तो कभी कोई दृश्य जो शायद दोहराया नहीं जा सकेगा। मन पर ऐसी हताशा छा जाती है कि साँस लेना भी व्यर्थ लगता है। काश कि कोई जादू उसे आता जो इन सारी स्मृतियों को धो-पोंछ देता। सरलादेवी चौधरानी इतनी कमज़ोर कैसे हो गयी?

सरला ने निश्चय किया कि फ़िलहाल वह सामने दिखते देशसेवा के काम में अपने को झोंक देगी। जिस रास्ते पर चलने का व्रत उसने बचपन से लिया था, वही रास्ता उसे उसकी मंज़िल तक पहुँचायेगा। 'असहयोग आन्दोलन' में उसका जो योगदान हो सकता है, वह जी-जान से उसे करेगी। उसने गांधी को अपने काम की सूचना देते लिखा-"यहाँ विद्यार्थी इधर-उधर सुबह से शाम दौड़ रहे हैं। सभाएँ कर रहे हैं। मुझसे मशविरा कर रहे हैं क्योंकि और कोई सलाहकार नहीं है...इस्लामिक कॉलेज को किचलू और अन्य लोग देख रहे हैं। खालसा कॉलेज को उनके नेताओं का सहारा है। बेसहारा हिन्दू विद्यार्थियों की हालत ख़राब है...पण्डित जी भी दो दिन से बिस्तर पर हैं...मैं घर पर ही हैंडलूम का काम शुरू करा रही हूँ। लोगों के अनुदान का इन्तज़ार न कर इसमें ख़ुद ही पैसे लगाऊँगी।"

देश का काम ही सबके लिए सर्वोपरि होना चाहिए, उसने शायद व्यक्तिगत भावनाओं को ज़रूरत से ज़्यादा तरजीह दे डाली थी, सरला ने सोचा। उसने आगे लिखा–"मैंने निश्चय किया है कि हमें कुछ दिनों तक आपस के संवेदनशील मुद्दों पर बात नहीं करनी है। कुछ विषयों पर अपने मतभेदों को स्वीकार कर चलना ठीक होगा। आप कहिए, ठीक है न? हम दोनों के कर्म, उद्देश्य और विचारों पर ईश्वर का प्रकाश हो..." सरला ने यह सब लिखकर बहुत चैन महसूस किया। देखा जायेगा कि गांधी उसकी बात का क्या जवाब लिखते हैं? गांधी भिवानी होते हुए अलीगढ़ जा रहे हैं। गांधी की रेल तो चलती ही जाती है, एक शहर से दूसरे शहर, जैसे कि देश में अंग्रेज़ों ने रेल की पटरियाँ उनके लिए ही बिछायी हों–अलीगढ़-अहमदाबाद-नाडियाद-भड़ौच-अंकलेश्वर-नासिक-पूना-सतारा-बेलगाँव-बम्बई-अहमदाबाद। अगले पन्द्रह दिनों में गांधी इतनी जगहों से गुज़रेंगे। सरला के पत्र जाने कहाँ उन्हें पकड़ पायेंगे, जाने कब किसी ठिकाने पर किसी मेज़ के दराज में पड़े रह जायेंगे क्योंकि गांधी आगे निकल चुके होंगे।

बेलगाँव से सरला को गांधी का पत्र मिला। सरला के दो पत्र उनके पास पहुँच गये थे। सरला ने शिकायत की थी कि गांधी के पत्र अब चार-छह लाइन में ख़त्म हो जाते हैं। गांधी ने लिखा है कि वे इस बात का जवाब मिलने पर देंगे। सरला के दिल में सुकून आता है। इसका मतलब कि गांधी से शायद जल्दी मिलना हो। बात-बात में सरला ने गांधी को दीपक के बारे में लिख दिया था कि साबरमती आश्रम में वह अक्सर भूखा रहता है। इस पर गांधी फिर एक कठोर 'जज' की तरह लिखते हैं–"दीपक के लिए तुम ग़लत सोच रही हो। उसके वज़न को प्रमाण मानो। दीपक को कैसे भूख लग सकती है जब दूसरों को नहीं लगती? हर तीन घण्टे में कुछ खाने की इच्छा करना बुरी आदत है। यह हिन्दुस्तानी चलन नहीं है।" सरला का दिल बुझ जाता है। सबके विरुद्ध जाकर दीपक को साबरमती भेजा। अगर वह दुबला होकर लौटा, तो पति और सास के तानों की बौछार सहनी होगी। गांधी को यह बात कैसे समझ आये?

पन्द्रह दिन बाद सरला लाहौर से झाँसी के लिए निकल पड़ी। गांधी झाँसी में हैं। आधा नवम्बर बीत चुका है। हवा में जाड़े की आहट शुरू हो चुकी है। दोपहर में लाहौर से 'फ़्लाइंग मेल' पकड़कर सरला रात को नौ बजे दिल्ली पहुँचेगी। यह सबसे तेज़ चलनेवाली रेल है जो चार सौ किलोमीटर दूर दिल्ली नौ घण्टे में पहुँचा देती है। एक रात दिल्ली में रुकना होगा।

दिल्ली से झाँसी का रास्ता लगभग उतना ही लम्बा है यानी फिर दस घण्टे की रेलयात्रा करनी है। पर गांधी से मिलना और बात करना उतना ही ज़रूरी है जितना साँस लेना। रेल की खिड़की से अष्टमी का चाँद देखते हुए सरला का मन आशा-निराशा में डूबता-उबरता रहा। वह जितनी कोशिश करती है कि गांधी और उसके बीच फिर वही अपनापन लौट आये, बातें बिगड़ती जाती हैं। सरला को ऐसा लगता है जैसे उसकी कोई बेशकीमती चीज़ खो गयी हो। पिछले पत्रों की बातें दिन-रात सरला के मन में दौड़ती रहती हैं। कभी उसे लगता है कि कोई बात उसे नहीं कहनी चाहिए थी, तो कभी लगता है कि उसने वही कहा जो सही था। आश्रम में लोगों ने उससे ईर्ष्या करके और उसकी शिकायत करके गांधी का मन बदल दिया। राजगोपालाचारी, मगनलाल गांधी, मथुरादास त्रिकमजी-सभी तो चाहते थे कि गांधी उससे दूर हो जायें।

झाँसी में उसे देखकर गांधी की प्रसन्नता से सरला को बड़ी राहत मिली। गांधी उससे ऐसे मिले जैसे पिछली कोई बातें हुई ही न हों। वाक़ई गांधी का मन एक निर्मल झरने की तरह है। उसमें व्यक्तिगत सुख की कोई जगह नहीं है। यहाँ व्यक्ति का अहम् देश के लिए तिरोहित हो गया है। आख़िर गांधी उसे अपने जैसा ही तो बनाना चाहते हैं। वे हिन्दी सीखने को कहते हैं क्योंकि हिन्दी अगर देश को जोड़नेवाली भाषा नहीं होगी तो अंग्रेज़ी उसकी जगह पर बैठ जायेगी। अपने बेटे देवदास तक को उन्होंने 'दक्षिण भारत हिन्दी प्रचार सभा' में हिन्दी का प्रचार करने के लिए भेज दिया है। रामभज दत्त चौधरी और सरला अपने को देशसेवक मानते हुए भी आपस में अंग्रेज़ी में पत्र लिखते हैं, भला गांधी इसके लिए क्यों न उनकी आलोचना करें? गांधी ने उसे आध्यात्मिक पत्नी का दर्जा दिया था। वही उनकी कसौटियों पर खरी नहीं उतरी। क्या गांधी ने कस्तूरबा की सार्वजनिक रूप से कम आलोचना की है? जो अपना होता है, उसके कमतर साबित होने पर ज़्यादा बुरा लगता है।

पूरे झाँसी शहर को, और ख़ासकर हार्डीगंज़ में जहाँ गांधी का भाषण था, बहुत अच्छी तरह से सजाया गया था। खूब रोशनी की गयी थी। गांधी ने अपने भाषण की शुरुआत इस सजावट और रोशनी की निन्दा से की। आयोजकों के चेहरे उतर गये। गांधी ने कहा कि जब तक 'ख़िलाफ़त' का सवाल हल नहीं होता, पंजाब के अत्याचारों पर इन्साफ़ नहीं किया जाता और स्वराज्य नहीं मिल जाता, किसी को ख़ुशियाँ नहीं मनानी चाहिए।

शौक़त अली अपने हरे लबादे और आधे चाँद की कढ़ाई की हुई टोपी के साथ मंच पर गांधी के साथ थे। सरला को उनकी मौजूदगी से परेशानी होती है।

वह चाहते हुए भी इस बात को छिपा नहीं पाती, जबकि वह जानती है कि गांधी इसे देख लेंगे। हिन्दू-मुस्लिम एकता के इस प्रतीक पर सरला को रत्ती भर भरोसा नहीं है। मंच पर हिंसारहित 'असहयोग' की गांधी की गुज़ारिश चल रही थी। शौक़त अली को सिर हिला-हिलाकर हामी भरते देख सरला के चेहरे पर व्यंग्य की झाई उभर आयी। वह देख असहज हुई कि गांधी ने भाषण देते-देते भी ऐन वक़्त पर यह देख लिया। गांधी झाँसी से दिल्ली होते हुए बनारस जायेंगे। पर सरला बहुत मन होने के बावजूद उनके साथ नहीं जा सकती क्योंकि रामभज दत्त की तबीयत ठीक नहीं है। उसे लाहौर लौटना होगा।

गांधी का दिल्ली से एक छोटा-सा पत्र आया था। बनारस होते हुए अब वे इलाहाबाद पहुँचकर वहाँ से पत्र लिख रहे हैं। सरला पढ़कर परेशान होती है। क्या अब उनके बीच दीपक को लेकर मतभेद खड़ा हो जायेगा? दीपक अभी अंग्रेज़ी नहीं पढ़ना चाहता और इस बात से गांधी की 'नज़रों में वह बहुत चढ़ गया है।' गांधी कहते हैं कि वह कभी बाद में अंग्रेज़ी पढ़ लेगा। इसमें उसका कोई नुक़सान नहीं होगा। वे चाहते हैं कि सरला इसके लिए ख़ुशी से स्वीकृति दे। पत्र के अन्त में गांधी यह भी जोड़ना नहीं भूलते कि एक बार शिक्षक चुन लिया तो बच्चे की शिक्षा उसी पर छोड़ देनी चाहिए। सरला का दिमाग़ चकरा रहा है। दीपक के भोजन की परेशानी को लेकर पहले ही गांधी सरला से असहमत थे। उन्हें कैसे समझाये कोई कि अगर वह अंग्रेज़ी नहीं पढ़ता, तो वकालत पढ़ने विलायत जाने का उसका रास्ता बन्द हो जाता है। रामभज दत्त को अपने बेटे के अंग्रेज़ी न पढ़ने पर घोर आपत्ति होगी। नहीं-नहीं, उसे गांधी को रामभज का हवाला देकर ऐसा करने से रोकना होगा।

●●●

दिसम्बर का महीना भी आ पहुँचा है। सरला का चित्त बढ़ती हुई ठण्ड के साथ-साथ ज़्यादा बेचैन होता जाता है। गांधी अब पटना-आरा-छपरा का दौरा कर रहे हैं। हर जगह कमज़ोरी के कारण बैठकर भाषण देते हैं। गांधी का पत्र छोटा हो, तो सरला का मन ख़राब होता है। अगर वे नहीं लिखते, तो मन और ख़राब होता है। 4 दिसम्बर के पत्र में गांधी दिलासा देते कहते हैं– "...ऐसा नहीं हो सकता कि मैं जान-बूझकर तुम्हें पत्र न लिखूँ।" गांधी ने पिछले पत्र में लिखा था कि बिना परेशान हुए और मन को मैला किये संसार में बुराई को झेलना ही असली पुरुषार्थ है। सरला को समझ नहीं आती ये बातें!

कोई आपसे बुरा व्यवहार करे और आप न परेशान हों, न मन उसके प्रति मैला करें! लाहौर में परिवार का ढाँचा बिगड़ता चला जा रहा है। हर आदमी अपने स्वार्थ में डूबा है, चाहे सास हों या पति या दोनों सौतेले बेटे। सरला ने गांधी को उनकी सलाह के जवाब में लिखा था, कि आपके लिए मन को मैला किये बग़ैर बुराई को झेलना सम्भव है क्योंकि आप महात्मा हैं, पर मैं तो अधम हूँ। गांधी ने इस पर लिखा है–"मुझ पर महात्मा होने का आरोप मत लगाओ और न अपने को अधम कहकर अपनी महिमा बढ़ाओ। प्रेमियों और मित्रों के बीच न कोई अधम होता है और न महात्मा। हम सब समान हैं।"

हम सब समान हैं?–सरला व्यंग्य से हँस उठती है। कहने की बात एक है, करने की दूसरी। लगातार गांधी उसे उपदेश देते रहे हैं–यह करो, वह मत करो। पुरुष कभी स्त्री को समान नहीं मान सकता, चाहे वह गांधी ही क्यों न हो। भले ही गांधी ने स्त्रियों को जेल जाने की सलाह देकर उन्हें सार्वजनिक जीवन में उतारा, पर अन्ततः तो गांधी औरत की जगह घर में रहकर चरखा चलाने और बच्चे पालने में ही देख पाते हैं। उनके अनुसार, घर का काम खुद किये बिना सरला 'पूर्ण स्त्री' नहीं बन सकती। गांधी औरत को उन्हीं पुराने ढाँचों में बन्द कर रखना चाहते हैं। हाँ, औरतों की भावुकता और सहनशीलता उनके आन्दोलन में काम की है। डाकोर से उन्होंने स्त्रियों की सभाओं में आन्दोलन के लिए धन माँगना शुरू किया था। एक मज़दूरिन ने उन्हें कान की बाली निकालकर दी थी। इसके बाद तो अहमदाबाद और पूना में चूड़ियों, अँगूठियों और गले की चेन की बरसात हुई। इन फ़ाज़िल, बेकार पड़े गहनों से सरकारी स्कूलों का बहिष्कार करनेवाले बच्चों की शिक्षा की व्यवस्था हो सकती है, गांधी कहते हैं। पर सरला के मन में यह सवाल उठता है, क्या इस त्याग के बदले स्त्रियों को राजनीति में वह समानता मिल जायेगी जिसकी वे हक़दार हैं?

गांधी लिखते हैं–हम सब समान हैं, पर शायद खुद ही इस घोषणा पर सरला के मन में उठनेवाले सवालों का अनुमान लगा लेते हैं। इसीलिए वे अपने पत्र में आगे कहते हैं–बराबरी के स्त्री-पुरुषों में कोई एक ज़्यादा बुद्धिमान होता है, "तुम मुझे इस भ्रम में रहने दो कि मैं तुमसे अधिक बुद्धिमान हूँ और इसलिए तुम्हें सिखाने-समझाने के लिए योग्य हूँ...अगर मैं तुम्हें अपने से श्रेष्ठ बना सकूँ तो मैं अपने को सच्चा गुरु मानूँगा। यही वह विश्वास है जिसने मुझे तुमसे जोड़ रखा है।" सरला इसका क्या जवाब दे? गांधी जाने कैसे नहीं

देख पाते कि उनका यह गुरुनुमा व्यवहार ही है जो सरला को खलता है। यही तो उसका आशय था जब वह उन्हें महात्मा और अपने को अधम बता रही थी।

गांधी उसी पुराने सुर में आगे लिखते हैं–"ईश्वर तुम्हारे मन में विनय और पश्चात्ताप की भावना उत्पन्न करे!" उफ्फ! क्या एक मित्र या प्रेमी दूसरे को पश्चात्ताप करने को कहता है? अगर कोई मतभेद हो भी, तो उसे सुलझाने की बात की जाती है, पश्चात्ताप की नहीं। और आख़िर सरला किस बात का पश्चात्ताप करे? पूरे पंजाब की अली–गली में उसने स्वदेशी और चरख़े की अलख जगायी है। रात–दिन बिना थके काम के जुनून में उसने अपना स्वास्थ्य ही नहीं खोया है, पुराने रिश्तों को भी खोया है। इसके बदले उसे सराहना देने के बजाय पश्चात्ताप करने को कहा जा रहा है? सरला में आक्रोश उफनता है।

सरला की अपनी स्वतन्त्र चेतना है, इस बात को न समझने के कारण गांधी उसके स्वभाव को 'जटिल' बताते हैं। गांधी जटिल का अर्थ कहाँ जानते हैं? जटिलता तो कला का गुण है। सरला की कलाओं पर वे रीझ रहे थे, पर उन्हें एक कलाकार मन की कोई समझ नहीं है। बनिया आख़िर बनिया ही रहता है। कोई फ़ायदा नहीं। सरला को स्मृतियों में बिखरे अपने मन को समेटना होगा। अपने 'आपे' को, अपनी अस्मिता को गिराकर इन्सान मरे हुए के समान है। वह अपने सोच को गांधी के सामने व्यक्त करने से नहीं रुकेगी। परिणाम चाहे जो हो, वह लिखेगी गांधी को अपने मन की ये बातें!

गांधी का जवाब आता है और जैसा सरला ने सोचा था, वैसा ही आता है–"तुम्हारे पत्र से पता चलता है कि तुम मेरी बात, मेरे विचार समझती ही नहीं हो। मैंने तुम्हारे जटिल स्वभाव पर किसी तरह की झल्लाहट नहीं दिखायी है। हाँ, उसके सम्बन्ध में कुछ कहा अवश्य है...जिस जटिलता को किसी तरह स्पष्ट न किया जा सके, समझाया न जा सके, उसे मैं कला नहीं मान सकता...लेकिन तुम तो, जब कोई मित्र प्रेमपूर्वक तुम्हें तुम्हारी ख़ामियाँ दिखाता है तब भी, उन पर अड़ी रहती हो। मुझे इससे चिढ़ नहीं होती, लेकिन मैं जो तुम्हारी सहायता करना चाहता हूँ, वह काम तो मुश्किल हो ही जाता है। कोई अस्थिरचित्त हो, चिड़चिड़ा और झक्की हो तो इसमें कौन सी कला है?...लेकिन मैं तुमसे झगड़ना नहीं चाहता। तुम एक पहेली हो, जिसे मुझे सुलझाना है। मैं धीरज नहीं छोड़ूँगा। बस, इतना ही ख़याल रखो कि जो बातें मुझे स्पष्टतः तुम्हारी कमज़ोरियाँ जैसी लगती हैं, अगर उनकी ओर ध्यान दिलाऊँ तो तुम नाराज़ न हो। कमज़ोरियाँ तो हममें होंगी ही।

जब दोस्ती मित्रों को सही मार्ग की ओर ले जाये, तभी वह दिव्य वस्तु बन पाती है। आओ, हम दोनों एक-दूसरे को ऊपर उठाने की कोशिश करें।"

सरला का खून उबाल खा रहा है। ऊपर उठाने की कोशिश ऐसे की जाती है? अब गांधी उसे जटिल ही नहीं, अस्थिरचित्त, चिड़चिड़ी और झक्की बता रहे हैं। क्या सरला मान ले कि उसमें ये सारे दुर्गुण हैं? फिर तो यह अपने को ख़त्म करने जैसा होगा। अब उसे कोई सन्देह नहीं है कि गांधी के लिए उसका प्रेम एक बोझ बन गया है। गांधी कितना भी कहें कि सरला की अच्छाई में उनका अटूट विश्वास है और उनका प्रेम इसी विश्वास पर टिका है, पर सरला के लिए इतनी उपाधियों के बाद ये शब्द खोखले हैं। गांधी सरला की अच्छाई पर विश्वास की बात बस भुलाने के लिए लिख देते हैं क्योंकि वे जानते हैं कि सरला को उनकी बातों से तकलीफ़ होगी–लिख देते हैं कि वे कोशिश कर रहे हैं कि सरला को अच्छी तरह समझ लें ताकि आगे उनकी बातों से सरला को फिर कष्ट न हो।

कितनी भी कोशिश करें गांधी, पर वे उसे तकलीफ़ ही दे सकते हैं। हैरत तो इस बात की है कि अहिंसा की माला जपनेवाला व्यक्ति ऐसा कैसे कर सकता है? क्या बुर्जोरजी पादशाह सही कहते हैं कि जब अहिंसा को खुद ही एक धमकी की तरह इस्तेमाल किया जा रहा हो, तो अहिंसा को आध्यात्मिक या दिव्य नहीं कहा जा सकता। गांधी का 'असहयोग आन्दोलन' क्या अंग्रेज़ों के ख़िलाफ़ हिंसा नहीं है? रवीन्द्रनाथ टैगोर ठीक कह रहे हैं कि देश की भावनाओं को बहिष्कार की नकारात्मकता के बजाय सृजनात्मक दिशा में बहना चाहिए। वे यहाँ तक कह रहे हैं कि वे गांधी के चरणों में बैठकर उनकी सब बातें मान लेंगे, यदि गांधी देशवासियों को प्रेम के लिए सहयोग करने को कहें, पर क्रोध की आग जलाकर उसे घर-घर फैलाने के लिए वे अपनी ऊर्जा को नष्ट नहीं करनेवाले हैं।

सरला को गांधी के भ्रम को दूर करना ही होगा। 'असहयोग आन्दोलन' का आधार अंग्रेज़ों से नफ़रत है। सरला ने गांधी से प्रेम किया है। उसका प्रेम गांधी के उस स्वरूप को देखना चाहता है जहाँ उनके अन्दर कोई नफ़रत न हो। 'असहयोग' जैसा कार्यक्रम गांधी की फ़ितरत के ख़िलाफ़ है। उनकी खुद की सीख के ख़िलाफ़ है। उनके पिछले जीवन-दर्शन से इसका मेल नहीं है। इसका लक्ष्य अपने को कष्ट देकर आत्मशुद्धि करना नहीं है। इसका उद्देश्य तो सामने वाले को इतना कष्ट देना है कि वह हमारी बात मानने पर मजबूर हो जाये। यह कार्यक्रम कोई और चलाये, तो ठीक हो। गांधी के व्यक्तित्व से इसका कोई मेल नहीं है।

इस रास्ते पर चलने के कारण गांधी भटक गये हैं। उनके सरल हृदय में सबके प्रति प्रेम-भाव की जगह क्रोध और असहिष्णुता ने ले ली है। शौक़त अली जैसे हिंसा में विश्वास रखनेवाले मौक़ापरस्त लोगों ने उनका मन इस क़दर बदल दिया है कि वे हिंसा और अहिंसा में फ़र्क़ नहीं कर पा रहे। सरला गांधी को यह सच लिखेगी। यह सच गांधी को वही बता सकती है। सरला को यह पत्र लिखने में पूरी रात निकल गयी। सच का मुख न जाने कितनी परतों के पीछे छिपा है... 'हिरण्यमयेन पात्रेण सत्यस्यापिहितं मुखम्।', पत्र बन्द करते उसने कर्तव्य पूरा करने के सुख से सोचा।

●●●

गांधी का अन्तिम पत्र आया है। अन्तिम इस अर्थ में कि अब आगे निजी बातों, भावनाओं, शिकायतों के लिए पत्रों में कोई जगह नहीं बचेगी। यह बारहमासी प्रेम अब अपनी मियाद पूरी होने से सिर्फ़ स्मृति में रह जायेगा जो कभी मन को आकाशगंगा तक उड़ा ले जायेगा, तो कभी सबसे गहरे समुद्र के सबसे नीचे तल पर ला पटकेगा। जीवन के इस खेल में कोई हार नहीं होती क्योंकि जीवन आगे चलता जायेगा। अफ़सोस हो सकते हैं, पर जीवन जीने की ज़िद उनको बहा ले जायेगी। करने को सरला के पास बहुत काम होंगे क्योंकि न देश स्वतन्त्र हुआ है न इस देश की औरतें।

गांधी ने लिखा है कि वे इस बात से सरला से ज़्यादा प्रेम कर रहे हैं कि उनमें घृणा देखकर सरला का प्रेम कम हो रहा है। "भला यह भी कोई बात है? सरला गांधी के 'असहयोग आन्दोलन' में घृणा देखकर दुखी हो रही है और इस बात से गांधी का उसके प्रति प्रेम बढ़ रहा है?" आगे गांधी का तर्क है कि घृणा तो कायर करते हैं जबकि 'असहयोग' का अर्थ है आत्मशुद्धि! वे लिखते हैं कि 'असहयोग' पर सरला का दुःख ठीक होता अगर यह एक राजनीतिक मामला होता, पर गांधी के लिए यह महज़ राजनीति नहीं, धर्म है। सरला का दिल नीचे, और नीचे डूब रहा है। वह कहना चाहती है—आप धर्म की पदवी देकर, आत्मशुद्धि की बात करके बच निकलना चाहते हैं... गांधी की आगे की पंक्तियाँ छुरी की तरह धार रखती हैं; वे लिखते हैं कि ग़नीमत है कि सरला का प्रेम गांधी के नेकदिल होने के विश्वास पर टिका है वरना तो सरला ने अपने पत्र में गांधी के लिए किये हुए जिन त्यागों की बात की थी, गांधी उनके योग्य नहीं ठहरते।

यह पत्र एक वकील की जिरह है और कुछ नहीं। कैसे उसकी एक-एक बात को गांधी ख़ारिज कर रहे हैं। गांधी 'असहयोग' को धर्म बता रहे हैं, या धर्म का नाम देकर ऊपर उठा रहे हैं ताकि उसमें निहित घृणा को ढक दें। गांधी यह लिख रहे हैं कि उनकी नेकदिली में भरोसा कर सरला ने त्याग किये हैं, पर अगर सरला को उसी पर शक है, तो वे त्याग बिलकुल व्यर्थ साबित हो गये। यानी समस्या न 'असहयोग' में है न गांधी में, सिर्फ़ सरला में है जो धर्म को घृणा समझ रही है और उनकी नेकदिली पर सन्देह कर रही है। सरला ने गहरी साँस लेकर आगे पढ़ा–

"...मैंने 'आध्यात्मिक पत्नी' का अर्थ समझ लिया है। एक स्त्री और पुरुष के बीच यह ऐसी साझेदारी है जिसमें शरीर नहीं होता...मेरा तुम्हारे प्रति आकर्षण हुआ क्योंकि मैंने हममें समान आदर्श और आकांक्षाएँ देखीं और तुममें पूर्ण आत्मसमर्पण पाया। तुम 'पत्नी' हो, क्योंकि तुमने उस आदर्श का खुद की बनिस्बत मुझमें अधिक विकास देखा...यह दो मनस्वी आत्माओं का मिलन है...सार यह कि आध्यात्मिक पति-पत्नी कभी शरीर से विवाहित नहीं हो सकते, न इस जीवन में न इसके परे, क्योंकि यह तभी सम्भव है जब किसी भी तरह की प्रकट या अप्रकट वासना न हो। क्या तुम मेरी वैसी आध्यात्मिक पत्नी हो?"

सरला की जैसे साँस रुक गयी। क्या कभी शरीर उनके सम्बन्ध के बीच था? क्या कभी गांधी ने सोचा था कि ऐसा कुछ उनके बीच सम्भव है? गांधी सहज भाव से स्त्रियों को स्पर्श करते आये हैं। कभी किसी की पीठ पर हाथ रखा, कभी किसी का चलते समय हाथ पकड़ा। हमेशा यह समझा जाता है कि गांधी के मन में वासना का लेश भी नहीं है। एक ब्रह्मचारी के लिए स्त्री और पुरुष में क्या भेद है? गांधी हमेशा स्त्रियों को बहन कहकर सम्बोधित करते हैं। स्त्रियाँ उनकी सभाओं में उनके 'दर्शन' करने आती हैं। सरला को भी शुरू में वे 'मेरी प्यारी बहन' कहकर पत्र लिखते रहे हैं। एक पत्र में उन्होंने रामभज दत्त के सामने उसे गले लगाने और चुम्बन देने की बात की थी, हालाँकि उन्होंने यह भी लिखा था कि ऐसा सार्वजनिक तमाशा करने का उनका कोई इरादा नहीं है। यह सच है कि गांधी सरला के विरह में बहुत तड़पे हैं। यह उनका पहला व्यक्तिगत प्रेम का अनुभव है, यह भी उन्होंने स्वीकार किया है। सरला ने भी विरह का ऐसा ही अनुभव किया है। पति के साथ उसके सम्बन्ध में कितनी दरारें इस वजह से आयीं, वह किसे बता सकती है। गांधी के लिए उसने अपनी समूची ज़िन्दगी को दाँव पर लगा दिया।

आज गांधी पूछ रहे हैं कि क्या वह उनकी आध्यात्मिक पत्नी बनने लायक़ है! सरला को लग रहा है, इसका कलेजा फट जायेगा। बहुत मुश्किल से उसने आगे पढ़ा–

"क्या हममें वैसी उत्कृष्ट शुद्धता है, वैसा पूर्ण एकत्व, वैसी आदर्शों की समानता, वैसी आत्मविस्मृति, वैसी उद्देश्य के प्रति निष्ठा, वैसा विश्वास है?" सरला के दिल में गांधी का एक-एक शब्द हज़ार छेद कर रहा है। इस बात से कोई फ़र्क़ नहीं पड़ता कि गांधी स्वीकार करते हैं कि खुद उनके लिए भी ऐसा होना सिर्फ़ एक आकांक्षा ही है। यह तो सिर्फ़ एक वकील की होशियारी है कि वह दूसरे की कमियाँ गिनाकर कहे कि उसमें खुद में भी वही कमियाँ हैं।

गांधी आगे लिखते हैं कि उनका सरला से शारीरिक लगाव इस अर्थ में है कि सरला की दुर्बलताओं का उनके मन पर बहुत प्रभाव पड़ता है। यदि वे आध्यात्मिक पति होते, तो दोनों एकात्म होते, पर उनके बीच में तो प्रायः तीव्र मतभेद हो जाते हैं। गांधी के अनुसार उनका रिश्ता भाई-बहन जैसा है। वे क़ानून बनाते हैं और सरला को इससे चिढ़ होती है। शायद उन्हें सरला के पिता, पति, मित्र और गुरु का काम इकट्ठे स्वयं नहीं करना चाहिए। एक भाई अपनी बड़ी बहन को समझाने के लिए जैसे नरमी से पेश आता है, वैसे ही उन्हें सही शब्दों को चुनना होगा।

अन्ततः गांधी मनुवादी ही निकले। पत्नी वह है–जिसकी तुलना में पति अधिक विकसित हो। पत्नी वह नहीं हो सकती, जिसमें पूर्ण समर्पण न हो। जिससे मतभेद हों, जो सवाल पूछे, जो एकात्म न हो, वह आध्यात्मिक पत्नी नहीं हो सकती। तब कहाँ है स्त्री की पुरुष से बराबरी? गांधी के लिए स्त्री की आदर्श भूमिका वही है, जो शंकर के लिए उमा, राम के लिए सीता की है। गांधी ब्रह्मवादिनी गार्गी की बात नहीं करते, जिसने ऋषि याज्ञवल्क्य को बहस में चुनौती दी थी। जैसे उस ऋषि ने अन्त में कह दिया था–'गार्गी, और प्रश्न मत पूछो वरना तुम्हारा मानसिक सन्तुलन खो जायेगा।' गांधी भी यही कह रहे हैं–सरला, और प्रश्न मत करो। सन्देह मत करो। मैं जो कह रहा हूँ, मान लो। 'असहयोग आन्दोलन' अंग्रेज़ों के प्रति घृणा, जो डर से पैदा होती है, को कम करने के लिए है, उसके पीछे अंग्रेज़ों के प्रति घृणा नहीं है। तुम ग़लत हो। तुम्हारा सोच ग़लत है। तुमसे मेरा पूर्ण एकत्व नहीं है। मुझसे बहुत सारे मतभेद हैं, इसलिए तुम मेरी आध्यात्मिक पत्नी बनने के लायक़ नहीं हो।

और शरीर? सरला के प्रति शरीर की वासना गांधी में रही है, क्या गांधी एक तरह से यह मान रहे हैं कि सरला उनके लिए बहुत-सी परेशानियाँ पैदा कर रही होगी। इसीलिए वे उससे छुटकारा पाना चाहते हैं? तो क्या राजगोपालाचारी ने सही लिखा था? कि गांधी की दमित वासना उनमें प्रेम का भ्रम पैदा कर रही है? एक-दूसरे में समान आदर्श और आकांक्षाओं से उपजा यह प्रेम सिर्फ़ एक भ्रम था उनके लिए? पर सरला को इस प्रेम की बड़ी क़ीमत चुकानी पड़ी है। वाक़ई उसने अपने जीवन का अर्जित सब कुछ एक पलड़े पर रख दिया और दूसरे पलड़े पर गांधी को। और गांधी को चुनने की भारी भूल कर डाली।

सरला ने खट् की आवाज़ से चौंककर सिर उठाया। गांधी का पत्र हाथ में लेकर वह न जाने कब से अपनी कुर्सी पर जड़ हुई बैठी है। क्या चौधरी जी उसे खोजते आये हैं? सरला ने बिजली की फुर्ती से पत्र को दराज में डाल उसे बन्द कर दिया। तभी उसने देखा, ठाकुरमणि दरवाज़े पर खड़ी है। सरला ने उसे प्रश्न करती निगाहों से देखा। ठाकुरमणि अन्दर आयी। उसने एक छोटा लिखने का खाता सरला की ओर बढ़ा दिया। सरला ने देखा, लाल स्याही से बड़े-बड़े अक्षरों में लिखा था-'आहिताग्निका'। लाल अक्षर जैसे ख़ून की तरह बहकर नीचे तक आ रहे थे। सरला ने पन्ना पलटा। हर पन्ने पर उसकी कविता के टुकड़े वैसे ही लाल बहते हुए अक्षरों में लिखे थे-

क्षुब्ध, क्रुद्ध, क्रूर, हिंसक प्राणी
जो चारों ओर छिपे हुए हैं
और सैकड़ों हैं कण्टक
सह पाओगी तुम सब?
तुम क्रान्ति की वाहिनी
आहिताग्निका।

सरला हँस पड़ी। उसने खड़े होकर ठाकुरमणि को अपने गले से लगा लिया।

उपसंहार

सरलादेवी–अविराम यात्रा

एकला चोलो रे

गांधी से व्यक्तिगत सम्बन्ध में दरार आने के बाद देश की स्वाधीनता के यज्ञ में 'आहिताग्निका' होने का सरलादेवी का संकल्प ज़रा भी मद्धिम नहीं हुआ था।

जून 1921 में 'लाहौर कांग्रेस कमिटी' के तहत सरला की प्रेरणा से दो हज़ार स्त्रियों ने भाग लिया। अगस्त में पाँच हज़ार लोगों की जनसभा में सरलादेवी के नेतृत्व में पंजाब के झांग प्रान्त में विदेशी वस्त्रों की होली जलायी गयी। इसी महीने फ़िरोज़पुर, लायलपुर, शाहपुर, मकोलवाल, मुलतान में इसी तरह की विराट् जनसभाएँ हुईं। सरलादेवी की ओजस्वी वाणी से रोमांचित होकर अनेक स्त्रियों ने अपने महँगे विदेशी ऊनी और सिल्क के कपड़े ख़ाक कर दिये। सरलादेवी ने महात्मा जी के आदर्श की बात करते हुए आत्मनिर्भरता की जंग में चरख़े को देशवासियों की 'मशीनगन' बताया। अक्तूबर में सरला के आह्वान पर दोरन्दा में दस हज़ार रुपयों का संग्रह हुआ जिसे खद्दर के लिए दान में दिया गया। पंजाब के घर-घर में जाकर सरलादेवी ने बॉयकॉट, स्वदेशी और असहयोग के आदर्श का प्रचार किया। जगह-जगह स्वदेशी की दुकानें खोली गयीं। 1921 के इलाहाबाद के कांग्रेस अधिवेशन में सरलादेवी सब-कमेटी की सदस्या के रूप में निर्वाचित हुईं।

भारत-एशिया विशेषज्ञ गरट्रूड इमर्सन ने इन्हीं दिनों चरख़ा लेकर शान्तिनिकेतन से कलकत्ता की रेलयात्रा करती सरलादेवी से मुलाक़ात का दिलचस्प वर्णन अपनी पुस्तक में किया है। काले रंग की मोटी खादी की साड़ी पहने काले-सफ़ेद बालोंवाली सरलादेवी ने डिब्बे में सिल्क पहनी हुई दो मुस्लिम औरतों को खादी अपनाने पर जोशीला भाषण दे डाला।

सरलादेवी के शरीर पर कोई गहना नहीं था और आँखों में आग थी, पर सहमी हुई मुस्लिम औरतें पर्दे में ढकी थीं। उनमें से एक ने धीमे-से कहा कि मोटी खादी में गर्मी तो बहुत लगती होगी, सरलादेवी ने तुरन्त उन्हें डाँटते हुए कहा, "अभी समय अपने आराम की सोचने का नहीं है, स्वदेश और स्वदेशी के लिए त्याग का समय है।" गांधी से दूरी ने गांधी के सन्देश का प्रचार करने में कोई ढिलाई नहीं पैदा की थी।

सरलादेवी के विश्वप्रसिद्ध मामा रवीन्द्रनाथ अपनी भांजी के इस प्रचारक रूप से खिन्न हुए थे, तो इसमें क्या आश्चर्य! उन्होंने अपने मित्र से कहा था कि सरला शान्तिनिकेतन में प्रकृति-कला-नृत्य जैसे विषयों में रमी युवतियों को फटकार लगाकर गयी थी कि अभी समय नाच-गान-राग-रंग में उड़ने का नहीं है। अभी देश के लिए अपनी आहुति देने का समय है। रवीन्द्रनाथ जीवन को नीरस बनानेवाली मुँहफट क्रान्तिकारिता के निश्चय ही पक्ष में नहीं थे।

सरलादेवी का स्वदेशी में विश्वास नहीं डिगा, पर अहिंसा पर उनका पुराना अविश्वास भी क़ायम रहा। चौरी चौरा में हुई फरवरी 1922 की हिंसा के बाद गांधी ने 'असहयोग आन्दोलन' को स्थगित कर दिया। अनेक नेताओं की तरह सरलादेवी गांधी के इस क़दम के विरोध में थीं। 'भारती' पत्रिका में सरलादेवी ने कई लेखों में 'असहयोग' और अहिंसा पर अपने विचार व्यक्त किये-"...अहिंसा के मन्त्र के छल के भीतर हज़ारों नक़ली महात्माओं से देश भर जायेगा। इन अहिंसावादियों के अन्दर सात ढक्कनों में बन्द हिंसा जब-तब बाहर निकल आयेगी और साथ ही जातीय चरित्र को निस्तेज, आलसी और स्फूर्तिहीन बना देगी।"

गांधी पर अंग्रेज़ी सरकार ने मुक़दमा चलाया, तो अदालत में सरलादेवी भी मौजूद थीं। वे गांधी को अपना अपराध स्वीकार कर, छह साल के लिए येरवदा जेल भेजे जाने की सज़ा की साक्षी बनीं। इसके लिए वे लाहौर से साबरमती की दूरी तय करके आयी थीं।

गांधी यानी क़ैदी नम्बर 827 को येरवदा जेल में सरलादेवी ने अपनी एक पांडुलिपि भेजी थी, पर वह गांधी को कभी पढ़ने के लिए नहीं दी गयी। सरलादेवी के पत्र से जब गांधी को मालूम हुआ तो उन्होंने जेल सुपरिंटेंडेंट को पत्र लिखकर उसे सरलादेवी को लौटाने का अनुरोध किया। यह पाण्डुलिपि कविताओं की थी या लेखों की या उपन्यास, कोई नहीं जानता।

सवा साल पहले गांधी के लिखे अन्तिम पत्र के बाद सरलादेवी काफ़ी मानसिक पीड़ा से गुज़री थीं। यही वजह थी या पति रामभज दत्त से गांधी के कारण सम्बन्धों में आ गयी दूरी–कि सरलादेवी 1922 में वानप्रस्थ लेकर हिमालय में चली गयीं। पति के अस्वस्थ होने की ख़बर पाकर वे उनके पास मसूरी लौटीं, जहाँ गले में कार्बकल का ऑपरेशन होने के बाद रामभज दत्त चौधरी का 1923 में स्वर्गवास हो गया। दो साल बाद सरलादेवी लाहौर से अपनी जन्मभूमि कलकत्ता लौट आयीं।

अवज्ञा और उपहास!
दोनों को नमस्कार!
मिला तिरस्कार
मिला सन्देह
यह कृपा ही थी
मेरी भक्ति थी सच्ची
जलती रही लौ निष्कम्प–

इस दौर की सरला की कविताओं में विरह और अध्यात्म, दोनों घुलकर निथर रहे थे।

गांधी से सरलादेवी का राजनैतिक विषयों पर पत्रों के माध्यम से शायद एकतरफ़ा विचार-विनिमय होता रहा। गांधी ने राजगोपालाचारी को एक साल बाद लिखे एक पत्र में लिखा–"आपका अनुमान सही है। वह मित्र सरलादेवी ही है। वह मुझ पर और अधिक विचारों की बौछार करना चाहती हैं, किन्तु मैंने अब उन्हें वह जगह देने से इनकार कर दिया है।" ज़ाहिर है कि गांधी सरलादेवी से पुनः गहरा सम्पर्क बनाने से बचना चाहते थे।

1924 से सरलादेवी ने कलकत्ता लौटकर 'भारती' पत्रिका का सम्पादन शुरू किया। पच्चीस साल बाद फिर से वीराष्टमी उत्सव, अभयमन्त्र, फुटबॉल के खेल और जातीयता-बोध का स्वर उनके लेखों में दिखने लगा। 'महात्मा जी और स्वराजी' लेख में सरलादेवी ने लिखा–''प्रजाशक्ति को जैसे भी, जो भी दल जगाये, डाँटकर, प्रेम से, तोड़कर, जोड़कर–हम पूरी तरह उसके साथ हैं।" इसी समय तारकेश्वर मन्दिर को लेकर 'सत्याग्रह' में उनके पुत्र दीपक जैसे नाबालिग बच्चों के शामिल होने के गांधी के विरोध को लेकर सरलादेवी बहुत क्षुब्ध हुईं। गांधी धर्म और समाज के क्षेत्र में सत्याग्रह के पक्ष में नहीं थे। सरला ने तीखा व्यंग्य करते हुए लिखा–"इस विषय में महात्मा जी से समझ लेना ठीक रहेगा। नहीं तो चेले करेंगे सत्याग्रह और गुरु जी नाम देंगे दुराग्रह!"

सरला का तर्क था कि ख़िलाफ़त में जब हिन्दू मुसलमानों का साथ देकर सत्याग्रह कर सकते हैं, तो वाईकोम मन्दिर या तारकेश्वर में मुसलमान हिन्दुओं का साथ देकर सत्याग्रह क्यों नहीं कर सकते?

1924 में गांधी के उपवास करने को लेकर सरला ने बहुत उद्वेलित होकर उन्हें लिखा–"उपवास की बात पर मैं रात भर सो नहीं सकी। आपको ईश्वर ने समझ की रोशनी बख़्शी है। आप उसे क्यों बुझाना चाहते हैं? ईसाई आपको पवित्र आत्मा कह सकते हैं। हिन्दुस्तानी आपको सनकी और पागल मानेंगे।"

महादेव देसाई, जिनका सरला से हमेशा अच्छा सम्बन्ध रहा था, को उन्होंने एक साल बाद अपने और गांधी के बारे में लिखा–"मेरे अधैर्य के पीछे एक समझ थी। मैं गांधी के क़दमों के पीछे की अलौकिकता से वाक़िफ़ ज़रूर थी, पर मुझे लगा कि यह मेरा कर्तव्य है कि उनके निर्णयों को मैं मानवीय धरातल की कसौटी पर जाँचती रहूँ।"

गांधी ने 1925-1929 तक 'यंग इंडिया' में क़िश्तों में अंग्रेज़ी अनुवाद में छपी अपनी आत्मकथा 'सत्य के साथ प्रयोग' में सरलादेवी चौधरानी के साथ अपने भावनात्मक सम्बन्ध का कोई ज़िक्र नहीं किया। उनका नाम पंजाब के सन्दर्भ में सिर्फ़ एक बार आया है कि गांधी के आतिथ्य का भार सरलादेवी पर था, जब वे पण्डित रामभज दत्त के बँगले में ठहरे थे। सम्भवतः सरलादेवी को गांधी की इस सोची-समझी अनदेखी से राहत ही महसूस हुई होगी।

नौ साल बाद 1929 में लाहौर में हुए कांग्रेस के अधिवेशन में सरलादेवी और गांधी की भेंट हुई या नहीं, इस बारे में कोई जानकारी नहीं है। 1923 में पति रामभज दत्त चौधरी की मृत्यु के दो साल बाद से सरलादेवी ज़्यादातर कलकत्ता में रहीं।

1931 में बर्मा-हिन्दू महासभा के आमन्त्रण पर सरलादेवी पानी के जहाज़ से बर्मा गयीं जहाँ उनके स्वागत के लिए रामकृष्ण मिशन और आर्यसमाज के प्रमुख नेता और लाल निशान लिये असंख्य नागरिक मौजूद थे। एक लम्बे जुलूस के साथ सरलादेवी को गांधी के शिष्य श्री मेहता के घर ले जाया गया था। वहाँ की संस्कृति और राजनीति पर सरला ने विस्तार से 'भारती' पत्रिका में लिखा।

'असहयोग आन्दोलन' की असफलता और गांधी की ज़िद को लेकर सरलादेवी की क़लम से व्यंग्य-बाण भी कम नहीं निकले। सरलादेवी ने लिखा, "चरख़ा और खद्दर का प्रचार ज़बरदस्त उपाय तो है, किन्तु बहुत बड़ी ज़िद भी है।

इतनी बड़ी ज़िद को भक्त पूरी चेष्टा से टिका पायें या नहीं; कांग्रेस के लिए महात्मा जी को बचाये रखना समस्या है। यदि न बचा पाये तो महात्मा जी को कोई दु:ख नहीं होगा। वे जिस तरह कौंसिल के बाहर हैं, उसी तरह कांग्रेस के बाहर में रहकर काम करते रहेंगे। कांग्रेस उनको अगर रोकेगी तो वे पूरे मन के साथ कांग्रेस से असहयोग में जुट जायेंगे।"

1931 में सरलादेवी ने कलकत्ते की एक सभा में स्त्रियों के लिए एक अलग कांग्रेस की माँग कर अपने जीवन का सबसे सारगर्भित और आग्नेय भाषण दिया था। सरला ने कहा–"स्त्रियाँ अनुभव करती हैं कि 'इंडियन नेशनल कांग्रेस' ने उनकी प्रतिभा, उनकी बुद्धिमत्ता और कार्यकुशलता को अनदेखा कर उन्हें कौंसिल-हॉल और कमिटियों से दूर रखा है। इन जगहों पर ऐसे पुरुष बैठाये गये हैं जो उन विशिष्ट औरतों से हर तरह से कमतर हैं। पण्डित जवाहरलाल किसान और मज़दूरों के अधिकारों के लिए संहिता बनाने के लिए खड़े हुए हैं। हमें एक पण्डितानी की प्रतीक्षा है जो भारत की आधी जनता के अधिकारों की घोषणा की माँग करे...कांग्रेस ने औरतों को क़ानून भंग करने के लिए आगे रखा है, पर क़ानून बनाने की जगह से उन्हें दूर रखा है। कांग्रेस औरतों को लॉ-ब्रेकर के रूप में देखना चाहती है, लॉ-मेकर के रूप में नहीं!"

1932 में गांधी ने दलितों के लिए अलग निर्वाचन क्षेत्र बनाने के ख़िलाफ़ आमरण अनशन की घोषणा की। उन्होंने 'अपने जीवन के इस महत् निर्णय' के बारे में जिन लोगों को पत्र लिखा, उनमें रोम्यां रोलां और अनसूयाबेन साराभाई के साथ सरलादेवी चौधरानी भी शामिल थीं। सरलादेवी ने उद्वेलित होकर तार भेजा–"सत्य के साथ परिणय के वचन के लिए आप मृत्यु को गले लगा रहे हैं। क्या असत्य और अकाल मृत्यु से बचने का कोई रास्ता नहीं?"

1933 में सरलादेवी के मन में बेटे दीपक का विवाह जवाहरलाल नेहरू की बेटी इन्दिरा से करने की इच्छा जागी। सरलादेवी के कहने पर गांधी ने इसकी चर्चा जवाहरलाल से की। गांधी ने नेहरू को लिखा कि इन्दिरा अगर विवाह के लिए तैयार हो, तो उनके मत से उसकी दीपक से जोड़ी अच्छी रहेगी। नेहरू को इस विवाह की बात नहीं जँची। तब गांधी ने नेहरू को लिखा–"दीपक के बारे में आपकी राय मैं समझ गया। मैं सरलादेवी को भरसक नरमाई से लिखकर समझा दूँगा।"

अपने भतीजे मगनलाल गांधी की पुत्री राधा से दीपक के लगाव की बात गांधी को मालूम थी। साबरमती आश्रम में रहते हुए ही यह प्रेम स्फुरित हुआ था, पर गांधी जानते थे कि इसमें सरलादेवी की रज़ामन्दी नहीं है।

सरलादेवी की मृत्यु के बाद ही गांधी की सहमति से दीपक दत्त चौधरी और राधा गांधी का विवाह हुआ।

1935 में स्त्रीवादी महिला मार्ग्रेट सेंगर गर्भाधान नियन्त्रण से स्त्री-स्वतन्त्रता पर गांधी के विचार जानने वर्धा आयी थीं। ब्रह्मचर्य पर बात करते हुए गांधी ने उन्हें बताया कि एक बार बहुत 'सुसंस्कृत शिक्षित महिला' से लगाव के कारण वे अपने ब्रह्मचर्य के व्रत से लगभग च्युत हो गये थे। "यह बात इतनी व्यक्तिगत थी कि मैंने अपनी आत्मकथा में इसके बारे में नहीं लिखा...मैंने अपने से पूछा, क्या हम और क़रीब नहीं आ सकते? यह मुमकिन था, और मैं लगभग तैयार हो गया। किन्तु मैं बच ही गया। मैं उस मोहजाल से निकल आया...मुझे अपने पास के कमउम्र लोगों ने सावधान कर दिया।" इस बातचीत के ग्यारह साल बाद गांधी ने अपनी शिष्या राजकुमारी अमृत कौर को लिखा– "जीवन में सिर्फ़ एक बार मैंने किसी स्त्री को वासना की निगाह से देखा था...पर उस एक घटना में भी मेरा उद्देश्य उसे नष्ट करना नहीं था। फिर भी मैं स्वीकार करता हूँ कि मेरे स्पर्श में उसके प्रति वासना थी। मैं अपने को रोक नहीं पाया था और ईश्वर की कृपा से ही बरबाद होने से बचा।"

1935 में सरलादेवी ने भारतीय राजनीति के पितृसत्तात्मक तन्त्र और नारी-प्रश्न की अवहेलना से क्षुब्ध होकर सक्रिय राजनीति से संन्यास ले लिया और आचार्य विजय कृष्ण देवशर्मा को अपना गुरु मानकर आध्यात्मिक जीवन अपना लिया।

1940 में अपनी तमाम राजनीतिक व्यस्तता के बावजूद गांधी को जब पता चला कि सरलादेवी सेवाग्राम में अस्वस्थ हैं, गांधी ने अमृत कौर को पत्र लिखकर डॉक्टर दिनशॉ मेहता के पास पूना जाकर अपना इलाज करवाने की सलाह दी। डॉक्टर मेहता की सलाह थी कि प्लीहा को कम करने के लिए सरलादेवी को कुनैन लेने की ज़रूरत है, गांधी ने अमृत कौर को लिखा–"उसे अपने शरीर के साथ खिलवाड़ नहीं करना चाहिए। कृपया उसे यह पढ़कर सुना दो...उसे डॉक्टर के बिल के बारे में सोचने की ज़रूरत नहीं है।" ज़ाहिर है कि गांधी को किसी समय लाहौर में रानी की तरह रहती हुई सरलादेवी के वर्तमान आर्थिक हालात की जानकारी थी। गांधी ने यह भी लिखा कि यदि झूठा अभिमान सरलादेवी को मुफ़्त इलाज करवाने से रोकता हो, तो वे सिविल अस्पताल चली जायें।

1943 में फरवरी के महीने में गांधी 'भारत छोड़ो आन्दोलन' के समय हिंसा उकसाने के आरोप में जेल में थे। उन पर लगाये झूठे आरोपों के ख़िलाफ़

गांधी ने इक्कीस दिनों के अनशन की घोषणा की। गांधी बेहद कमज़ोर हो चले थे। सरलादेवी ने आकर जेल में उनसे भेंट की।

1944 में गांधी के जेल से छूटने के बाद सरलादेवी ने गांधी को एक पत्र लिखा। उसका उत्तर न मिलने पर सरलादेवी ने फिर लिखा कि शायद उन्हें वह पत्र नहीं मिला, जिसमें उन्होंने लिखा था कि वे पन्द्रह दिनों तक ख़ाली हैं और अपने कुछ विचार साझा करने के लिए गांधी से मिलना चाहती हैं। सरलादेवी को इस बार भी कोई जवाब नहीं मिला।

सरलादेवी ने बांग्ला भाषा की 'देश' पत्रिका में 1945 में क़िश्तों में छपी अपनी अधूरी आत्मकथा 'जीवनेर झरा पत्ता' में तीन बार गांधी के नाम का उल्लेख किया है, किन्तु किसी तरह के व्यक्तिगत सम्पर्क की कोई कथा उसमें नहीं है।

अगस्त 1945 में गांधी की मुलाक़ात सरलादेवी के बेटे दीपक से हुई। यह पता चलने पर कि सरलादेवी अस्वस्थ हैं, गांधी ने सरला को पत्र लिखा, "जन्म-मृत्यु हमारे जीवन के अंग हैं। तुम्हारे हिस्से की तकलीफ़ सहने की तुम्हें शक्ति मिले।" किन्तु सरलादेवी की यह पत्र पढ़ने के एक दिन पहले ही मृत्यु हो चुकी थी।

●●●

गांधी के सरला को लिखे अस्सी से ज़्यादा पत्र उपलब्ध हैं, किन्तु सरलादेवी के गांधी को लिखे सिर्फ़ चार-पाँच पत्र बचे हैं। बाक़ी गांधी की सबसे छोटी बहू लक्ष्मी गांधी, जो राजगोपालाचारी की बेटी थी, द्वारा जला दिये गये। गोपालकृष्ण गांधी ने हरी स्याही से लिखे उन भावपूर्ण पत्रों का ज़िक्र अपने एक भाषण में किया है।

●●●

1932 में कैथरिन मैरी हेलमेन नामक एक युवा अंग्रेज़ औरत सेवाग्राम में आकर आठ साल रही। उसे गांधी की दो अंग्रेज़ पुत्रियों में से एक के तौर पर जाना जाता है। गांधी ने उसे 'सरला बहन' नाम दिया। यह सरला बहन हमेशा के लिए हिन्दुस्तान में रह गयी। कुमायूँ अंचल में स्त्री-शिक्षा और 'चिपको' आन्दोलन में सरला बहन का योगदान अविस्मरणीय है। सम्भवत: उसका सरला नामकरण कर गांधी जीवन के पहले व्यक्तिगत प्रेम की स्मृति बनाये रखना चाहते थे!

❑❑